博士论文
出版项目

媒介技术视角下中国UGC内容生产方式变迁研究

Research on the Changing Production Modes of Chinese UGC from the Perspective of Media Technology

杨 珊 著

中国社会科学出版社

图书在版编目(CIP)数据

媒介技术视角下中国 UGC 内容生产方式变迁研究/杨珊著.
—北京：中国社会科学出版社，2023.8
ISBN 978-7-5227-1883-5

Ⅰ.①媒…　Ⅱ.①杨…　Ⅲ.①传播媒介—研究—中国
Ⅳ.①G219.2

中国国家版本馆 CIP 数据核字(2023)第 077301 号

出 版 人　赵剑英
责任编辑　陈肖静
责任校对　刘　娟
责任印制　戴　宽

出　　版　中国社会科学出版社
社　　址　北京鼓楼西大街甲 158 号
邮　　编　100720
网　　址　http://www.csspw.cn
发 行 部　010-84083685
门 市 部　010-84029450
经　　销　新华书店及其他书店

印　　刷　北京君升印刷有限公司
装　　订　廊坊市广阳区广增装订厂
版　　次　2023 年 8 月第 1 版
印　　次　2023 年 8 月第 1 次印刷

开　　本　710×1000　1/16
印　　张　22.25
插　　页　2
字　　数　311 千字
定　　价　129.00 元

出版说明

为进一步加大对哲学社会科学领域青年人才扶持力度，促进优秀青年学者更快更好成长，国家社科基金2019年起设立博士论文出版项目，重点资助学术基础扎实、具有创新意识和发展潜力的青年学者。每年评选一次。2021年经组织申报、专家评审、社会公示，评选出第三批博士论文项目。按照“统一标识、统一封面、统一版式、统一标准”的总体要求，现予出版，以飨读者。

全国哲学社会科学工作办公室

2022年

摘　　要

本书以媒介技术演进下复杂的传播生态为背景，以中国 UGC 内容生产方式为研究对象，采用历史—比较法、案例分析法、深度访谈法等研究方法，围绕新闻传播领域 UGC 的表现形式和过程机制展开深入探究。一方面回溯中国纸质媒体、电子媒体和网络媒体中受众和用户生产内容的表现形式，构建中国 UGC 内容生产方式的发展脉络；另一方面从 UGC 的过程机制入手，针对其概念界定中的三个核心环节——生产者角色、生产模式、生产动机进行系统分析。研究将历时性视角和共时性视角相结合，通过史料的梳理和理论机制的分析，呈现 UGC 的变迁历程，构建更为完善的 UGC 概念体系。

在历时性的回溯中，本书以 UGC 的传统概念为参考，根据时间顺序，系统梳理了 UGC 在纸质媒体、电子媒体和网络媒体中的表现形式。其中，读者生产内容的表现形式主要有：经典注释、小说评点、读者来信/来论、读者担任通讯员报道新闻、读者向副刊和杂志投稿；听众/观众生产内容的表现形式主要有：听众/观众来信、听众/观众拨打热线电话、听众/观众爆料或担任通讯员报道新闻、听众/观众参与各类节目录制；用户生产内容的形式则主要表现为用户在社交型、舆论型、文娱型、知识型、商业型 UGC 应用中生产形象关系类、新闻评论类、文艺趣味类、资讯技能类、口碑商讯类等多种内容。综合 UGC 的各类表现形式，本书认为读者、听众、观众和用户在其具有专业性和接近性的内容生产中具有优势，并能在创意性内容生产中发挥增强多样性的作用、产生规模效应。

在共时性的探究中，本书以 UGC 在不同媒体中的表现形式为基础，对 UGC 的生产者角色和生产模式进行了界定和细分，对 UGC 的生产动机进行了探索和提炼。其中，在生产者角色的分析中，研究从理论和实践两方面入手，论述了传统媒体中的受众参与内容生产的可行性和价值性，进而根据 UGC 在不同媒体中的表现形式，将传统媒体和网络媒体中的 UGC 生产者细分为专业性和社会化两类。两类生产者根据生产内容和媒体平台的不同，需要具备相应的背景、技能和条件。在生产模式的分析中，研究以媒体类型为分类标准，根据 UGC 在不同媒体中的生产样态，将传统媒体中的 UGC 生产模式界定为参与式生产，网络媒体中的 UGC 生产模式界定为众包式生产。两种生产模式分别展现了受众与传统媒体之间从属、反馈式的协作方式以及用户与网络媒体之间自主、互助式的协作方式。最后，在生产动机的分析中，研究采用扎根理论的分析方法，选择纸质媒体、电子媒体和网络媒体中具有代表性的 UGC 生产者进行访谈，提炼出利益回馈、职业要求、自我发展与实现、兴趣和消闲需求、情感和归属需求五类动机。受媒体类型和内容生产类型的影响，五类动机在传统媒体和网络媒体的 UGC 应用中各有侧重，并与 UGC 的生产者角色和生产模式具有一致性和关联性。

上述由读者、听众、观众和用户进行的内容生产虽然在纸质媒体、电子媒体和网络媒体的内容生产中表现各异，但却呈现出突出的继承与发展关系。综合来看，在媒介技术的演进下，UGC 在应用形式、内容类型、生产者角色三个方面呈现出日益多样化的发展态势，而在生产模式和生产动机两个方面呈现出逐渐自主化的发展态势。通过系统地分析和论述，本书将 UGC 重新界定为——具有一定的专业背景、内容接近优势、创作和创新能力、媒介应用能力的受众和用户，受利益回馈、职业要求、自我发展与实现、兴趣和消闲需求、情感和归属需求等动机的驱动，采用参与或众包的模式与媒体的专业生产者或平台协作进行生产的一种内容生产方式。

总体而言，本书是将 UGC 的研究视角从网络媒体扩展至传统媒体，进行探索式分析的第一步。通过综合呈现我国 UGC 内容生产方式的变迁，不仅系统展示了我国 UGC 内容生产方式在表现形式、内容类型、生产模式、生产动机等方面从有限到多元、从辅助到自主的发展脉络，还从内容生产的角度展现了受众和用户作为传播中关键一环的地位和角色，及其与媒体专业内容生产进行协作的价值和必要性，以期能为众媒时代日益复杂的传播生态下，各类媒体正确把握并有效应用 UGC 内容生产方式提供指导。

关键词： 媒介技术；UGC；内容生产；过程机制

Abstract

This book takes the complex communication ecology under the evolution of media technology as the background, and takes the production mode of UGC content in China as the research object. Using research methods such as historical comparison, case analysis, and in-depth interviews, it delves into the manifestations and process mechanisms of UGC in the field of news communication. On the one hand, this study traces back to the manifestation forms of audience and user production content in paper media, electronic media and online media, and constructs the development context of UGC content production mode in China; On the other hand, starting with the process mechanism of UGC, this study systematically analyzes the three core links in the definition of its concept—producer role, production mode and production motivation. The research combines diachronic perspective and synchronic perspective, presents the evolution process of UGC through combing historical materials and analyzing theoretical mechanism, and attempts to build a more comprehensive UGC concept system.

In the diachronic retrospect, this book takes the traditional concept of UGC as a reference, and systematically combs the manifestations of UGC in paper media, electronic media and online media according to the chronological order. Among them, The manifestation forms of readers' content production mainly include: Classic annotations, novel comments, letters/

comments from readers, readers as correspondents to report the news, readers contributing to supplements and magazines; The manifestation forms of listeners' and audience' content production mainly include: listeners/audience letter, listeners/audience call hotline, listeners/audience break the news or act as a correspondent to report the news, and listeners/audience participate in the recording of various programs; The manifestation forms of user' content production mainly include: (1) Users produce image and relationship contents in social UGC application; (2) Users produce news and commentary contents in public opinion UGC application; (3) Users produce literary and interest contents in entertainment UGC application; (4) Users produce information and skills contents in knowledge UGC application; (5) Users produce word-of-mouth content and business information in commercial UGC application. Integrating various forms of UGC, this book believes that readers, listeners, audience and users have advantages in their professional and close content production, and can play a role in enhancing diversity and scale effect in creative content production.

In the synchronic exploration, based on themanifestation forms of UGC in different media, this book defines and subdivides the producer role and production mode of UGC, and explores and refines the production motivation of UGC. Among them, in the analysis of the role of producers, this book discusses the feasibility and value of audience participation in content production in traditional media from both theoretical and practical aspects, and then subdivides UGC producers in traditional media and online media into professional and social categories according to the forms of UGC in different media. According to the different production contents and media platforms, the two types of producers need to have corresponding backgrounds, skills and conditions. In the analysis of production mode, this book takes the media type as the classification standard, and defines the UGC production mode in traditional media as participatory production, and the UGC production mode in online media as crowdsourcing production according to the production patterns of UGC in different media. The two production modes show the subordinate and feedback cooperation between the audience and traditional media, and the independent and mutual cooperation between users and online media. Finally, in the analysis of production motivation, this book adopts the analysis method of grounded theory, selects representative UGC producers in paper media, electronic media and online media for interviews, and extracts five types of motivation: benefit feedback, professional requirements, self-development and realization, interest and leisure needs, emotion and belonging needs. Influenced by the type of media and the type of content production, the five types of motivation have their own emphasis in the application of UGC in traditional media and online media, and are consistent and related with the producer role and production mode of UGC.

Although the above content production by readers, listeners, viewers and users shows different performance in the content production of paper media, electronic media and online media, it shows a prominent relationship between inheritance and development. In general, with the evolution of media technology, UGC shows an increasingly diversified development trend in three aspects: application form, content type and producer role, while it shows a gradually autonomous development trend in two aspects: production mode and production motivation. Through systematic analysis and discussion, this book redefines UGC as a kind of content production modehandled by audience or users with certain professional background, content proximity advantage, creative and innovative ability, and media application ability, driven by motivation such as benefit feedback, professional requirements, self-development and realization, interest and leisure needs, emotional and belonging needs, adopting the mode of participation or crowdsourcing to cooperate with professional producers or platforms of media.

In general, this book is the first step to expand the research perspective of UGC from online media to traditional media for exploratory analysis. By comprehensively presenting the changes of UGC content production mode in China, it not only systematically shows the development context of UGC content production mode in China from limited to diversified, from auxiliary to independent in terms ofmanifestation form, content type, production mode, production motivation, but also shows the status and role of audience and users as a key link in communication, as well as the value and necessity of collaboration with media professional content production, It is expected to provide guidance for all kinds of media to correctly grasp and effectively apply UGC content production mode in the increasingly complex communication ecosystem in the era of mass media.

Key words: Media Technology; UGC; Content Production; Process Mechanism

前　　言

2005 年以来，在 Web 2.0 技术的影响下，以社交媒体为代表的互联网平台为用户提供了大量自主发声的机会和渠道。受此影响，人人皆媒的社会化传播趋势日益增强。UGC 这一指代用户生产内容的行业术语也随之产生，并广泛应用于新闻、文化、娱乐、科技、商业等多个领域的传播之中。随着 UGC 的应用范围不断扩大，用户的内容生产能力也逐渐被认可和推广，并对媒体的专业内容生产提出了挑战。当多元用户加入传播者的行列，传播格局在复杂化的发展态势下面临着一系列亟待解决的问题。一方面，UGC 的核心和本质是互联网时代内容生产方式的革新还是传统内容生产方式的继承和发展？另一方面，UGC 在媒体内容生产中如何运作，又将给媒体的专业内容生产、传统的传受关系甚至是整个传播生态带来哪些变革？

面对上述两类问题，本书以中国 UGC 内容生产方式为研究对象，综合采用历史—比较法、案例分析法、深度访谈法等研究方法，从历时性的角度对 UGC 在不同媒体中的表现形式进行回溯，并从共时性的角度对 UGC 的过程机制进行针对性探究，以期多角度展现 UGC 在媒介技术视角下的变迁历程。通过系统的分析和论述，本书将 UGC 重新界定为具有一定的专业背景、内容接近优势、创作和创新能力、媒介应用能力的受众和用户，受利益回馈、职业要求、自我发展与实现、兴趣和消闲需求、情感和归属需求等动机的驱动，采用参与或众包的模式与媒体的专业生产者或平台协作进行生产的一种内容生产方式。其中，UGC 在传统媒体和网络媒体中的表现形式和过程机制，受不同媒介技术和传播生态的影响呈现出典型的继承和发展关系。

具体而言，本书主要分为六个部分展开。绪论部分，首先从理论和实践层面论述了该选题的研究价值和意义，即从媒介技术变迁的角度探究媒体内容生产、受众角色、传者和受众关系在此影响下的发展和变革；然后从 UGC、受众和用户、媒体内容生产三个方面入手，对与该选题有关的国内外研究成果进行综述。通过系统梳理该领域的研究成果，不仅为后续的论述奠定了理论基础，也从中洞察了本书的核心研究思路，即从 UGC 界定的分歧入手，通过应用形式的回溯和过程机制的探究，对 UGC 内容生产方式的变迁进行系统分析。

第一章从纸质媒体入手，采用历时性的研究视角，收集并运用相关的史料和代表性案例，对我国书籍、报纸、杂志这三类代表性纸质媒体中读者生产内容的表现形式进行系统梳理。以 UGC 的传统界定为参考，本书提炼出书籍中读者生产内容的表现形式主要包括经典注释和小说评点两类；报纸中读者生产内容的表现形式主要包括读者来信、副刊中的读者投稿和通讯员来稿三类；杂志中读者生产内容的表现形式主要包括读者来信/来论、读者投稿两类。各类表现形式与媒体的内容风格相合呈现出不同的样态。与此同时，报纸和杂志中虽然都具有读者来信和读者投稿两类 UGC 表现形式，但二者受媒体内容风格影响在类型、篇幅、深度等方面呈现出一定的差异。

第二章从电子媒体入手，对我国广播、电视这两类代表性电子媒体中听众/观众生产内容的表现形式进行探究。根据广播和电视媒体在时间上的发展脉络和其传播内容的类型，本书以 UGC 的传统界定为参考，梳理出广播中听众生产内容的表现形式主要包括听众参演广播节目、听众担任广播通讯员采播新闻、听众来信、听众拨打热线电话四类；电视中观众生产内容的表现形式主要包括新闻类节目中的观众摄录或评论、教育服务类节目中的观众播讲与互动、文艺娱乐类节目中的观众主演三类。其中，听众/观众来信和担任通讯员报道新闻虽与纸质媒体中的表现形式相似，却分别呈现出与广播、电视的传播特征和内容风格相合的样态。

第三章从网络媒体入手，对其中用户生产内容的表现形式进行归纳和总结。参考赵宇翔等对 UGC 内容的分类方式，本书梳理出在社交型 UGC 应用中，用户通过社交媒体平台生产自我展示类和即时通讯类内容；在舆论型 UGC 应用中，用户通过爆料、拍摄短视频、发表评论等方式生产新闻与评论类内容；在文娱型 UGC 应用中，用户通过创作文学作品、录制播客类音频、拍摄原创短视频、编制弹幕视频、进行网络直播等方式生产文艺与趣味类内容；在知识型 UGC 应用中，用户通过维基型百科网站、主题性维基社区、问答性维基社区等平台生产资讯与技能类内容；在商业型 UGC 应用中，用户通过电商平台和社交媒体平台生产口碑和商讯类内容。与传统媒体中的 UGC 相比，网络媒体中的 UGC 一方面将报纸、杂志中的读者来信/来论发展为网络评论，将读者投稿发展为网络文学创作，将电视中的 DV 通讯员报道新闻发展为用户短视频报道新闻；另一方面还通过更为自主化、多元化的应用平台将这一内容生产方式推向日常化和主流化。

第四章从理论和实践两个层面入手对 UGC 的生产者角色进行系统分析。在理论层面的探究中，本书以中西方受众研究在时间上的发展脉络为主线，根据受众在不同媒介生态中的态度和行为，将受众的角色划分为作为对象的受动型角色和作为主体的能动型角色两类。通过系统呈现受众角色从受动到能动的变迁历程，本书在理论层面上证实了受众和用户角色的复杂性、多样性，及其作为内容生产者的可能性。在实践层面的探究中，本书将 UGC 的生产者划分为专业类和社会化两种。其中，专业类生产者具有突出的专业背景和内容生产能力；社会化生产者具备媒介应用能力和相关内容的接近性、兴趣度。综合两类生产者的角色特征，本书将 UGC 生产者进一步界定为受众或用户中具备一定的生产动机、较好的消费型素养和一定的产销型素养，以不同的方式参与媒体内容生产的人群。

第五章围绕 UGC 的生产模式和生产动机展开进一步论述。在生产模式的分析中，本书选择“参与”和“众包”两个理论视角，将 UGC 的生产模式划分为传统媒体中的参与式生产和网络媒体中的众包式生产两种。其中，参与式生产模式展现了传统媒体中受众进行的以反馈、互动、对话为目的的生产；众包式生产模式则展现了网络媒体中用户进行的自主化、协作式、规模化的生产。在生产动机的分析中，本书通过对 35 位代表性 UGC 生产者进行访谈，提炼出利益回馈（外部动机）、职业要求（内化动机）、自我发展与实现（内化动机）、兴趣和消闲需求（内部动机）、情感和归属需求（内部动机）五类动机。其中，传统媒体中受众进行内容生产的动机以外部动机和内化动机为主，但也受到兴趣和自我发展与实现动机的驱动；网络媒体中用户进行内容生产的动机以内部动机为主，但其中的优质内容生产者也受到物质报酬动机的驱动。

第六章为本书的结论，通过分析 UGC 在时下面临的质量困境、盈利困境、法律困境，将 UGC 的变迁历程进一步界定为媒介技术演进下传统内容生产协作方式的继承与发展。从纸质媒体到电子媒体再到网络媒体，UGC 在不同媒体中的表现形式和过程机制展现了媒介技术影响下了受众、用户不断发展的内容生产能力及其与媒体专业内容生产之间日益多元的协作方式。总体而言，本书是将 UGC 的研究视角从网络媒体扩展至传统媒体，进行探索式分析的第一步。通过综合呈现我国 UGC 内容生产方式的变迁，不仅系统展示了我国 UGC 内容生产方式在表现形式、内容类型、生产模式、生产动机等方面从有限到多元、从辅助到自主的发展脉络，还从内容生产的角度展现了受众和用户作为传播中关键一环的地位和角色，及其与媒体专业内容生产进行协作的价值和必要性，以期能为众媒时代日益复杂的传播生态下各类媒体正确把握并有效应用 UGC 内容生产方式提供指导。

目　　录

Contents

绪　论

第一节　研究缘起

随着媒介技术日新月异的发展，以数字技术为基础的各类网络媒体成为当前传播生态中的主流媒体形态。互联网作为一种具有融合性的元媒介，其每一阶段的进步都会给传播带来突破性的革新。受其影响，传播的形态、内容生产方式、传受双方的角色关系以及传播效果等方面，也伴随着媒介技术的革新呈现着新的面貌和特征。

一　媒介技术影响下传播与社会的全方位变革

自20世纪70年代以来，互联网逐渐突破军事和学术领域的限制进入日常生活，实现了应用的大众化，并经历着由 Web 1.0 到 Web 2.0，并逐渐向 Web 3.0 迈进的发展历程。互联网每一阶段的发展都得益于技术的进步，同时也引发了社会理念、人类行为以及与之相关各领域全方位的改变。尼葛洛庞帝在20世纪末提出的数字化生存概念，正是我们在互联网时代的真实写照。

就传播领域而言，随着互联网技术的演进，传播生态也逐渐经历了由强调聚合、连接的“内容网络”到强调个体、分享的“关系网络”，再到强调智能化、泛终端的“物联网络”的发展过程。在这一过程中，传播生态中的各个环节也相应地发生着变革。传播者突破了传统专业人员的范围，呈现出人人皆媒的泛传播态势；内容的呈现方式也由文字、图片、图像的有限呈现，向多元融合的方向发展，并在VR、AR技术的应用中给受众带来了更为逼真的临场感；信息接收终端也由单一的报纸、广播、电视向电脑、手机、平板、可穿戴设备等多样化的终端体系发展；与此同时，由用户需求细分化引发的传播路径的垂直化趋势日渐增强；大众传播模式也在社交媒体的影响下呈现出更为微观的社交化传播态势。①

在社会生活领域，网络和新媒体营造的虚拟空间也逐渐与社会现实空间连接，成为人们全新的社会活动空间。私人领域的展示与表达、公共领域的对话与研讨、日常生活的运转与服务，都以互联网为基础全方位展开。而以文学、娱乐、知识、科技等为代表的文化内容的传播与传承也在互联网的助力下变得更加丰富多彩。由此可见，“互联网不仅是独立的技术力量”，还是一种新的生活方式和文化形态②。此外，更进一步而言，“与农业社会和工业社会相比，互联网社会最突出的特征，就是信息技术成为形塑社会的基础性的力量，技术逻辑在一些领域已经开始取代社会规制和文化传统的功能，重塑人们认知、交往和行动的框架”③。

当互联网的触角广泛深入社会生活的各个领域之时，我们正在面临的是一个以互联网为背景的网络化的社会生态。身处其中的个体、组织、机构甚至行业都成为庞大社会生态中的微小节点，各司其职，随势而变。对其中任何一个节点的关注和分析都是有效地把握当前复杂传播生态必须要进行的工作。因此，本书以互联网技术及其引发的全方位变革为背景，针对内容这一节点展开论述，以期从微观的应用角度洞察宏观的行业生态和社会生态的变迁。

---

① 彭兰：《泛传播时代的传媒业及传媒生态》，《新闻论坛》2017年第3期。

② 杨国斌：《连线力：中国网民在行动》，邓燕华译，广西师范大学出版社2013年版，第1页。

③ 喻国明、马慧：《互联网时代的新权力范式：“关系赋权”—“连接一切”场景下的社会关系的重组与权力格局的变》，《国际新闻界》2016年第10期。

二　互联网技术推动下媒介内容的多元化变迁

正如麦克卢汉所言："所谓媒介即是讯息只不过是说：任何媒介（即人的任何延伸）对个人和社会的任何影响，都是由于新的尺度产生的；我们任何一种延伸（或曰任何一种新的技术），都要在我们的事务中引进一种新的尺度。"① 媒介技术的变迁，不仅给个人和社会带来了新的尺度，也使媒介传播内容产生了新的生产尺度和判断标准。

自互联网技术产生以来，媒介传播的内容已经打破了传统媒体时代的局限性（这些局限包括：数量有限，内容种类有限、互动有限、地域有限、时间受限等），朝着海量性、多媒体性、互动性、全时性、全域性等方向发展。这就是互联网技术带给媒介内容的新尺度。与之相合的是，媒介内容的生产、传播、接受和效果评判尺度也由单纯关注内容的质量和时效性扩展到综合关注内容的信息含量、传播速率、表现形式、个性化、交互性等多元尺度。此外，得益于互联网时代大数据技术的发展，数据的存储单位已经突破了传统的 KB、MB、GB，实现了向 TB（1TB = 1024GB）到 PB 的飞跃。数据内容的个性化、可视化和预测性也伴随着数据数量的增加逐步提升。

"媒介的魔力在人们接触媒介的瞬间就会产生，正如旋律的魔力在旋律的头几节就会施放出来一样。"② 互联网技术自产生以来赋予媒介内容的新尺度从媒介内容生产的环节就开始发挥作用。这是一种关涉理念、流程、标准、需求、效果等多方面因素的系统化的多元生产体系，当然也影响着与媒介内容生产相关的人和环境。清华大学和今日头条联合发布的《2017 年新媒体发展趋势报告》显示："智能化技术进入内容行业，带来了内容生产、内容分发和内容消费

---

① ［加拿大］马歇尔·麦克卢汉：《理解媒介：论人的延伸》，何道宽译，译林出版社 2011 年版，第 18 页。

② ［加拿大］马歇尔·麦克卢汉：《理解媒介：论人的延伸》，何道宽译，译林出版社 2011 年版，第 26 页。

的全面升级；三者之间的界限日益模糊。以人机协同为特征的新的内容革命正在发生。"① 当媒介内容的革命在智能化技术的推动下强势来袭之时，本书选择聚焦以人为主导的内容生产领域进行有针对性的探究，以期能在深入认知生产者如何进行内容生产的同时，为进一步认知和应用人机协同的内容生产奠定基础。

三　互联网时代受众向用户的转变

2018年1月发布的第41次《中国互联网发展状况统计报告》显示：截至2017年12月，中国网民规模达7.72亿，全年共计新增网民4074万人。互联网普及率为55.8%。网民使用互联网的基础应用包括即时通信、搜索引擎、网络新闻、社交应用四大类，其占网民总体的比例分别为93.3%、82.8%、83.8%、70%左右（微信朋友圈为84.7%、QQ空间为64.4%、微博为40.9%）。② 由此观之，互联网作为一种元媒介，逐渐突破了传统媒体信息传播的媒介属性，发展成为被庞大用户群体在各个领域广泛应用的智能化平台。其中，作为四大基础应用之一的社交应用，突出体现了互联网时代的用户与传统媒体时代的受众相比，具有更为自主的使用媒介的能力。

"正如输入的媒介在增加一样，对洞察力和模式识别力的需求也在增加。"③ 随着媒介形态和传播内容的不断丰富、多元，受众接受信息的能力和方式也应发生变化，才能推动传播生态的良性运转。在互联网技术的推动下，受众的自主权空前加强，他们不仅可以自由地选择所需的信息，还进一步开始自主使用媒介，借由手中的电脑、手机等新媒体设备成为信息的发布者与传播者。此外，以微博、微信为

---

① 企鹅智酷：《2017年新媒体发展趋势报告》，https://www.toutiao.com/a6512595358038622727/，2018年1月1日。

② 中国互联网络信息中心：第41次《中国互联网发展状况统计报告》，http://cnnic.cn/gywm/xwzx/rdxw/201801/t20180131_70188.htm，2018年2月6日。

③ ［加拿大］马歇尔·麦克卢汉：《理解媒介：论人的延伸》，何道宽译，译林出版社2011年版，第13页。

代表的自媒体更是为普通网民营造了一个“人人都有麦克风”的传播新时代。综合来看，互联网时代的受众已经不再是传统媒体时代被动选择、接收信息的受众，而是能在云技术、大数据技术等搭建的信息超市中进行自由选择的信息产品的使用者，即“用户”。

用户思维是互联网思维的核心，“是一种产品思维，要求有明确的受众群概念，重视用户体验”①。这种思维与传统的受众理念相比，代表着信息的接受者不再是被动的、分散的、互不相连的，而是作为技术、产品、服务的使用者成为传播活动中不可忽视的一环。在用户思维的影响下，用户传者化、媒体平台化的发展趋势逐渐成为传播领域的强势发展方向。与此同时，技术的进步在受众的角色、地位、如何发挥作用等方面带来的新规则也成为互联网时代传播领域关注的焦点。

四 UGC：聚焦用户的生产力和创造力

当用户思维成为传播生态中的主流之时，关于“用户”与“受众”的对比研究大量涌现。但研究都聚焦分析“用户的主动性”较之于“受众的被动性”的优势和革新。针对此，荷兰媒介研究学者范·迪克（Van Dijck）曾提出：“所谓的对旧媒体时代（比如电视时代）的被动受众和新媒体时代的主动参与者的划分本身就是个人为的历史谬误。”②“在她看来，我们不应在传受关系的‘主动’和‘被动’问题上过于纠缠，而应当专注于大众传播者和受众在不同时代的具体的互动关系和行为。”③

以上述观点为指导，面对互联网时代呈现的传播内容多元化、

---

① 刘宏、狄萌：《如何认识用户及用户思维》，《青年记者》2014 年第 25 期。

② Van Dijck, “Users Like You? Theorizing Agency in User-generated Content”, *Media Culture & Society*, Vol. 31, No. 1, January 2009, pp. 41 –58.

③ Jan Teurlings, “Producing the Ordinary: Institutions, Discourses and Practices in Love Game Shows”, *Continuum: Journal of Media & Cultural Studies*, Vol. 15, No. 2, July 2001, pp. 249 –263.

受众行为主动化、受众角色用户化的发展趋势，传播者与用户的互动关系以及用户在网络媒体中的生产行为应该成为研究的重点。这个研究重点集中表现为 UGC 内容生产方式。UGC（User Generated Content）即用户生产内容，“泛指以任何形式在网络上发表的由用户创作的文字、图片、音频、视频等内容，是 Web 2.0 环境下一种新兴的网络信息资源创作与组织模式”①。作为互联网时代一种特殊的内容生产方式，UGC 包括微博、微信、视频发布网站、维基百科等多种应用方式。该概念自 2005 年兴起以来，就受到了学界和业界的广泛关注。

本书将 UGC 作为研究对象，将研究范围聚焦新闻与传播领域，通过梳理我国 UGC 内容生产方式的发展脉络，系统探究其在不同媒体中的表现形式，并在此基础上从学理性的角度深入分析 UGC 的过程机制，进而将 UGC 这一行业用语具体化、明确化、深入化。此外，本书围绕我国 UGC 内容生产方式展开的研究对洞察媒介技术影响下传者与受众在不同时代的互动关系，以及内容生产的变革对整个传播生态的影响也具有重要的价值和意义。

第二节　国内外研究综述

一　关于 UGC 的研究成果综述

（一）国外研究成果综述

以美国为代表的西方国家较早地在传播领域应用了 UGC 内容生产方式。其中，Facebook、Twitter、维基百科、Youtube 等网络媒体都是行业内知名的 UGC 应用代表。与行业发展水平相对应的是国外关于 UGC 的研究水平，其研究成果较之我国也更为丰富和

---

①　赵宇翔、范哲、朱庆华：《用户生成内容（UGC）概念解析及研究进展》，《中国图书馆学报》2012 年第 5 期。

深入。

笔者通过 EBOSCO、JSTOR 等外文期刊数据库，以“user generated content”“user created content”为检索词进行检索，发现国外以 UGC 为主题的学术论文有 9000 余篇，研究内容涉及新闻传播、电子商务、市场营销、信息科学等多个领域，研究重点集中在 UGC 的动机研究和效果研究。此外，国外关于 UGC 的专著则数量有限，代表性的只有乌尔力克·安利（Ulrike Arnhold）的《用户生产品牌——将用户生产内容集成于品牌管理中》（*User Generated Branding——Integrating User Generated Content into Brand Management*）等。

1. UGC 的概念和类型

针对 UGC 的概念，国外学者从不同角度提出了自己的见解，但仍未达成共识。经济合作与发展组织（OECD）在 2007 年的报告中描述了 UGC 的三个特征：“（1）以网络出版为前提；（2）内容具有一定程度的创新性；（3）非专业人员或权威组织创作。”① 沈善英（Seonyoung Shim）等认为，“用户生成内容是指由数字环境下的普通大众而不是网站人员提交的任何内容。为了提供 UGC，用户不仅创作新的内容，也通过复制和合成修改既有的内容”②。迪德里奇·马库斯（Diedrich Maecus）认为 UGC 应具备自愿、创意和公开三个特征。其中，自愿指生产过程发生在专业生产之外，生产者自愿进行内容生产，不受外部动机的驱动；创意是一种创造性的自我表现；生产的内容应具有突出的创意；公开则是强调 UGC 的成果应该对公众开放。③

① Graham Vickery & Sacha Wunsch-Vincent, *Participative Web and User-Created Content: Web 2.0. Wikis and Social Networking*, Paris: Organization for Economic Cooperation and Development, 2007.

② Seonyoung Shim & Byungtae Lee, “Internet Portals' Strategic Utilization of UCC and Web 2.0 Ecology”, *Decision Support Systems*, Vol.47, No.4, November 2009, pp.415–423.

③ Diedrich Maecus, “Study: Customers Engagement with User-generated-content: How Do Cusetoners Use the Possibility to Create Content?”, *Marketing Science & Inspirations*, Vol.12, No.3, 2017, pp.27–35.

车美英（Meeyoung Cha）等将 UGC 和 Non-UGC（专业内容生产）进行对比，提出 UGC 在生产模式方面呈现出生产速度快、生产工作量少、内容短小等特征。① 而关于 UGC 的类型，国外学者也在研究中进行了系统归纳。其中代表性的有窦文宇（Wenyu Dou）等将 UGC 分为团体协作式和个人撰写式两种，并根据用户进行内容生产的理性动机和感性动机，将两类 UGC 细分为知识分享类、宣传类、社交联系类、自我表达类四种。维基百科是知识分享类团体协作式 UGC 的代表，专家博客是知识分享类个人撰写式 UGC 的代表；多人在线游戏是社交联系类团体协作式 UGC 的代表，社交网络是社交联系类个人撰写式 UGC 的代表。②

此外，金真（Jin Kim）在其博士学位论文中通过梳理 UGC 的历史，开创性地提出，“普通人的参与，比如读者来信、广播中接入的听众电话，在媒体机构中发挥了重要的作用。广义上来讲，任何由用户贡献的内容都可以算作是 UGC。平民音乐比赛（Jingle Contest）和报纸读者的意见都属于 UGC”③。而这一观点，也得到了大卫·阿姆斯特朗（David Armstrong）的印证。阿姆斯特朗曾提出：“在专业媒体机构之外，有 DIY 的传统，那些‘可供选择的’、‘独立的’媒介可以被追溯为出现在网络 UGC 媒介之前的历史传统。”④ 由此可见，UGC 不仅局限在互联网时代，其在传统媒体中也有具体的表现形式，并在传统媒体的内容生产中发挥了重要作用。

---

① Meeyoung Cha, Haewoon Kwak, Pablo Rodriguez, Yong-Yeol Ahn & Sue Moon, “I Tube, YouTube, Everybody Tubes: Analyzing the World's Largest User Generated Content Video System”, *Acm Sigcomm Conference on Internet Measurement*, 2007, pp. 1 – 14.

② Sandeep Krishnamurthy & Wenyu Dou, “Note from Special Issue Editors: Advertising with User-generated Content: A Framework and Research Agenda”, *Journal of Interactive Advertising*, Vol. 8, No. 2, March 2008, pp. 1 – 4.

③ Jin Kim, User-generated Content (UGC) Revolution?: Critique of the Promise of YouTube, Ph. D. Dissertation, The Graduate College of the University of Lowa, 2010.

④ David Armstrong, A Trumpet to Arms: Alternative Media in America, MA. Dissertation, Houghton Mifflin, 1981.

2. UGC 的动机研究

动机研究作为国外学者对 UGC 进行的一类重要研究，其成果根据研究对象的类型可以分为一般动机研究、具体类型的动机研究、两种或多种类型动机的比较研究三种。拉尔夫·斯托克尔（Ralph Stoeckl）等以使用与满足理论为基础，使用在线调查的方法分析得出娱乐、信息传播、个人日志、社会互动与交往是用户生成内容的主要动机；而阻碍用户进行内容生产的原因主要包括对时间的机会成本和隐私保护两类问题的担忧。①

肖恩·鲍曼（Shayne Bowman）等采用定性分析的方法，研究得出用户参与新闻生产的动机主要包括获取社会地位或在社区中建立声望、结识具有相同兴趣爱好的用户、获得理解、便于接受和传达信息四类。② 邦妮·A. 纳迪（Bonnie A. Nardi）等通过民族志访谈和对博客进行内容分析的方法，发现用户撰写博客的动机包括：娱乐、创作，记录生活或维持社交关系，表达自己的意见影响他人，释放精神压力，通过写作进行思考等。③ 雅克 R. 卜黑（Jacques R. Bughin）对德国四家最受欢迎的视频分享网站的 573 位用户进行了调查，发现用户在网上发布内容主要是为了出名、娱乐和与朋友分享经历三个目的，却不在意是否会得到物质补偿。④

维基百科作为一种代表性的 UGC 应用平台，其使用动机也得到

---

① Ralph Stoeckl, Patrick Rohrmeier & Thomas Hess, "Motivations to Produce User Generated Content: Differences Between Webloggers and Videobloggers", Paper Delivered to Bled: 20th Blede Conferencee Merg-ence: Merging and Emerging Technologies, Sponsored by Processes and Institutions, Slovenia, June 4 – 6, 2007.

② Shayne Bowman & Chris Willis, "We Media: How Audiences are Shaping the Future of News and Information", *Media*, Vol. 10, No. 3, January 2003, p. 66.

③ Bonnie A. Nardi, Diane J. Schiano & Michelle Gumbrecht, "Blogging as Social Activity, or, Would You Let 900 Million People Read Your Diary?", *ACM Conference on Computer Supported Cooperative Work*, Vol. 6, No. 3, November 2004, pp. 222 – 231.

④ Jacques R. Bughin, "How Companies Can Make the Most of User-generated Content", *The Mckinsey Quarterly*, No. 8, 2007, pp. 1 – 4.

了学者们的重点关注和研究。欧迪（Oded Nov）通过对 151 名维基百科用户（生产内容的平均时长为每周 8.27 小时）进行在线调查，发现“娱乐和思想是驱动用户撰写维基百科的主要动机；社交的、职业的、保护性的动机则不是驱动用户进行内容生产的显著动机”。[①] 赛义德·阿萨迪（Saeid Asadi）等通过对 15 名波斯语维基百科的积极用户进行访谈，发现“用当地的语言生产和改进维基百科的内容是用户为维基百科贡献内容的最主要动机；娱乐是最次要的动机；得到他人的积极反馈是推动用户使用维基百科并贡献内容的持续动力”。[②]

3. UGC 的质量研究

国外关于 UGC 质量的研究以维基百科、Youtube、Twitter 等社交媒体的 UGC 质量研究为主，研究内容涉及质量问题、质量维度、评价标准、控制方法等。关于 UGC 存在的质量问题，诺·斯坦（Benno Stein）通过对 2010 年 1 月的维基百科文章进行分析发现，没有标注引用和来源是维基百科存在的最为突出的质量问题。[③] 普雷斯顿·麦卡菲（Preston McAfee）等认为 UGC 的质量问题主要出现在评论中，例如产品或服务的评论，新闻或博客的评论以及论坛或问答社区中的回复；并从博弈理论的视角提出了激励用户生产高质量内容的理论模型。[④]

---

① Oded Nov, “What Motivates Wikipedians?”, *Communications of the ACM*, Vol. 50, No. 11, November 2007, pp. 60 – 64.

② Saeid Asadi, Shadi Ghafghazi & Hamid R. Jamali, “Motivating and Discouraging Factors for Wikipedians: The Case Study of Persian Wikipedia”, *Library Review*, Vol. 62, No. (4/5), February 2013, pp. 237 – 252.

③ Maik Anderka, Benno Stein & Nedim Lipka, “Towards Automatic Quality Assurance in Wikipedia”, Paper Celivered to World Wide Web Conference Series, Hyderabad, India, March 2011.

④ Arpita Ghosh & Preston McAfee, “Incentivizing High-quality User-generated Content”, Paper Delivered to the 20th International Conference on World Wide Web, March 2011, pp. 137 – 146.

此外，在新闻生产领域，文森特·伦德斯（Vincent Lenders）等认为与媒体的声誉为其内容提供了保障不同，市民新闻由众多不知名的个人生产，并会刊登在可信度低的网络平台中，进而对其内容的质量产生了负面影响。针对UGC在该领域存在的质量问题，他们建议用户在生产内容时，将原始的时间和地点要素添加进去，以提高内容的可信度和质量。① 而关于博客的质量问题，马库斯·史卡尔（Markus Schaal）等提出可以利用不同影响力的博客间的链接关系和时间顺序来评定博客内容的质量。此外，他们在研究中还发现了反馈质量对用户编辑博客链接的影响。②

关于UGC的质量评价，多数研究都借鉴了理查德·Y. 王（Richard Y. Wang）和戴安娜·M. 斯特朗（Diane M. Strong）于1996年提出的信息质量评价框架，对不同类型的UGC信息质量进行针对性测评。该框架包含可信性、价值增值、相关性等17个信息质量维度指标。③ 申南哲（Changsu Kim）等也提出了UGC的三个质量维度：内容、设计和技术，并发现这三个维度与UGC价值的提升密切相关，并进而会影响UGC的效用。④ 马蒂亚斯·特里尔（Matthias Trier）等运用社会网络分析法分析了用户的声誉与其生产内容的质量间的关系，并以此为基础建立了UGC的质量保障模型，其中涉及用户的

---

① Vincent Lenders, Emmanouil Koukoumidis, Pei Zhang & Margaret Martonosi, "Location-based Trust for Mobile User-generated Content: Applications, Challenges and Implementations", Paper Delivered to the Proceedings of the 9th Workshop on Mobile Computing Systems and Applications, February 2008, pp. 60 – 64.

② Markus Schaal, Guven Fidan, Roland M. Müller, Orhan Dagli, "Quality Assessment in the Blog Space", *The Learning Organization*, Vol. 17, No. 6, 2010, pp. 529 – 536.

③ Richard Y. Wang, Diane M. Strong, "Beyond Accuracy: What Data Quality Means to Data Consumers", *Journal of Management Information System*, Vol. 12, No. 4, March 1996, pp. 5 – 33.

④ Changsu Kim, Ming-Hua Jin, Jongheon Kim & Namchul Shin, "Uer perception of the Quality, Value, and Utility of User-generated Content", *Journal of Electronic Commerce Research*, Vol. 13, No. 4, November 2012, pp. 305 – 319.

知名度、内容的流行性、社区的聚合力等多个因素。①

4. UGC 的应用及影响研究

除了概念、类型、质量等本体研究之外，国外学者还对 UGC 在各个行业的应用及其产生的影响进行了有针对性的研究。尼尔·瑟曼（Neil Thurman）通过对英国多家媒体的编辑进行访谈发现，在新闻媒体中引入 UGC 不仅能扩展信息来源，还能增加忠实用户的数量。而在具体的应用中，用户的评论不仅是可以公开出版的重要的新闻内容，许多独立博主也具有较强的新闻生产能力。但新闻记者和编辑在面对用户提供的新闻内容时，仍需进一步处理，以避免重复、修正拼写和语法错误、筛选出具有新闻价值的内容、确保报道的平衡和得体。②

与此同时，UGC 在电子商务的应用及影响也是国外学者关注的重点。卡门·考克斯（Carmen Cox）等研究发现 UGC 在旅行者检索信息的过程中能够作为一个补充的信息源为其提供更为丰富的信息，但不是唯一的信息源。③ 乔治·克里斯托杜利德斯（George Christodoulides）、柯林·杰文斯（Colin Jevons）和詹尼弗·博诺姆（Jennifer Bonhomme）等通过对 202 名消费者展开在线调查发现消费者对共同创作、社区和自我概念的感知对其参与 UGC 具有积极的影响；而用户生产的与品牌有关的内容也会影响其他消费者对品牌的认知。④

① Maria-Amparo Sanmateu, Matthias Trier, Andreas Lienicke & Andreas Rederer, "Enabling Social Media Content Quality Assurance Using Social NetworkAnalysis", *Innovative Internet Computing Systems*, 2009, pp. 27 – 35.

② Neil Thurman, "Forums for Citizen Journalists? Adoption of User Generated Content Initiatives by Online News Media", *New Media & Society*, Vol. 10, No. 1, February 2008, pp. 139 – 157.

③ Carmen Cox, Stephen Burgess, Carmine Sellitto & Jeremy Buultjens, "The Role of User-Generated Content in Tourists' Travel Planning Behavior", *Journal of Hospitality Marketing & Management*, Vol. 18, No. 8, OctYober 2009, pp. 743 – 764.

④ George Christodoulides, Colin Jevons & Jennifer Bonhomme, "Memo to Marketers: Quantitative Evidence for Change. How User-generated Content Really Affects Brands", *Journal of Advertising Research*, Vol. 52, No. 1, March 2012, pp. 53 – 64.

而关于 UGC 在应用过程中产生的法律问题，罗伯特·P. 莱瑟姆（Robert P. Latham）、卡尔·C. 巴策（Carl C. Butzer）和杰里米·T. 布朗（Jeremy T. Brown）认为虽然 UGC 给用户和网站运营者提供了良好的机会，但它也不可避免地存在引发一系列法律问题的风险，包括侵犯知识产权、诽谤、侵犯隐私权等。① 爱德华·李（Edward Lee）提出了“潮流”（warming）这一术语，来解释用户在生产内容时存在侵犯版权问题的原因。他认为 UGC 之所以面临版权混乱和违规引用的问题是因为用户间的自由借鉴已经成为一个广泛潮流，且在实践中没有受到相应的惩罚。若想解决这个问题仍需健全相关法律、颁发许可证明、借助生产实践等多种手段逐步改善。②

此外，国外学者还对 UGC 在民主政治、网络游戏、图书馆、博物馆等领域的应用进行了细致的分析和研究。通过对 UGC 的国外研究成果进行综述可以发现，以美国为代表的西方国家，伴随着 UGC 在各行业的应用和发展，也在学术研究领域形成了较为系统、多元的研究成果；但也面临着一系列以质量、法律为代表的现实问题亟待在后续的研究中解决。

（二）国内研究成果综述

笔者通过中国知网全文期刊数据库（CNKI），以“UGC”“用户生产内容”“用户生成内容”为主题词进行检索发现，与 UGC 相关的论文有两千余篇，其中发表在核心期刊上的论文有八百余篇，研究领域涉及计算机科学、图书馆情报学、信息工程与通信技术、旅游管理、新闻传播学、经济等多个学科。与此同时，与国外研究现状类似，国内以“UGC”“用户生产内容”“用户生成内容”为研究对象的著作较少，代表性的专著仅有朱庆华等撰写的《新一代互联网环境

---

① Robert P. Latham, Carl C. Butzer and Jeremy T. Brown, “Legal Implications of User-Generated Content: YouTube, MySpace, Facebook”, *Intellectual Property & Technology Law Journal*, Vol. 20, No. 5, 2008, pp. 1 – 11.

② Edward Lee, “Warming up to User-generated Content”, *University of Illinois Law Review*, Vol. 2008, No. 5, August 2008, pp. 1459 – 1548.

下用户生成内容的研究与应用》。该著作作为图书情报与档案管理学的研究成果，从理论和应用两方面入手针对互联网环境下用户生成内容的基本概念、研究进展、基本原理和应用类型进行了系统的论述。

通过细致的研读和分析，笔者发现目前国内对 UGC 的研究主要分为四类，即以概念、特征、类型为主的 UGC 的本体研究，UGC 的质量研究，UGC 的动机研究，UGC 的影响研究以及 UGC 的发展趋势研究。在这些研究成果中，新闻学与传播学领域对 UGC 的研究成果仅占研究总成果的 1/4，研究内容也以上述四类为主。

1. UGC 的概念界定

虽然 UGC 的概念从 2005 年提出至今已有 11 年时间，但目前关于 UGC 还没有一个公认的定义。“这个术语自 2005 年 2 月随着视频分享网站 YouTube 的推出而逐渐走入人们的视线。UGC 在中国的首次亮相是在摩根士丹利 MaryMeeker 领衔撰写的《2005 年度中国互联网行业报告》中。”①

赵宇翔、范哲、朱庆华将 UGC 界定为：“用户生成内容（User-Generated Content，UGC，又称作 User Created Content，UCC 或 Consumer Generated Media，CGM），泛指以任何形式在网络上发表的由用户创作的文字、图片、音频、视频等内容，是 Web 2.0 环境下一种新兴的网络信息资源创作与组织模式。它的发布平台包括微博、博客、视频分享网站、维基、在线问答、SNS 等社会化媒体。”②

李欣将 UGC 界定为：“UGC 即用户创造内容，在一些学术论文中也将其称作 UCC（User Generated Content），是伴随着 Web 2.0 概念而兴起的一种互联网使用新模式，指的是基于新媒体环境开放性、互动性、社会性的特点，用户在个体驱动、群体驱动、社会驱动、技术驱动等因素影响下，借助一定的媒体平台发布文字、图片、音

① 赵宇翔、朱庆华：《Web 2.0 环境下用户生成视频内容质量测评框架研究》，《图书馆杂志》2010 年第 4 期。

② 赵宇翔、范哲、朱庆华：《用户生成内容（UGC）概念解析及研究进展》，《中国图书馆学报》2012 年第 5 期。

频、视频等内容的行为模式。”①

艾瑞咨询公司基于专家访谈、企业访谈、广告主访谈以及 iClick 社区用户调研结果，认为 UGC “是用来描述由用户产生的任何视频、话题贴、博客、评论、数字图像、音频等其他形式的内容，并被其他用户消费或服务于媒体，这种模式需要平台技术和服务的支持”。②

2. UGC 的类型划分

关于 UGC 的类型，国内学者根据不同的划分标准，提出了不同的类型。赵宇翔和朱庆华根据 UGC 的内容类型将其分为文学创作、图像/图片、音频、视频、组群聚合、文件共享、教育型内容③七类。根据内容的不同，其发布平台具有一定的差异。孙淑兰、黄翼彪根据 UGC 网站内容功能及文件格式的不同将 UGC 网站划分为“文学创作类（例如起点中文网）、图片分享类（例如国外的 Flickr 网站）、音视频分享类（例如土豆网、优酷）、社区论坛类（例如天涯社区）、文件共享类（例如百度文库）、社交网络（例如人人网）、WIKI 类（例如维基百科、百度知道）、博客类（例如个人博客和博客网站）、微博类、电子商务类（例如淘宝网）”④。

许同文根据使用动机的不同，将网络平台中 UGC 模式的应用形式分为“以社交为目的的自媒体平台，以内容分享为目的的网络平台，以知识共筹为目的的网络平台，以兴趣讨论为目的的网络平台，以自我表达、公共议论为目的的网络平台”⑤。此外，赵宇翔、范哲、朱庆华还“根据 DeSanctis 从人机交互研究的角度给用户划分类型的原则将 UGC 中的用户分为个体、组织和社会群体三类；根据阿

① 李欣：《新媒体环境下 UGC 模式对用户属性的影响》，《青年记者》2012 年第 14 期。

② 艾瑞咨询集团：《中国式 UGC 白皮书》，http：//www. iresearch. com. cn/report/1872. html，2018 年 3 月 15 日。

③ 赵宇翔、朱庆华：《Web 2. 0 环境下影响用户生成内容的主要动因研究》，《中国图书馆学报》2009 年第 5 期。

④ 孙淑兰、黄翼彪：《用户产生内容（UGC）模式探究》，《图书馆学研究》2012 年第 13 期。

⑤ 许同文：《UGC 时代受众的角色及内容生产模式》，《青年记者》2015 年第 12 期。

瑟·阿姆斯特朗（Arthur Armstrong）和约翰·哈格尔（John Hagel）对虚拟社区的划分标准将UGC中的内容分为娱乐型、社交型、商业型、兴趣型和舆论型五种”[①]。以上分类虽然有交叉，并缺乏一定的科学性，但基本涵盖了UGC涉及的各种应用类型。

3. UGC的质量研究

UGC质量研究作为UGC本体研究中的一大分支，于2003年在国内兴起；并在UGC的质量现状、UGC的质量预测、UGC的质量评价以及UGC的质量控制措施等方面形成了显著的研究成果，但研究成果都集中在图书情报学领域。具体而言，代表性的有金燕将目前UGC存在的主要质量问题归纳为“内容错误、垃圾内容和内容价值密度低”[②]；并归纳了UGC质量控制的方法，具体包括“技术管理措施、流程管理措施、信息控制措施以及激励措施”[③]。此外，金燕和李丹还构建基于SPC的用户生成内容质量实时监控框架。[④] 詹丽华则“采用SWOT方法分析了UGC质量控制的内部优势和劣势、外部机遇和威胁，提出可以从健全UGC硬件平台、加强内容管理、挖掘用户价值等方法入手对UGC进行质量控制”。[⑤]

4. UGC的行为动机研究

UGC的行为动机研究是从源头入手深入探究这种内容生产方式的重要研究视角。赵宇翔、朱庆华将UGC中影响用户生成内容的因素分成三个维度和一个调节集，即“社会驱动维度、技术驱动维度、个体驱动维度以及人口统计学特征，其中社会驱动维度包括主观规范、信任、认同感等9个子因素，技术驱动维度包括感知的易用性、

---

① 赵宇翔、范哲、朱庆华：《用户生成内容（UGC）概念解析及研究进展》，《中国图书馆学报》2012年第5期。

② 金燕：《国内外UGC质量研究现状与展望》，《情报理论与实践》2016年第3期。

③ 金燕：《国内外UGC质量研究现状与展望》，《情报理论与实践》2016年第3期。

④ 金燕、李丹：《基于SPC的用户生成内容质量监控研究》，《情报科学》2016年第5期。

⑤ 詹丽华：《基于SWOT分析的UGC质量控制策略研究》，《情报科学》2016年第9期。

感知的有用性、技术任务适配性等 5 个子因素，个体驱动维度包括好奇心和兴趣、感知的乐趣、利他主义等 11 个子因素。此外，人口统计学特征涉及性别、年龄、人种等 8 个统计因素”①。

尹丽英利用相关的动因理论，融合激励理论，从社会层面、个体层面和技术层面分析了以新浪微博为代表的社会化媒体中影响用户生产内容动机的主要因素。其中，“社会层面的动因包括：信任、认同感、共同的愿景、社会交往；个体层面的动因包括：自我表达、兴趣与爱好、利他主义、从众心理、心理上的满足、奖励、学习上的提升；技术层面的动因包括：用户体验、交互与反馈、隐私及安全、感知易用性”②。这些因素为细致深入地研究不同类型 UGC 的行为动机提供了分析框架。

此外，廖望、刘于思、金兼斌采用问卷调查和数据挖掘的方法考察了用户声望获得和社会连带增加两种网络激励对不同社会价值取向的社交网站用户公共品贡献的影响，为社会化媒体中 UGC 的行为动机研究提供了一种新的思路和方法。③

5. UGC 的信息生产模式及其信息的采纳、接受行为研究

除了 UGC 的行为动机，UGC 的信息生产模式以及 UGC 信息的采纳、接受行为作为 UGC 生产过程中不可或缺的一环，也得到了学者的关注和研究。赵宇翔、吴克文、朱庆华认为“UGC 的生产模式可以被抽象为信息内容生产过程（Information Production Process, IPP），即将用户作为源元素，内容作为项元素，生成模式则被理解成两者之间的映射关系”。④ 赵宇翔、范哲、朱庆华将 UGC 的生成模

① 赵宇翔、朱庆华：《Web 2.0 环境下影响用户生成内容的主要动因研究》，《中国图书馆学报》2009 年第 5 期。

② 尹丽英：《用户生成内容动因分析及激励设计——以新浪微博为例》，《数字图书馆论坛》2015 年第 6 期。

③ 廖望、刘于思、金兼斌：《社会媒体时代用户内容生产的激励机制》，《新闻与传播研究》2013 年第 12 期。

④ 赵宇翔、吴克文、朱庆华：《基于 IPP 视角的用户生成内容特征与机理的实证研究》，《情报学报》2011 年第 3 期。

式归纳为“独立式（individual）、累积式（collective）、竞争式（competition）和协作式（collaborative）四种”。[①] 这四种生成模式应用在不同的 UGC 类型中；彼此之间互不排斥，必要时会同时应用。

华迎、王永贵、李兵以技术接受模型（TAM）、信息采纳模型（IAM）为理论基础，提出了 UGC 采纳行为影响因素框架模型，如图 0－1 所示。

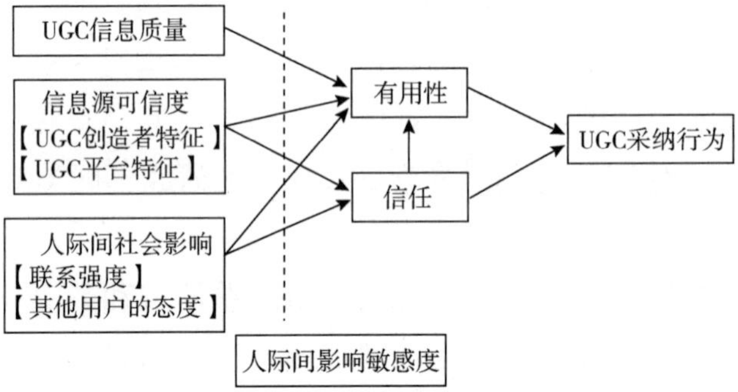

图 0－1　UGC 采纳行为影响因素框架模型

根据模型显示，信息质量、信源可信度和人际间的社会影响成为影响 UGC 采纳行为的重要因素。该模型涉及的用户行为动机及行为模式正是本书研究的一大核心问题，即对用户在 UGC 内容生产方式中的行为进行系统探讨。此外，综观国内与 UGC 有关的研究成果，仅有这一篇论文从微观角度对用户在 UGC 中的行为模式进行了研究。可见，UGC 内容生产方式中的用户行为及信息模式研究尚存在较大的空白。

6. UGC 的媒介应用影响研究

UGC 作为 Web 2.0 时代兴起的内容生产方式在我国广泛应用于新闻传播、电子商务、信息科学、图书情报与管理等多个领域。伴随着 UGC 在不同领域的应用，相关研究也逐渐丰富和发展。从新闻

① 赵宇翔、范哲、朱庆华：《用户生成内容（UGC）概念解析及研究进展》，《中国图书馆学报》2012 年第 5 期。

传播的角度来看，UGC 在媒体内容生产中的应用对我国新闻传播的理念、业务以及舆论的生成演化产生了深刻影响。

（1）UGC 对新闻传播理念、业务的革新。

王晓红认为："随着 Web 2.0、Web 3.0 时代的来临，以'传者'为中心，'我写你看''我说你听'的模式受到颠覆性挑战。用户不愿再'被动'接受媒体制作的信息，而是充分发挥主观能动性，自觉主动生产新闻信息，成为互联网信息生产过程中不可忽视的力量。"① 以上论述在许多学者的研究中也得到了证实；不仅系统概括了互联网发展进程中传者中心受到挑战，受众主动性不断提升的传播发展趋势，也对 UGC 内容生产方式中传者和受众的全新角色、地位和理念进行了解读。

在此理念的指导下，新闻传播的业务领域也发生了系列的变革。王晓红对以网易、澎湃和"南方 +"为代表的 UGC 新闻客户端的运营现状和发展趋势进行了系统的梳理。"提供多媒体操作平台、丰富传播符号，提供多种信息呈现方式供用户选择，建立编辑和分工平台为用户生产内容提供便利"② 成为众多新闻客户在向 UGC 内容生产方式发展过程中采取的积极举措。

杜建华也总结了三网融合下 UGC 网站的内容生产策略；其中包括以网易"微电影"为代表的微内容生产，以酷 6 网、优酷网和土豆网为代表的网络自制剧生产，以酷 6 网、第一视频网的"媒体化"模式为代表的视频新闻生产以及以土豆网和酷 6 网为代表的选秀节目生产。③ 这些 UGC 网站经营的不同类型的节目产品，集中体现了细分化、体验化、搜索化的媒介内容发展趋势，也是 UGC 应用中传播内容的典型特征。

在 UGC 内容生产模式的影响下，新闻与传播业正在朝着多样

---

① 王晓红：《新闻客户端 UGC 现状与趋势》，《青年记者》2016 年第 6 期。

② 王晓红：《新闻客户端 UGC 现状与趋势》，《青年记者》2016 年第 6 期。

③ 杜建华：《三网融合下 UGC 网站内容生产策略》，《电视研究》2012 年第 1 期。

化、自主化和自由化的方向迈进。但在发展的过程中也不可避免地经历着信息冗杂化、侵犯隐私权和版权等问题。这些问题也得到了学者们的关注与研究。熊茵、韩志严针对 UGC 语境下知识传播的困境与出路进行了系统分析。他们认为：“UGC 语境中，对知识传播造成的最大冲击是‘伪知识’大肆生产和传播，伪知识信息在内容上荒诞谬误、有悖常理，但往往在形式上常借以科学真理、权威发布、人身箴言。实践经验等只是形式的外衣，具有极大的迷惑性(尤以微博、微信中传播极盛的伪健康信息、伪经验信息为代表)”。[①] 此外，两位学者还进一步提出，在 UGC 的自组织内容生产机制下，在知识信息冗杂的态势下，需要合理的框架、引导和规制，来确保知识的有效传播。[②]

关于 UGC 内容生产方式引发的隐私问题，张君浩、师栩栩给出了具体的界定：“该类隐私问题是随着互联网技术的不断发展以及用户日益增长的需求而产生的，是传统隐私权在网络领域的延伸，其表现形式不同，但涉及的根本特性是一致的，即都是指在新媒体环境下对个人不愿公开的秘密以及相关的敏感类信息进行挖掘并曝光的问题。”[③] 此外，两位学者还指出 UGC 用户贡献内容下的隐私侵权形式是极其丰富的，它所涉及的体系庞杂，内容细微；具体表现为“SNS 下的隐私侵权漏洞、微博‘话语权释放’带来的隐私侵权以及播客下的完整隐私暴露”[④]。

王光文针对 UGC 内容生产方式中视频网站经营者面临的版权侵权问题进行了深入的分析。他认为，“视频网站 UGC 经营的最大劣

---

① 熊茵、韩志严：《UGC 语境下知识传播的困境与出路》，《现代传播》2014 年第 9 期。

② 熊茵、韩志严：《UGC 语境下知识传播的困境与出路》，《现代传播》2014 年第 9 期。

③ 张君浩、师栩栩：《新媒体时代下 UGC 带来的隐私权问题探析》，《编辑之友》2012 年第 8 期。

④ 张君浩、师栩栩：《新媒体时代下 UGC 带来的隐私权问题探析》，《编辑之友》2012 年第 8 期。

势是常常要承担由于用户直接侵权而连带产生的间接侵权责任；并提出视频经营者应当把履行注意义务作为过错认定的核心和减免责任的前提”①。新媒体时代，版权侵权的权责难辨成为传播行业关注的焦点和难点。

（2）UGC 对舆论的生成演化影响研究。

新闻传播为公众舆论的形成提供了信息源及传播、演化的渠道，而公众舆论也是新闻传播需要密切关注和捕捉的意见气候，是其传播效果的重要体现。因此，当 UGC 内容生产方式深刻变革新闻传播的理念和业务的同时，舆论的生成演化受其影响也朝着复杂化的方向发展。

张帆认为 UGC 在网络舆情构成中权重日益加大，成为网络舆情的首发信源。此外，该学者通过观察研究还总结出 UGC 舆情与媒体相比，其触发点具有“新闻时效性、个体参与性、社会公平性和意见倾向性四大特征”。② 此外，李苏还从舆论反转的角度分析了 UGC 内容生产方式对舆论事件演变的推动作用，主要包括：“用户通过开放性渠道主动参与社会事务，推动社会舆论发展；UGC 模式下碎片化的内容留给用户想象空间，激发用户主动参与讨论的热情；通过观点交锋构建舆论认同。”③

7. UGC 的发展趋势研究

UGC 的概念自 2005 年提出以来，已有 11 年的历史。在这 11 年的发展历程中，其表现形式越来越丰富，应用范围越来越广，影响力也越来越大。但在发展过程中，UGC 也暴露出内容可信度差、价值密度低、侵犯版权等问题。随着媒介技术的不断发展，用户的信息传播能力不断增强，UGC 作为一种内容生产方式该做

---

① 王光文：《论视频网站 UGC 经营者的版权侵权注意义务》，《国际新闻界》2012 年第 3 期。

② 张帆：《UGC 语境中的舆情爆发点观察》，《当代传播》2014 年第 5 期。

③ 李苏：《从 UGC 模式的价值张力看“舆论反转”现象》，《新闻知识》2015 年第 9 期。

出哪些修正，并朝着什么样的方向发展，也成为学者在这一领域关注的重点。

胡泳、张月朦根据 UGC 在国内外的发展现状，提出 UGC 正经历着从业余向专业的转型，即向 PGC（Professionally Generated Content，专业内容生产）方向迈进。他们认为："内容的缺口一直都在，传统媒体机构所生产的内容远远不能满足受众多元化的需求，市场的长尾需要 UGC 的填充。但是，以往的质量较差、缺乏商业基因的 UGC 已无法适应如今的市场需求。微信公众号作为最具代表性的自媒体平台，早就走上了'业余专业化'的道路。"①

网络视频作为 UGC 的重点应用类型，其发展趋势也得到了众多学者的关注和研究。丁月以网络自制剧为研究对象，探究了 UGC 在网络自制剧方面的发展趋势，并提出了 UGC + PGC 的内容生产模式。该学者认为："随着 UGC 的发展，它的存在形式会越发复杂，但它所生成的必须是以网络平台为主流传播平台的内容，而生产主体具有专业性和非专业性的双重属性，呈现一种专业助力下的非专业创作。"②

朱新梅也从视频网站的角度入手，总结了我国 UGC 内容生产方式在视频网站领域的发展趋势。他认为："由于视频制作技术不断提高，数字设备价格不断下降，越来越多的人进入 UGC 领域，UGC 视频质量不断提高。与此同时，各视频网站纷纷加大对 UGC 的扶持力度，并将 UGC 作为重要战略资源，UGC 迎来重要的发展机遇，UGC 呈现出专业化、产业化发展趋势。"③

8. 国内 UGC 研究采用的主要研究方法

通过研读国内 UGC 现有的研究成果，笔者发现与 UGC 相关的研究集中在图书情报与信息管理领域，其研究方法涉及扎根理论

---

① 胡泳、张月朦：《互联网内容走向何方？——从 UGC、PGC 到业余的专业化》，《新闻记者》2016 年第 8 期。

② 丁月：《UGC + PGC：网络自制剧生产模式探究》，《视听界》2014 年第 4 期。

③ 朱新梅：《中国 UGC 发展模式及趋势》，《数码影像时代》2013 年第 4 期。

法、内容分析法、调查问卷法、个案分析法等多种研究方法。而新闻学与传播学领域对UGC的研究则以思辨法和二手资料分析法为主。部分学者采用文本分析、抽样调查和控制实验等研究方法进行了微观分析。例如，杜丹以苏州为个案，运用质化研究和量化分析相结合的方法，对优酷网中记录苏州城市景观的UGC视频以及围绕它们的讨论文本进行了分析。① 廖望、刘于思、金兼斌采用抽样调查和数据挖掘的方法考察了用户声望获得和社会连带增加两种网络激励对不同社会价值取向的社交网站用户公共品贡献的影响。②

综观既有的国内研究成果，UGC在图书情报与信息科学领域的研究成果丰富，且形成了包括概念、类型、模式、质量评估与控制、效果在内的较为完整的研究体系。而新闻与传播领域对UGC进行的研究则相对窄化。研究集中在宏观地审视UGC这一全新的内容生产方式给新闻与传播行业带来的影响，缺乏对其微观化、类型化、系统性的探讨。

二 关于用户和受众的研究成果综述

用户作为UGC中的重要一环，针对其进行的研究多集中在计算机科学、图书情报学、经济与市场营销等领域的应用研究。研究内容涉及以图书馆、计算机、数字出版物、电子商务平台为代表的服务平台中用户的特征、用户的需求、用户的行为、用户的服务、用户的管理等多个方面。而聚焦新闻与传播领域，用户研究则多集中在用户思维的变革性思考和社交媒体中的用户行为研究两个方面；研究成果以学术论文为主，少见相关的研究著作。

用户作为互联网时代与“受众”相对应的角色出现，对传播理

---

① 杜丹：《镜像苏州：市民参与和话语重构——对UGC视频和网友评论的文本分析》，《新闻与传播研究》2016年第8期。

② 廖望、刘于思、金兼斌：《社会媒体时代用户内容生产的激励机制》，《新闻与传播研究》2013年第12期。

念产生了重要影响。彭兰提出“‘用户’这个词，除了意味着对新媒体‘使用’行为的关注外，还包含了对新媒体使用者的‘主动性’的强调”。① 但是主动性与被动性往往都存在于新媒体用户身上。具体表现为：“用户在信息消费上的主动性和其‘懒惰’与‘惯性’并存；新媒体倡导的个性化服务与社会化信息传播机制、社会化互动以及‘群体’等‘社会化’环境中的限制并存；再次，用户借助新媒体平台对社会化互动中的‘表演’前台与表演手段的自主控制与‘后台’内幕的被动泄露并存。”②

此外，用户思维的变革也对传媒业的发展产生了一定的影响。陈昌凤认为，“媒体融合时代用户的参与行为建立了一种媒介生产者与消费者之间的文化融合关系。通过打造新的平台，为用户提供‘产消融合’的渠道，依靠收集挖掘分析用户的大数据，同时与用户建立分享型的传播关系，才能最终实现融合时代的媒体新变革”③。陈力丹、王之月、王娟结合一些具体案例，介绍了两种以用户体验为中心的新型媒体生存模式，即“媒介内容与广告内容无缝融合的原生广告、增值服务、提升用户黏度的界面经验”。④

社交媒体中的用户行为研究也是国内用户研究中的一大重点。周全、汤书昆以微博用户为代表，采用抽样调查的方法，分析了用户如何对社会化媒体上的信息可信度作出判断。⑤ 司格、张伦、张增一以“使用与满足理论”为分析视角，采用文本挖掘的方法，选择“在线电子商务网站”这一形式的社会化媒体，探究了社会化媒体中

① 彭兰：《新媒体用户：更主动还是更被动》，《当代传播》2015年第5期。

② 彭兰：《新媒体用户：更主动还是更被动》，《当代传播》2015年第5期。

③ 陈昌凤：《用户为王：“产消融合”时代的媒体思维》，《新闻与写作》2014年第11期。

④ 陈力丹、王之月、王娟：《“用户体验”的新型媒体生存模式》，《新闻爱好者》2015年第5期。

⑤ 周全、汤书昆：《社会化媒体信息源感知可信度及其影响因素研究——一项基于微博用户方便样本调查的实证分析》，《新闻与传播研究》2015年第4期。

用户产品评价的影响因素。[①] 董开栋、谢金文以消费者满意度指数模型和信息系统成功模型为分析框架，以“用户”为中心，建立了手机新闻媒体用户满意度模型，并采用抽样调查的方法对上海某高校的400名学生发放了问卷，通过实证研究对模型进行了检验。[②] 倪宁、徐智、杨莉明以微信朋友圈的信息流广告为例，运用深度访谈法对参与广告互动的微信用户的使用形态进行了深描。“研究表明用户在微信朋友圈信息流的广告参与互动中兼具了主动性和被动性，甚至交叉出现在同一个样本中。”[③]

综合来看，虽然互联网时代的用户常以与传统媒体中的受众相对的角色出现，但两者在内涵上却有较大的共性，在传播学领域均指信息传播或信息产品的接收者。与受众研究丰富的研究成果和完整的研究体系不同的是，用户研究才处于起步阶段，研究视角、研究方法和研究效果等都有待提高。因此，本书也对受众研究的代表性成果进行了综述，为后文的论述提供参考。

“受众研究是传播学研究中的一个组成部分，它针对受众接触、解释、反馈传播信息的状况和规律，受众与媒体、社会之间的互动关系，以及受众在整个传播过程中的地位和作用进行研究。”[④] 丹尼斯·麦奎尔（Denis McQuail）将受众研究分为三大类，即“结构性”（structural）、“行为性”（behavioral）和“社会文化性”（socio-cultural）。[⑤] 这三种受众研究传统具有不同的目的、数据来源和方法，具体见表0-1。

---

① 司格、张伦、张增一：《社会化媒体的用户产品评价影响因素研究：基于文本挖掘的方法》，《国际新闻界》2015年第6期。

② 董开栋、谢金文：《手机新闻媒体用户满意度模型构建及实证研究——基于对上海某高校学生的调查分析》，《新闻与传播研究》2014年第3期。

③ 倪宁、徐智、杨莉明：《复杂的用户：社交媒体用户参与广告行为研究》，《国际新闻界》2016年第10期。

④ 曹越：《试论21世纪我国受众研究的创新》，《新闻与传播研究》2004年第1期。

⑤ ［美］丹尼斯·麦奎尔：《受众分析》，刘燕南、李颖、杨振荣译，中国人民大学出版社2006年版，第23页。

表 0-1　　三种受众研究传统的比较

	结构性	行为性	社会文化性
主要目的	描述受众构成、统计数据、描述社会关系	解释并预测受众的选择、反应和效果	理解所接收内容的意义及其在语境中的应用
主要数据	社会人口统计数据，媒介及时间使用数据	动机、选择行为和反应	理解意义。关于社会和文化语境
主要方法	调查和统计分析	调查、实验、心理预测	民族志、定性方法

资料来源：[美] 丹尼斯·麦奎尔：《受众分析》，刘燕南、李颖、杨振荣译，中国人民大学出版社 2006 年版，第 30 页。

此外，尼古拉斯·阿伯克隆比（Nicholas Abercrombie）和布雷恩·朗豪斯特（Brain Longhurst）提出的受众研究的分类方式有“行为范式”（Behavioral Paradigm，BP）、“收编/抗拒范式”（Incorporation/Resistance Paradigm，IRP）、“景观/表演范式”（Spectacle/Performance Paradigm，SPP）。其中，行为范式以效果研究和使用与满足研究为代表，重点分析媒介对受众行为的影响；收编/抵抗范式以编码/解码理论和莫利的受众研究为代表，重点分析受众在信息接收过程中是被主流意识形态收编还是进行抵抗式解读。景观/表演范式是根据 20 世纪 90 年代末期媒介发展的新趋势而提出的研究范式。该范式以西维尔斯通（Silverstone）的电视与日常生活研究和赫莫斯（Hermes）的女性杂志研究为代表，适用于分析社会的商品化趋势逐渐加深之时，个体作为受众中的一员如何通过媒介景观，实现日常生活中的身份建构与再建构。①

克劳斯·布鲁恩·詹森（Klaus Bruhn Jensen）和卡尔·埃里克·罗森格伦（Karl Erik Rosengren）根据媒体与受众之间的关系将受众研究传统分为五类：效果研究（effects）、使用与满足研究（uses and gratifications）、文学批评（literacy criticism）、文化研究（culture studies）和接受分析（reception analysis），并指出五类受众研究都继

① N. Abercrombie & B. Longhurst, *Audience: A Sociological Theory of Performance and Imagination*, London: Sage, 1998, pp. 10-37.

承了人文学科和社会科学的传统。此外，他们还认为跨文化和多元方法的研究取向是未来受众研究的发展方向。① 与此同时，我国学者曹书乐、何威通过梳理受众研究的思想史，归纳出受众研究的六个维度，包括受众的被动—主动维度、媒介的强效—弱效维度、效果的定义方式维度、媒介受众关系之影响—使用维度、受众的同质—个性维度以及受众的个人性—群体性维度②。

在研究方法层面，正如麦奎尔梳理的“三种受众研究传统的比较表”所示，受众研究根据其研究内容的不同，广泛应用了以抽样调查为代表的量化研究方法及以民族志为代表的质性研究方法。我国学者祝建华作为国内受众研究的代表学者，其研究充分运用了量化研究方法，对各类媒介的受众构成及受众行为进行了数据统计和分析。以戴维·莫利为代表的学者在其著作《全国新闻》《家庭电视——文化的力量与家庭式休闲》中应用了深度访谈等民族志研究方法，开辟了受众研究的重要分支。

随着智能手机、互联网等新媒体的日益发展，受众研究的视角开始朝新媒体受众的结构性、行为性、社会文化性研究转向。新媒体以其多媒体性、交互性、海量性等典型特征区别于传统媒体，并开创了信息传播的新时代。新媒体全新的媒介属性也深刻改变了受众的地位、传受理念和行为。传统的量化研究方法和质性研究方法是否还适用于新媒体的受众研究呢？针对此，张放结合新媒体的传播特性提出了非浸入式诠释性探究的研究方法。“该方法作为一种策略性的研究方法，以去原生态情境化的访谈（包括个别访谈和焦点小组）为经验资料收集的主要方式，与民族志同属诠释主义研究范式”③，并为新媒体

---

① Klaus Bruhn Jensen & Karl Erik Rosengren, “Five Traditions in Search of the Audience”, *European Journal of Communication*, No. 5, 1990, pp. 207 – 238.

② 曹书乐、何威：《“新受众研究”的学术史坐标及受众理论的多维空间》，《新闻与传播研究》2013 年第 10 期。

③ 张放：《非浸入式诠释性探究：方法论视野下“受众民族志”的重新定位及其当代意义》，《新闻与传播研究》2015 年第 2 期。

时代的受众研究提供了新的进路。

三　关于媒介内容生产的研究成果综述

媒介内容生产属于新闻传播业务中的一部分，与之相关的研究成果根据媒介类型的不同其研究成果也各有侧重。通过研读媒介内容生产相关的学术论文和著作，笔者发现，传统媒体时代的媒介内容生产研究，大多从报纸、广播、电视、书籍等代表性的传统媒体入手，根据其不同的传播特性、组织架构、受众群体等来探讨不同媒介特有的内容生产方式。此类成果大多是在业务实践领域展开的研究，研究内容涉及内容生产的理念、方式和效果等。其中代表性的研究成果有盖伊·塔奇曼的《做新闻》、赫伯特·甘斯的《什么在决定新闻》。

而随着以互联网为代表的新媒体强势来袭，媒介内容生产的研究重点转向新媒介技术背景下传统媒体的内容生产如何转向以及新媒体内容生产的特性、模式、方法以及影响等。其中，蔡雯对融合新闻的研究、喻国明对数据新闻的探讨等都是新媒体时代媒介内容生产的代表性研究成果。而笔者关注的 UGC（用户生产内容）也是新媒介技术背景下传统媒介内容生产方式的演进和革新。

综合以上三大类研究成果，笔者认为目前新闻与传播领域对 UGC 的研究相对窄化且缺乏深度。研究局限在介绍 UGC 的革新以及探讨几种代表性 UGC 应用的生产方式和影响，缺乏从新闻与传播领域对 UGC 细致、微观、系统、深入的研究。其中就包括厘清 UGC 在新闻与传播领域的具体内涵，梳理 UGC 在新闻与传播领域的发展脉络、剖析 UGC 在新闻与传播领域的过程机制（生产者角色、生产模式与动机、内容类型与特征）。这些研究的空白将是本书分析和论述的核心内容。

第三节　研究价值与意义

基于以上现实背景和研究成果，本书以媒介技术演进下复杂的传播生态为背景，将 UGC 内容生产方式作为研究对象，从学理角度对新闻与传播领域的这一业务应用进行系统分析，呈现 UGC 内容生产方式在我国的发展脉络和变迁历程，并以此为切入点洞察传播生态中相关领域的变革与走向。本研究理论与实践相结合，具有以下几个方面的价值与意义。

一　理论价值

（1）综观 UGC 的国内外研究成果，多数研究将 UGC 界定为 Web 2.0 时代出现的革新性内容生产方式进行针对性探讨。本书则突破这一研究传统，将 UGC 的研究视角向传统媒体延伸，通过查阅并收集相关的史料，系统梳理 UGC 在书籍、报纸、杂志、广播、电视等传统媒体中的表现形式，从而在理论层面上否定 UGC 以互联网为技术前提的论断，拓展 UGC 的概念范畴，并为 UGC 后续的研究提供新的视角和方向。

（2）通过研读 UGC 在网络媒体中应用的相关研究成果，笔者发现多数研究只对 UGC 在网络媒体中的代表性表现形式进行了列举，而少有研究对其进行系统的总结和分析。因此，本书针对此研究空白，在既有研究成果的基础之上，对 UGC 在网络媒体中的表现形式进行分类归纳和具象分析；在条理清晰地展现网络媒体中 UGC 发展脉络的同时，也与 UGC 在传统媒体中的表现形式相互联系、呼应与继承，呈现出媒介技术演进下，我国 UGC 内容生产方式日益多元、丰富的变迁历程，推动 UGC 界定的具象化和研究的体系化。

（3）本书通过梳理 UGC 的发展脉络，呈现了媒介技术影响下不同媒体中 UGC 的差异化表现形式。以此为基础，研究以传统媒体与网络媒体之间不同的传播生态为背景，对 UGC 在两类媒体中的生产者角色、生产模式和生产动机进行对比分析，从而进一步探究 UGC 在不同的传播生态影响下呈现的差异化过程机制。从表现形式到过程机制，本书将历时性的研究与共时性的研究相结合，构建了包括传统媒体中的受众生产内容和网络媒体中的用户生产内容在内的更为全面和深入的 UGC 研究体系，为 UGC 后续更为多样化的研究提供了参考。

（4）本书围绕 UGC 展开的研究，呈现了受众和用户在内容生产中发挥的积极作用，以及受众和用户在不同的传播生态中角色的变迁；其中关于生产者角色、生产模式和生产动机进行的对比分析对于洞察不同传播生态中传受关系的演变，甚至是整个传播生态的变革具有重要的参考作用。此外，综观国内外受众研究的成果，关于受众和用户作为生产者角色的研究正处于起步阶段。本书的研究从 UGC 的视角较为全面地展现了受众和用户作为生产者的能动角色，对现有的受众研究进行了补充和发展。

二　实践价值

（1）本书对 UGC 在书籍、报纸、杂志、广播、电视、网络等媒体中的表现形式进行的梳理以及过程机制进行的分析，能够指导上述媒体在应用实践中正确认识并有效运用受众和用户的参与、生产活动为其专业内容生产服务。

（2）本书对传统媒体中受众生产内容的动机以及网络媒体中用户生产内容的动机进行的探索性分析，能够指导各类媒体有针对性地提升受众和用户生产内容的积极性，促使不同媒体中的 UGC 实践更好地融入媒体内容生产体系，生产出更具多样性的优质内容。

（3）面对大数据、云计算、人工智能等新媒介技术的发展与变革，本书的研究对于引导新闻与传播行业从 UGC 的视角去观照媒体内容生产方式将如何革新、新闻与传播业务将如何发展，以及媒体内容生产的变革将给整个新闻与传播行业带来哪些影响，具有重要的借鉴意义。

第四节　研究视角与研究方法

通过对相关研究成果进行综述，笔者发现虽然 UGC 在新闻与传播领域的应用和研究已经粗具规模，但关于其概念界定这一基础性问题仍存在较大分歧。佩吉・瓦尔克（Peggy Valcke）和玛丽・莱纳茨（Marieke Lenaerts）在 2010 年就曾提出："界定 UGC 是一项困难的工作，因为 UGC 目前还没有官方的界定。从广义上来看，UGC 包括所有由用户发布到网上的内容，不管这些内容是不是由用户创作的。"① 即使是较有影响力的 OECD 给出的 UGC 的三个特征，也只是泛化的界定，很难对 UGC 做出清晰而明确的判断。

朱庆华等对 OECD 提出的三个特征进行了具象化的分析，他们认为："（1）以网络出版为前提，理论上说 UGC 可能仅仅被用户创造出来，不一定会被发表在网络或是某些特定场合；（2）一定程度的创新是指在创作新作品或是改变已有作品时必须有一定的创造性工作，即用户必须加入自己的思想。UGC 背后的创造性往往是众多用户协同创作的结果；（3）非专业手段或组织创作是指其创作没有组织机构或是商业市场的介入。UGC 是非专业人员在没有获利动机和回报的情况下创作的。"②

综观各类学者的研究成果，笔者认为目前能够达成共识的关于 UGC 的界定是：（1）UGC 形成的媒介技术环境是 Web 2.0 时代的互联网技术生态；（2）UGC 的内容生产主体是新媒体时代下的用户，

---

① Peggy Valcke & Marieke Lenaerts, "Who's Author, Editor and Publisher in User-generated Content? Applying Traditional Media Concepts to UGC Providers", *Routledge, an Imprint of Taylor & Francis Books Ltd*, Vol. 24, No. 1, March 2010, pp. 119 – 131.

② 朱庆华、赵宇翔、谈晓洁、张薇薇：《新一代互联网环境下用户生成内容的研究与应用》，科学出版社 2014 年版，第 5 页。

而非传统媒体时代的受众；（3）UGC 的内容要具有一定的创新性。然而，面对这些阶段性共识，仍有学者提出了值得反思的质疑。例如，以金真、胡泳为代表的学者就提出传统媒体时代的读者来信、听众来电也属于用户生产内容。根据他们的论述，UGC 的第一个共识和第二个共识都值得商榷。互联网不是 UGC 出现必需的技术背景；传统媒体时代也存在由受众生产的内容。作为比传统媒体时代的受众具有更强主动性的用户也不再是 UGC 的唯一生产者；传统媒体时代也具有积极生产内容的受众。而关于 UGC 的第三个共识，许多学者也提出内容创新性虽然是 UGC 的必需条件，却缺乏具有可行性的判断标准，导致此特征在界定过程中难以落实。

本书从上述共识和分歧入手，以中国 UGC 内容生产方式为研究对象，围绕新闻与传播领域 UGC 的表现形式和过程机制进行深入探究。一方面回溯中国纸质媒体、电子媒体和网络媒体中受众以及用户生产内容的表现形式，构建中国 UGC 内容生产方式的发展脉络；另一方面从 UGC 的过程机制入手，针对其概念界定中的三个核心环节——生产者角色、生产模式、生产动机进行系统分析。研究将历时性视角和共时性视角相结合，通过史料的梳理和理论机制的分析，呈现 UGC 的变迁历程，并试图构建较为完整的 UGC 概念体系，为现存的分歧提出一些具有参考性的解决方案。

根据以上研究视角和研究思路，本书将主要采用以下三种方法展开研究。

（1）历史—比较法：本书将采用历史—比较法，从历时性的角度收集并分析 UGC 在书籍、报纸、杂志、广播、电视、网络媒体中的应用史料和案例，追溯、梳理 UGC 在不同媒体中的表现形式和发展脉络；从共时性的角度对传统媒体中的受众和网络媒体中的用户作为生产者的角色、进行内容生产的模式和动机进行对比分析；从二者的共性和差异入手对 UGC 的过程机制进行深入的辨析，从而为 UGC 内容生产方式的拓展和再界定奠定基础。

（2）案例分析法：本书在对我国 UGC 内容生产方式进行回溯的

过程中，将根据 UGC 在不同媒体中的表现形式，选择代表性的案例进行分析。从具体应用案例入手，一方面能系统地总结出 UGC 的内容类型以及内容特征；另一方面也能为后文论述 UGC 的过程机制提供丰富的分析材料。

（3）深度访谈：本书将采用深度访谈的研究方法和扎根理论的数据分析方法，对我国 UGC 生产者的生产动机进行探究；选择纸质媒体、电子媒体、网络媒体中代表性的 UGC 生产者进行访谈，获取与 UGC 生产动机相关的一手资料进行编码分析，从而提炼出传统媒体中受众生产内容的动机以及网络媒体中用户生产内容的动机，并进一步构建 UGC 生产动机的理论模型。

第一章

补充与反馈：纸质媒体中读者的辅助式内容生产

自造纸术和印刷术发明以来，纸质媒体逐渐取代身体和实物，成为人们传播信息的主要介质。这类偏向空间的媒介不仅打破了信息传播的地域限制，也逐渐瓦解了信息的垄断局面，促进了知识的传播和普及，为人类文明的进步作出了巨大贡献。在纸质媒体中，最具代表性的大众传播类纸媒包括书籍、报纸、杂志三类。本章，笔者将从这三类代表性纸媒入手探究其读者生产内容的样态。

第一节　书籍中的读者生产内容

“书籍是借助文字、图形和符号等，在一定的材料上记录知识，表达思想，并且制装成卷册的著作物。”① 其作为传统媒体时代的一种代表性媒介形态，是最早出现的一种专门性的大众媒介。书籍内容的专业性、思想性以及传统媒体时代的生产条件决定了其内容生产遵循着专业化生产者主导的方式，但其中也不乏由读者生产的书籍内容被广泛传播并得到了受众的高度认可。本节笔者选取帛书

---

① 刘德来：《浅谈书籍设计中的材质表现》，《中国出版》2010 年第 11 期。

《老子》、今本《老子》以及脂批本《红楼梦》作为个案，分析书媒介中读者生产内容的表现形式及其传播价值。

一　经典注释

《老子》，又名《道德经》，是春秋时期老子的哲学作品。作为道家哲学思想的重要来源，《老子》以“道德”为纲宗，以政治为核心，论述修身、治国、用兵、养生之道，内容深奥广博，被誉为万经之王。以《老子》为代表的中国传统经典，因其内容的深奥晦涩，大多依赖注释本的方式进行传播和普及。注释本以《老子》为基础进行注解、分析和再创作，采用“我注六经”和“六经注我”相结合的方式，以“述”为“作”，将经典不断传承。

罗浩、李若晖将《老子》按时期分为四类：“（1）郭店楚简《老子》为形成期《老子》；（2）战国末西汉初之帛书《老子》为成型期《老子》；（3）汉、唐严遵《指归》本、河上公本、《想尔》本、王弼本、傅奕本为定型期本《老子》；（4）嗣后为流传期本《老子》。”[①] 尹振环认为这种划分比较科学，但需将（3）、（4）类改为定型期变形《老子》与流传期变形《老子》。因为帛书《老子》已经证明了其后诸今本《老子》的变形，而楚简《老子》又进一步证明了这种变形。

1993 年 10 月，楚简《老子》在湖北荆门市郭店村出土。因楚简《老子》较之之前的各种传本年代最古，成为学界研究老子其人以及《老子》其书的重要突破口。郭沂提出简本是今本中最原始的部分，今本是后人在简本的基础上进行改造、重编、增订而成的。[②] 简本《老子》出自老聃，今本《老子》出自太史儋。尹振环以此为基础总结了简本《老子》与帛书《老子》、今本《老子》在篇次、

① 尹振环：《楚简老子辨析：楚简与帛书老子的比较研究》，中华书局 2001 年版，第 11 页。

② 郭沂：《从郭店楚简〈老子〉看老子其人其书》，《哲学研究》1998 年第 7 期。

篇名、分章、章序、文句五方面存在变形。笔者选取其中具有代表性的变形加以说明。

从分篇上来看，简本分为甲篇、乙篇、丙篇，帛书、今本分为《德经》《道经》。[①] 从章节设定来看，简本分别见于今本的 31 个章，有 19 个章和帛书、今本内容完全和基本相同；有 11 个章只相同一部分，而其他不相同部分是后来的发展和深化；有 10 个章被大加改造。[②] 从文句来看，简本中很多内容在帛书、今本中被改动。例如，简本“绝智弃辩”“绝伪弃虑”，在帛书中被改为“绝圣弃智”“绝仁弃义”。[③] 这是春秋、战国两个时期社会对仁德的认识不同而导致的内容的变化。此外，简本的“学者日益，为道者日损，”帛书则是“为学者日益，闻（今本作‘为’）道者日损”。这一字之差，曲解了老子的本意：求学的人见知一天天增多，求道的人情欲一天天减少，使得帛书、今本中较为系统的抑制“智”的愚民政策被大肆使用。[④]

以上变形广泛存在于《老子》的各类注本中。这些注本的作者，以太史儋、隐士河上公、魏晋玄学的代表人物王弼、唐代学者傅仪为代表，多为历朝历代的有识之士，结合时代背景对《老子》进行注释和改造。得益于这些注本的传播，老子的哲学思想为世人接受、学习，传承至今。这些注释者作为《老子》读者群体中对老子思想有所研究的意见领袖，经过其注解和改造的《老子》被受众广泛接受，成为研读老子思想的重要蓝本。读者的创造力在帛书《老子》、今本《老子》中被充分发挥并产生了巨大的传播效果，可被视为书

---

① 尹振环：《楚简老子辨析：楚简与帛书老子的比较研究》，中华书局 2001 年版，第 5—6 页。

② 尹振环：《楚简老子辨析：楚简与帛书老子的比较研究》，中华书局 2001 年版，第 3—4 页。

③ 尹振环：《楚简老子辨析：楚简与帛书老子的比较研究》，中华书局 2001 年版，第 13 页。

④ 尹振环：《楚简老子辨析：楚简与帛书老子的比较研究》，中华书局 2001 年版，第 18 页。

媒介中经典注释类读者生产内容的代表。

二　小说评点

脂批本《红楼梦》，是由曹雪芹著、脂砚斋评点的一版《红楼梦》著作。目前被红学家定为脂批本《红楼梦》的有甲戌本、己卯本、庚辰本、梦稿本、戚序本、甲辰本、靖藏本、列藏本、蒙府本、舒序本、郑藏本十一个版本，其中甲戌本、己卯本、庚辰本的书名题为《脂砚斋重评石头记》，是迄今发现的三种最有可能是直接录自作者原稿本的脂评抄本。① 评点者采用每回书前面、后面总评，每回书中间批注、行间评注，书页上进行眉批的方法，针对小说的主题思想、写作手法、人物的性格命运等进行点评，评点的数量多达上万条。笔者以产生年代最早、保存原貌最真切的甲戌本为研究对象，从中节选不同类型的评点进行具体分析。

关于小说的主题思想，脂砚斋即在第一回前面的总评中指出："开卷即云：风尘怀闺秀，则知作者本意原为记述当日闺友闺情，并非怨世骂时之书矣。虽一时有涉于世态，然亦不得不叙者，但非其本旨耳。阅者切记之。"② 评点者开篇就指明了小说的主题。此外，在第一回中，作者写空空道人打量石头发现"原来是无材补天，幻形入世"，脂砚斋评点"八字便是作者一生惭恨"③，道出了作者在小说创作中加入了自己的经历感悟。

关于小说的写作手法，脂砚斋在第一回空空道人与石头探讨其故事的段落旁就总括性地批注了小说的写作手法，即"事则实事，然叙得有间架、有曲折、有顺逆、有映带，有隐有见，有正有闰，

① 王增斌:《〈红楼梦〉脂评本与〈还原脂砚斋〉——对八十年来新红学派存在价值的质疑》,《太原师范学院学报》(社会科学版) 2007 年第 5 期。

② 曹雪芹:《脂砚斋批评本 · 红楼梦》，脂砚斋评点，王丽文校点，岳麓书社 2015 年版，第 2 页。

③ 曹雪芹:《脂砚斋批评本 · 红楼梦》，脂砚斋评点，王丽文校点，岳麓书社 2015 年版，第 3 页。

以至草蛇灰线，空谷传声，一击两鸣，明修栈道，暗度陈仓，云龙雾雨，两山对峙，烘云托月，背面傅粉，千皴万染诸奇。书中之秘法，亦不复少。余亦于逐回中搜剔刳剖，明白注释，以待高明再批示误谬”①。正如此评注所言，脂砚斋在小说的字里行间对写作手法进行了细致、详尽的评点。例如，第三回林黛玉入荣国府进入正室后，邢夫人让黛玉坐着，命人去请贾赫。脂砚斋批注：“这一句都是写贾赫，妙哉！全是指东击西、打草惊蛇之笔，若看其写一人即作此一人看，先生变呆了。”② 此批注点明了作者的写作手法，指导读者解读文字背后的深意。第二十五回，宝玉拉着黛玉袖子说话，黛玉涨红了脸。脂砚斋批注：“自黛玉看书起，分三段写来，真无容针之空。如夏日乌云四起，疾闪长雷不觉，不知雨落何时，忽然霹雳一声，倾盆大注，何快如之！何乐如之，其令人宁不叫绝。”③ 评点者从自身感受出发形象生动地指明了作者写作手法的高明之处。

此外，关于小说中人物的外貌、性格、命运，脂砚斋也在文中多处做了点评。第五回作者写宝钗年岁虽大不多，然品格端方，容貌丰美，人多谓黛玉所不及。④ 脂砚斋评点：“此句定评，想世人目中各有所取也。此黛玉、宝钗二人，一如娇花，一如纤柳，各极其秒者，然世人性分甘苦不同之故而。”⑤ 作者写宝钗比黛玉更得下人之心，小丫头们大多喜欢与宝钗玩笑，引得黛玉心中郁闷不满。脂砚斋评点：“此一句，是今古才人同病。如人人皆如我黛玉之为人，

---

① 曹雪芹：《脂砚斋批评本·红楼梦》，脂砚斋评点，王丽文校点，岳麓书社 2015 年版，第 3 页。

② 曹雪芹：《脂砚斋批评本·红楼梦》，脂砚斋评点，王丽文校点，岳麓书社 2015 年版，第 29 页。

③ 曹雪芹：《脂砚斋批评本·红楼梦》，脂砚斋评点，王丽文校点，岳麓书社 2015 年版，第 255 页。

④ 曹雪芹：《脂砚斋批评本·红楼梦》，脂砚斋评点，王丽文校点，岳麓书社 2015 年版，第 46 页。

⑤ 曹雪芹：《脂砚斋批评本·红楼梦》，脂砚斋评点，王丽文校点，岳麓书社 2015 年版，第 46 页。

方许他妒。此是黛玉缺处。”[①] 两处针对两个主人公外貌、性格描写的批注帮助读者更深入地了解人物的形象。

以上述批注为代表的评点类内容贯穿于《红楼梦》的始终。这些关于小说主题、写作手法、人物性格命运的评点不仅丰富了小说内容、丰满了人物形象，也为读者了解作者的经历背景、创作意图，把握小说的艺术手法、美学价值等提供了重要的指引。1928 年，胡适发表了《考证红楼梦的新材料》一文，第一次对甲戌本的脂批进行了研究。随着其他几种脂批本陆续被发掘出来，脂批越来越受到学者们的重视，并逐渐成为研究《红楼梦》及其作者的重要史料。“有专家将敦煌文献、甲骨文、《红楼梦》脂评本的发现，并称为三项古代文献的重大发现。”[②] 此外，随着学界对脂批本《红楼梦》的推广和普及，该版本也成为广大红学爱好者追捧的对象。

对于新红学研究具有重要价值的脂批，系以脂砚斋、畸笏叟为代表的多位评点者所写。其中脂砚斋是在《红楼梦》上作批语最多的评家。他熟悉曹雪芹的家世生平和《红楼梦》的创作过程，而且参与了小说的抄阅、誊清等工作，曾对《红楼梦》的创作提出过修改意见。[③] 关于他的身份，红学界至今说法不一，其中包括：脂砚斋是曹雪芹的叔父、曹雪芹的妻子、曹雪芹的堂兄弟等。正是脂砚斋与曹雪芹的亲属性关系，才使其公然以“知情者”的身份现身说法，进行评点，实现了其虽不是作者，却撰写了对原著具有重要价值批注的成就。

由此可见，脂批版《红楼梦》是由与作者曹雪芹有亲缘关系、了解作者、熟知小说创作过程的脂砚斋等人批注的版本。这些批注

---

① 曹雪芹：《脂砚斋批评本·红楼梦》，脂砚斋评点，王丽文校点，岳麓书社 2015 年版，第 47 页。

② 王增斌：《〈红楼梦〉脂评本与〈还原脂砚斋〉——对八十年来新红学派存在价值的质疑》，《太原师范学院学报》（社会科学版）2007 年第 5 期。

③ 徐军华：《20 世纪脂砚斋研究综述》，《河南教育学院学报》（哲学社会科学版）2003 年第 4 期。

者作为读者中的一分子，因其对小说的了解程度以及自身的评点能力，结合自己的阅读感受对小说的内容、写作手法等进行了细致、深入的评点。评点内容因其较高的价值而被学界参考研究，被受众追捧研读。作为清代小说评点中的代表，《红楼梦》的批注由积极的读者生产，生产的内容产生了重要的学术价值和传播价值，属于书媒介中小说评点类读者生产内容的代表。

综上所述，帛书《老子》、今本《老子》作为中国经典注释的代表，脂批本《红楼梦》作为明清小说评点的代表，体现了书媒介中读者生产内容的存在样态和传播价值。这种由读者中的有识之士撰写的、针对原著进行的注释、评论、改写类内容，在《庄子》《尚书》《金圣叹批评本水浒传》《聊斋志异：冯镇峦批评本》等著作中也有应用，并被广为接受和认可。

第二节　报纸中的读者生产内容

报纸是“面向社会大众以散页形式发行、以刊载新闻和时事评论为主的定期连续出版物”①。与书籍不同，报纸在内容上关注新近发生的事实及其引发的言论，在发行上采用定期连续的方式。这些特征决定了报纸的大众性和社会性，促使其成为与公众的生活息息相关的信息传播媒介。受报纸内容特征的影响，其包含的读者生产内容的样态也更加日常化和广泛化，具体表现为读者来信、副刊中的读者投稿、通讯员来稿三类。

一　读者来信

读者来信是“读者向新闻单位反映情况与问题，提出批评、建议或要求的信函。读者来信体现了读者对报纸工作的关心和监督社

① 童兵、陈绚：《新闻传播学大辞典》，中国大百科全书出版社 2014 年版，第 57 页。

会生活的参与意识，是新闻单位与群众联系的标志之一”①。自清末报刊开始，读者来信就出现在报纸中，并逐渐成为我国各类报纸中的一个传统栏目。读者来信作为报纸与读者联系的重要方式，内容主要包括读者就个人现实问题进行的咨询求助，读者针对国家建设、社会发展等问题提出的批评建议以及读者提供的新闻线索类信息。

我国报纸从唐代的“邸报”发端，经历了外国人来华办报和国人办报高潮等阶段，逐渐由官报向近代报刊、现代报刊转型。《苏报》的“舆论商榷”（后称通信栏）、《国民日报》的“南鸿北雁”、《民立报》的“投函”作为早期读者来信的代表，标志着报纸逐渐摆脱官文书的话语统治，开始重视读者的地位和作用。至民国时期，受社会局势和报业发展的影响，报界掀起了设立读者来信栏目的高潮。此后，读者来信日益发展并成为我国报纸内容生产中的重点。本节，笔者将根据读者来信的发展脉络，从外国人来华办报时期、民国时期、民族解放时期、新中国成立后四个重点阶段入手，选择党报和市场报中的代表性报刊，根据不同类型的内容，分析其读者来信的样态。

（一）个人诉求类读者来信

早期的读者来信，作为读者发声的重要平台，其内容以读者倾吐个人困惑、求助现实问题为主。报纸编辑从众多信件中选择具有代表性和现实意义的信件刊登并进行针对性回复，从而使来信的内容能对报纸读者具有普遍性的指导意义。

1.《解放日报》（延安版）中的个人诉求类读者来信

《解放日报》（延安版）于1941年5月16日在延安创刊，是在革命根据地出版的第一个大型的、每日出版的中共中央机关报，也是抗日战争时期及解放战争初期革命根据地影响最大的报纸。该报

---

① 童兵、陈绚：《新闻传播学大辞典》，中国大百科全书出版社2014年版，第302页。

创建之后也很重视读者来信工作，在不同的版面专栏中，刊登了读者关于个人诉求的来信内容。

1942 年 1 月 15 日，《解放日报》（延安版）在其第四版的青年之页专刊中刊登了一封题为《心病还须心药医》的读者来信。来信由一位到延安一年多的青年读者撰写，内容主要是讲述其学习不顺利、工作不起劲、精神状态不佳的现状，并向青年之页的编辑室求助到底该如何解决。编辑室针对此建议该青年从心理方面入手解决问题。

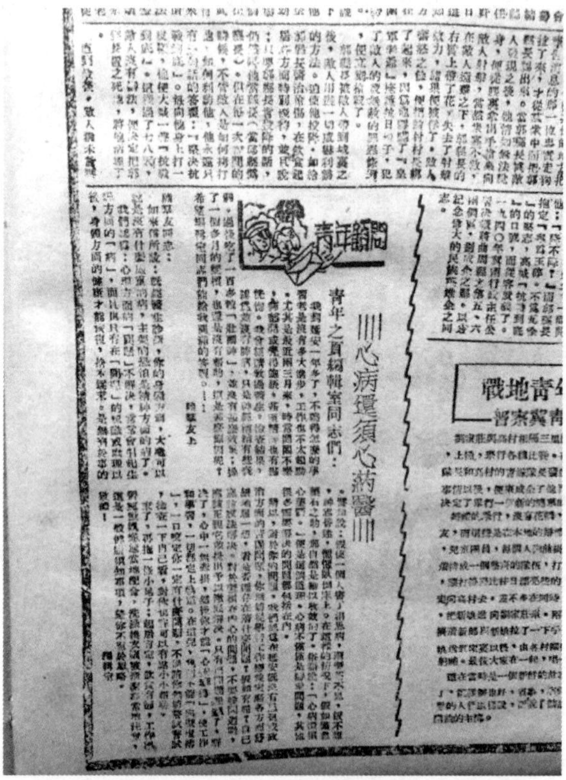
青年顧問

心病還須心葯醫

青年之頁編輯室同志們：

戰地青

图 1－1　《解放日报》（延安版）民国三十一年期第四版青年之页专刊中的读者来信

此外，1943 年 7 月 18 日，《解放日报》（延安版）在其第四版问答专栏中刊登了一封题为《梨树圪塔蟲的鉴别及治法》的读者来信，编辑部从专业角度对读者在现实生活中面临的此类问题进行了解答。1943 年 12 月 21 日，《解放日报》（延安版）反思办报中存在的内容缺乏、视野局限在各机关等问题，特将其第四版设为“卫生”专版，关注解放区群众的医疗卫生问题。在该版的“问答”专栏中，编辑部刊登了读者对脸部疑难疾病的鉴定和防治问题，并针对此给出了专业性的诊断和治疗建议。

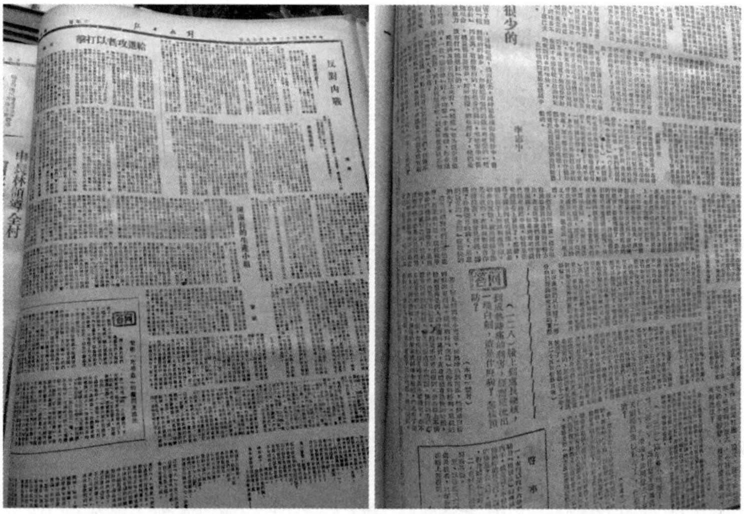

图 1－2　《解放日报》（延安版）民国三十二年第四版“问答”专栏中的读者来信

2.《人民日报》中的个人诉求类读者来信

《人民日报》作为中共中央的机关报，虽然内容以严肃的硬新闻和言论为主，但贴近群众、心系读者的办报方针也在其读者来信栏目中有所体现。党的十一届三中全会以来，我国进入改革开放的新阶段。面对新的国家局势和社会面貌，公众经历着社会转型期的各类问题和困惑，急需倾诉的渠道和解决的办法。报纸的读者来信专栏则成了众多公众表达个人诉求的平台。

1981 年 7 月，《人民日报》刊登了一封题为《关于“苦命娜”要当尼姑的问题》的读者来信。来信由一位自称“苦命娜”的读者撰写，讲述她因不满命运不公离家出走，后落难天津收容所的遭遇。虽然年仅23岁，但“苦命娜”对生活绝望，不知如何摆脱目前的困窘，生出想要出家当尼姑的想法。该读者在来信中向《人民日报》求助：“我愿意在世上做个正直善良的尼姑，为国家做一点有益的事。由于个人太单薄，本人又不知道何处有尼姑庙，今来信特地麻烦你们打听一下，帮助我早日找到此庙，把我从绝望中救出来，实现我的理想。”①

同年8月，《人民日报》群工部给“苦命娜”回信，针对她消极的情绪以及错误的人生态度进行了指导，并鼓励她积极地面对生活，冷静地思考如何解决现实问题。与此同时，《人民日报》群工部还致信天津公安局，请求他们核实“苦命娜”的情况，并帮助她解决问题。此外，《人民日报》的记者还根据“苦命娜”的来信，对其问题进行了深入的采访调查，并密切跟踪该事件的后续解决情况，写成报道发表在1982年2月20日的《人民日报》上。最终，“苦命娜”通过《人民日报》群工部回信的思想指导，以及天津市公安局的配合解决，终于扭转了对生活的悲观情绪，开始了新的生活。②

《人民日报》通过读者来信、回复来信、致信相关部门、发表相关报道的方式形成了一个系统性的内容链。该内容链关注的重点是读者的个人问题及诉求，内容生产由读者参与，而该类内容报道的重点旨在从个案入手引发更广泛读者的反思，并给予启示。1982年5月，《人民日报》的内部刊物《群众来信摘编》上刊登了山东省胶县杜村公社刁西大队青年农民刁世泰与《人民日报》群工部、《人民日报》编辑部之间的六封通信。这组读者来信就是受“苦命娜”来信报道的启发，向报纸倾诉个人生活困苦的代表。③

---

① 夷明、吴建、孟繁华：《心底的呼声——首都新闻单位来信选》，工人出版社1985年版，第1—2页。

② 夷明、吴建、孟繁华：《心底的呼声——首都新闻单位来信选》，工人出版社1985年版，第3—10页。

③ 夷明、吴建、孟繁华：《心底的呼声——首都新闻单位来信选》，工人出版社1985年版，第11—34页。

3.《华西都市报》中的个人诉求类读者来信

《华西都市报》创刊于 1995 年 1 月 1 日，是中国第一张都市报，因开创性地践行了报纸市场化的运作理念和全新的竞争策略，开启了中国报业的“都市报时代”。与党报严肃的内容风格不同，都市报的内容聚焦民生，主打生活服务性。从 1995 年创刊之初，《华西都市报》就提出办“市民报”的理念，想市民之所想，急市民之所急。受此影响，该报读者来信专栏也侧重于关注读者的个人诉求。

欢迎来信 定制您的专属新闻

简、柬、札、帖……当文字跃然“纸”上时，信息的交流也开始了。书信，如同报纸一样，承载着信息，也肩负着情感与思想交流的使命。

为了加强与读者的互动和交流，今天，华西都市报创刊伊始的王牌栏目“读者来信”华丽转身，将搭建起报纸与读者的桥梁，弥补高效信息传播方式造成的信息与情感压缩，与其他渠道一起，从广度和深度上扩展我们与读者之间情感与思想的交流平台。华西传媒呼叫中心96111、华西都市报官方微博、华西都市网、华西城市读本……华西传媒集群通过多个平台各种渠道搜集读者的需求，倾听您的声音。

在您的身边，还有哪些长期困扰着您的公共问题？对您所在的高速发展中的城市，您还有哪些建设性的意见？也许只是一件小事，但却能在你我合力关注下推动。开始只是一个声音，但通过调查与互动或将影响并推动我们生活的这个城市越来越好。

今天起，我们打通多个渠道，汇集您的意见。我们期待着，读者能将自己的呼声和建议，再次跃然纸上，“您的新闻，由您定制”——您指出问题，我们分析问题、解决问题；您发表建议，我们咨询专家、推动舆论；您提出批评，我们求实监督，做出答复。

来信方式

1、您可以写信邮寄到本报，邮寄地址：成都市红星路二段70号华西都市报社，请注明“读者来信”；

2、直接拨打华西传媒呼叫中心96111，电话号码：028-96111；

3、登录华西都市网(www.huaxi100.com)，@华西官方微博（新浪：http://weibo.com/hxdsb 腾讯：http://e.t.qq.com/huaxidsb）；

4、还可以通过官方微信账号“华西都市报”，来给我们留言。

【读者来信】

我是成都一名普通市民。四川在今年3月正式启动实施单独两孩政策，得知这个消息时我们全家都很高兴，之前我已经有了一个孩子，一直想再生一个，让两个孩子在成长路上互相作伴，不那么孤单。而我是独生子女也符合条件，一听到政策开始实施，马上就开始准备材料了。

但是申请过程却让我和先生感到有些不愉快。申请要在我的户口所在地的社区发起，我按照流程去办理材料，社区的工作人员很负责，给我讲解了需要的材料和流程，还帮我复印了相关材料。因为我先生和我户口不在一起，还需要他所在的社区提供一份证明，我本以为会很简单，没想到遇到不少麻烦。

我先生所在的社区工作人员先说保存印章的领导不在，“不凑巧”我在当天下午工作时间来盖章，然后又要求我先生必须跟我一起来办理（后来我知道可以委托办理）。而且也没有告知我缺少相应的复印件，而这个社区又不提供复印服务，最后我和先生到处找，才找到一个复印点。

社区是老百姓日常生活中经常需要打交道和产生关联的地方，同样是盖章办材料，为啥不同的社区服务配备都不一样？如果所有的社区都用自己的“标准”为老百姓办事，岂不是乱成一锅粥？希望社区服务能够流程化标准化，我想这对社区来说应该也能提高工作效率。

成都市民 王妍
2014年5月

图 1－3　2014 年 5 月 22 日《华西都市报》开设读者来信专栏

2014 年 5 月 22 日，《华西都市报》开设读者来信专栏，刊登了第一篇来自成都市民王妍的来信。该读者在来信中反映了她在社区办理二孩申请时程序烦琐、困难重重的遭遇，并表达了希望社区服务能够流程化、标准化的愿望。《华西都市报》针对此读者来信，进行了相关的采访调查，并发表了题为《社区办个证为啥这么麻烦?》的新闻报道，回答了读者在来信中提出的问题和质疑。①

2014 年 9 月 1 日，《华西都市报》在第四版里配合该版的民生类新闻，刊登了市民程先生的来信。该读者在来信中反映了他居住的小区存在广告泛滥的问题，并向《华西都市报》寻求帮助。② 以

① 参见《华西都市报》2014 年 5 月 22 日第 A05 版。

② 王辉：《读者来信》，《华西都市报》2014 年 5 月 22 日第 A04 版。

上述两篇读者来信为代表的市民诉求类读者来信自 2014 年 5 月以来成为《华西都市报》定期报道的专栏性内容，是该报贴近读者、服务市民的重要举措。

（二）社会评论类读者来信

除了表达个人诉求外，读者来信还为读者针对社会问题提出批评、建议提供了平台和渠道，是报纸中代表性的言论专栏，也是报纸中重要的舆论阵地。我国报纸在发展的不同阶段都非常重视利用读者来信，引导读者围绕国家发展和社会进步中的热点问题展开讨论。无论是党报还是市场报，都在其言论版面设置读者来信专栏，或者设置读者来信专版来刊登社会评论类读者来信。

1. 《解放日报》（延安版）中的社会评论类读者来信

作为中共中央在革命根据地的机关报，《解放日报》（延安版）在抗日战争时期积极利用报纸的社会影响力开展舆论引导工作，并通过读者来信与读者围绕抗日救亡运动进行公开讨论。1937 年 1—2 月，该报第二版的“读者通信”专栏中连续刊登了主题为“革命与恋爱”“如何参加革命”“抗日救亡与失业”的读者来信。编辑部配合读者来信给予回复，对抗日救亡运动中的典型问题和现象进行指导。①

抗战胜利以后，《解放日报》（延安版）继续坚持读者来信专栏的建设工作，新增“读者往来”“读者园地”等专栏刊登读者来信。与抗日战争时期的民主救亡类内容不同，解放战争时期该报的读者来信内容呈现出社会性和多元性的特征。

1946 年 7 月 30 日，《解放日报》（延安版）第四版“读者往来”专栏刊登了题为《关于文化货郎担下乡问题》的读者来信。读者陈洁在信中提出：“多出版一些通俗读物，利用一切形式，推销文化到

---

① 参见《解放日报》（延安版）1937 年 1 月 26 日第二版、1937 年 2 月 1 日第二版、1937 年 2 月 3 日第二版。

讀者通信

革命與戀愛

抗日救亡與失業

图1－4　1937年1—2月《解放日报》（延安版）
“读者通信”专栏刊登的读者来信

關於文化貨郎担下鄉問題

改進工作報告制度

图1－5　《解放日报》（延安版）1938年7月30日、
8月11日刊登的读者来信

农村去，是新民主主义文化普及农村的最好形式。”① 同年8月11日，该报第二版“读者园地”专栏刊登了一组主题为“怎样为病人

① 参见《解放日报》（延安版）1946年7月30日第四版。

服务的更好的”读者来信类组合稿件。该稿件由读者的批评建议类来信和医院门诊部的答复组成。读者在来信中反映了蓝家坪门诊部于 7 月 15 日发生的两例服务不当的事件；该院门诊部针对读者的批评做出了解释，并提出了有针对性的整改方案。[①]

《解放日报》（延安版）作为新中国成立前中共中央代表性的机关报，其内容以严肃新闻和评论为主。读者来信作为该报与读者交流的重要窗口，在内容上随着不同时期局势的变化也做出了相应的改变。无论是政治类还是社会类的内容都为中共中央在争取国家独立和民族解放的斗争中发挥了较好的舆论引导作用，成为推动胜利实现的有效言论平台。

2.《新华日报》中的社会评论类读者来信

《新华日报》于 1938 年 1 月 11 日在汉口创刊，同年 10 月 25 日汉口沦陷后迁至重庆出版。该报是中国共产党在抗日战争时期和解放战争初期，在国民党统治区公开出版的唯一报纸。作为在国统区出版的中共党报，《新华日报》在内容上以宣传党的路线、方针、政策为主，倡导建立抗日统一战线，争取民族解放。在这一办报宗旨的影响下，《新华日报》继续坚持党报的群众路线方针，在其第四版“团结”专栏中设置“读者信箱”“大众通信”“大众信箱”等栏目刊登读者来信，与读者讨论抗日救国、民族解放等问题。

例如，1938 年 3 月 1 日，《新华日报》在其“读者信箱”专栏中刊登了一封题为《托洛斯基分子是政治派别么?》的读者来信。该信件由读者杜鹃撰写，向编辑部提问众多青年困惑的问题——“托洛斯基分子究竟能不能算是统一战线中的一派呢?”报纸在该版同步刊登了编辑部对这一问题的回复，通过理性的分析帮助读者正确认识关于抗日民族统一战线中的政治派别问题。[②] 与此类似的读者来信还有报纸在 3 月 2 日刊登的《小学教师应该怎样干》。来信表达了一

① 参见《解放日报》（延安版）1946 年 8 月 11 日第二版。

② 杜鹃:《托洛斯基分子是政治派别么?》,《新华日报》1938 年 3 月 1 日第四版。

位小学教师在民族危亡阶段不知如何为国家贡献自己力量的苦闷。编辑部针对此问题做出了回答，并建议负责小学教育的教师们改进教育内容，增加抗日救亡运动的教育内容。①

讀者信箱
托洛斯基份子是政治派別麽？
小學教師應該怎樣幹
讀者對本報的批評

图1－6　《新华日报》1938年3月1日、3月2日刊登的读者来信

此外，该报“团结”专栏的“大众信箱”栏目还刊登了编辑部针对读者来信内容的回复，其中包括回复读者如何参与抗日斗争、如何说服家人接受自己参加抗日救亡运动等。“大众通信”栏目也刊登过编者《答一位军人》的回信。信中针对一位军人读者因为军队不公平的饷银而苦闷的问题，指导他及面临同样问题的读者在民族危亡的时刻要坚持信念，并指出这类问题的关键是没有彻底执行“官兵一致”的原则。②

抗战胜利后，《新华日报》读者来信的内容由抗日救亡的动员、讨论转为关注各类社会问题。例如，1946年1月14日，该报第三版“读者园地”专栏刊登了题为《甘肃油矿局职员要求发遣散费》和《女儿从军没有下落　老母亲反遭受毒打》的读者来信。两封来信讲述了抗战胜利后甘肃矿局支援抗战军人家属遭遇的生活问题，并求助编辑部帮忙解决。③ 同年2月25日，该报“读者园地”专栏还刊登了题为《驻军扰害农民　白菜被砍鸡被抢》和《路过广西的中央

① 岸永：《小学教师应该怎样干》，《新华日报》1938年3月2日第四版。
② 编者：《答一位军人》，《新华日报》1938年2月26日第四版。
③ 参见《新华日报》1946年1月14日第三版。

图 1－7　《新华日报》1938 年“大众信箱”和“大众通信”栏目中刊登的编辑部回信

军　打抢商车还碾死百姓》的读者来信。[①] 上述四封读者来信只是解放战争时期《新华日报》读者来信的代表。读者面临的各类社会问题及其对这些问题的态度、意见都在读者来信专栏中呈现出来并得到了有针对性的回复。

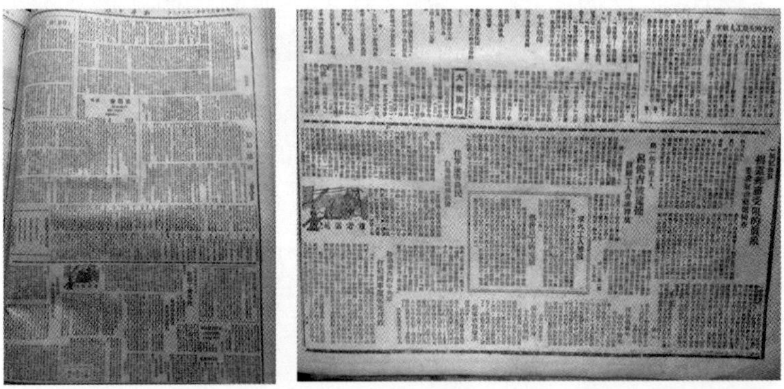

图 1－8　《新华日报》1946 年“读者园地”栏目中刊登的读者来信

1947 年 2 月 28 日《新华日报》因国民党反动派而被迫停刊。

① 参见《新华日报》1946 年 2 月 25 日第四版。

该报在为期9年的出版时间里，利用读者来信动员、指导、修正了广大读者在抗日救亡运动和解放战争中的态度、行为，在国统区严密的封锁和统治下，有效地宣传了中国共产党在抗日战争时期和解放战争时期的路线、方针、政策，发挥了党报的舆论引导功能。

3. 《人民日报》中的社会评论类读者来信

《人民日报》于1945年5月15日在晋察冀边区出版，新中国成立后作为中共中央的机关报以及公营报刊网的中心被大力发展。自创刊以来，《人民日报》就把发表读者来信问答作为主要内容，设置专栏和专版刊登读者来信，接受读者的各类批评建议。

新中国成立后，《人民日报》在其第六版或第八版开设“人民园地”专栏，刊登读者来信。1950年3月29日至4月16日，中央人民新闻署主持召开了新中国成立后的第一次全国新闻工作会议，首次提出“改进报纸工作、加强与群众的联系”的问题。[①] 受此会议精神影响，《人民日报》于1951年将“读者来信”专栏设置为专版，并在这个专栏中先后设立“读者摘要”“来信综述”“读者来访”“答读者问”“对批评建议的反映”“新人新事”等栏目。1956年，改版后的《人民日报》一改设置读者来信专栏、专版的做法，将读者来信按照其内容性质分别刊登在各版上，提高其与该报各类报道言论的相关性。时至今日，读者来信仍然是《人民日报》定期刊登的重要内容。

例如：1949年10月20日，《人民日报》第六版“人民园地”专栏刊登了读者苏星撰写的题为《如何办学校小型墙报?》的来信、读者郑志强撰写的题为《再谈“互相批评”》的来信、读者王恂撰写的题为《我们的人民武装力量必须保存和发展起来》的来信以及读者妮敏撰写的题为《勤劳给了我们什么》的来信。[②]

---

① 方汉奇、丁淦林、黄瑚、薛飞：《中国新闻传播史》，中国人民大学出版社2008年版，第341页。

② 参见《人民日报》1949年10月20日第六版。

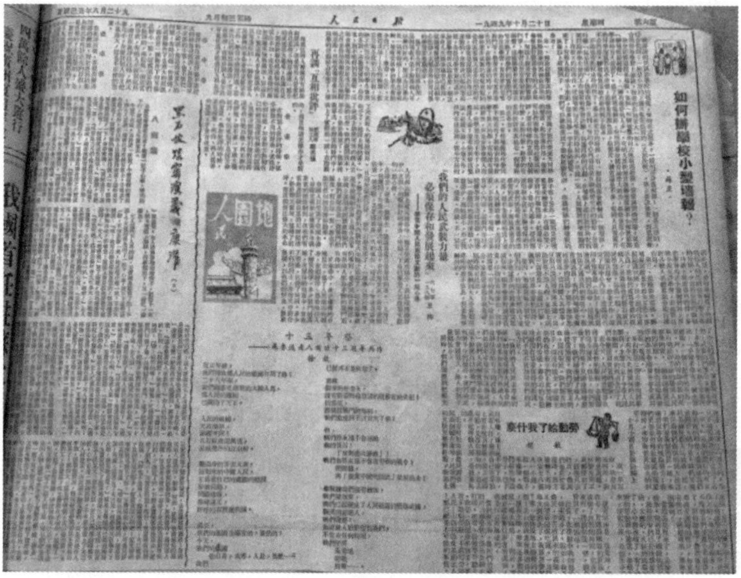

图 1－9　《人民日报》1949 年 10 月 20 日“人民园地”栏目中刊登的读者来信

1951 年，《人民日报》开始采用“读者来信”专栏与“读者来信专页”并存的编辑方式。例如，1951 年 2 月 11 日，《人民日报》第二版“读者来信”专栏刊登了题为《要禁止向群众乱派差》《湖南澧县拥军优属有偏向》《邯郸镇组织私商收购土产》的读者来信，反映了读者对不同社会问题的批评和监督。此外，在该专栏中，编辑部还刊登了大同电业局对《人民日报》读者来信中批评问题的回复，体现了读者来信的现实影响力。①

此外，1951 年 8 月 1 日，《人民日报》第六版作为“读者来信专版”刊登了多篇读者来信，其中包括狼牙山五壮士之一的葛振林撰写的《把坚守狼牙山的战斗精神带到祖国所需要的地方去》、战斗英雄王玉山撰写的《打仗是英雄，学习要做模范　决心做个文武双全的好战士》、海上英雄艇撰写的《我们的炮艇在祖国的海洋上战胜

① 参见《人民日报》1951 年 2 月 11 日第二版。

图 1－10　《人民日报》1951 年 2 月 11 日“读者来信”专栏中刊登的读者来信

了敌人保证了运输安全》等读者来信。[①] 自 1951 年以来，《人民日报》始终坚持“读者来信”专栏与专版相结合的编辑方式，刊登了大量以反映社会问题为主要内容的读者来信，为读者提供了批评、建议的平台。

1956 年 4 月，《人民日报》开始全面改版工作。读者来信也由专栏、专版的形式转入不同的版面。例如，1956 年 10 月 31 日，《人民日报》在第三版设置“读者来信”专栏，刊登了题为《计算社员收入　布套弄虚作假》的读者来信，与该版面其他经济类报道配合刊出；[②] 同年 10 月 19 日，该报第四版“群众呼声”专栏刊登了题为《为什么不用复员军人》《公园的花要留给大家看》《这条马路应

① 参见《人民日报》1951 年 8 月 1 日第六版。
② 参见《人民日报》1956 年 10 月 31 日第三版。

讀者來信專頁
向毛主席朱總司令致敬！
感到無尚的光榮和幸福！

图 1－11　《人民日报》1951 年 8 月 1 日的
“读者来信专版”

该修一修》的读者来信，配合该版的社会类报道一同刊出。[①]《人民日报》将读者来信置入各版的做法，增强了读者来信的针对性以及与同类新闻报道的相关性，具有较强的革新价值。

90 年代后期至今，《人民日报》逐渐恢复专版的形式，不定期报道读者来信。专版中设置“读者来信”“读者聚焦”“公民论坛”“曝光”“监督”“报友说报”“身边事”“建议”等栏目，刊登由读

① 参见《人民日报》1956 年 10 月 19 日第四版。

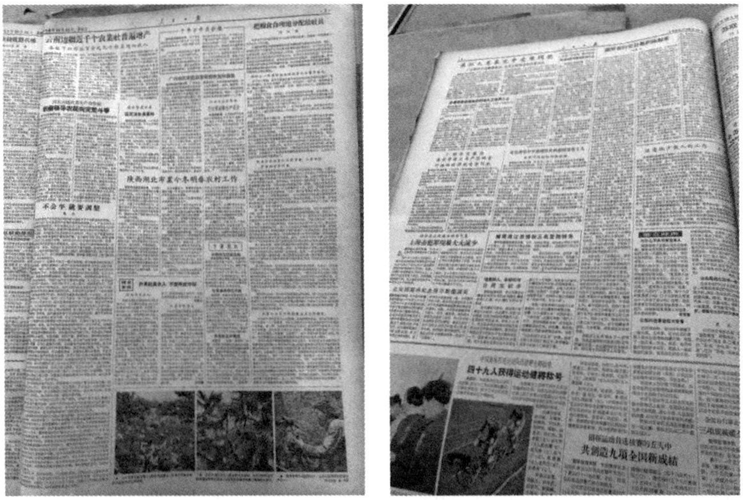

图 1－12　《人民日报》1956 年 10 月 31 日、10 月 19 日刊登的置入各版的“读者来信”

者撰写的以民生类内容和观点类内容为主的来信。①

《人民日报》作为新中国成立以来的中共中央机关报，以严肃内容为主，但始终坚持“群众路线”，在其发展的不同阶段，都将“读者来信”栏目或版面的建设作为改革的重要内容。而读者也借由这个平台参与到报纸的内容生产，将自己发现的问题、持有的意见进行公开表达。

4.《申报》中的社会评论类读者来信

《申报》于 1872 年 4 月 30 日在上海创刊，是鸦片战争后外国人为促进中外贸易创办的一份中文商业报刊。该报虽由英国商人安娜斯托·美查创办，但由中国文人蒋芷湘主笔，在外国人所办的报刊中，是第一家一直由中国人主持笔政的报纸。

虽然美查创办报纸是为了商业贸易服务，但该报自创办以来一直重视言论工作，广开言论，发表读者来信来论。1875 年 3 月 13 日，《申报》刊登了一篇题为《与申报馆论报纸格式鄙见》的读者

① 参见《人民日报》2009 年 7 月 7 日第 19 版、2009 年 10 月 18 日第 19 版。

图 1－13 《人民日报》2009 年 7 月 7 日、2016 年 10 月 18 日刊登“读者来信”专版

来信。信中建议该报增设《文章策问》专栏，发表范文，供读者观摩学习。读者在来信中对报纸应不限于商业信息，增加言论开启民智的建议，在一定程度上反映了民族危亡的局势下民众对国家发展问题的关注以及对报纸发挥社会引导性作用的期许。①

5.《大公报》中的社会评论类读者来信

《大公报》于 1902 年由英敛之创办，1916 年由安福系的王郅隆经营，后于 1926 年 9 月由吴鼎昌、胡政之、张季鸾接办，在资产阶级、上层资产阶级及知识分子中有广泛影响。作为中国报业历史上具有代表性的大众报刊，《大公报》自创办以来非常注重读者言论。“该报自 1929 年 9 月 17 日开始创办‘读者论坛’，到 1930 年 6 月 4 日成为固定版块。每周三刊出，后因读者投稿量大，于 1930 年 9 月 17 日，改为日刊，至 1933 年 2 月 18 日停刊，共约发表 1570 篇来信。”②

① 参见《申报》1875 年 3 月 13 日第三版。

② 彭垒：《〈大公报〉读者来信栏目的编辑理念初探——以“读者论坛”栏目为中心的考察》，《新闻界》2011 年第 4 期。

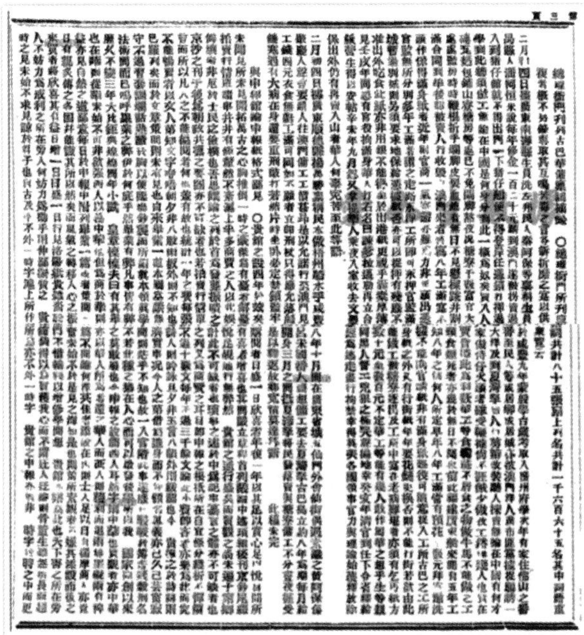

图 1-14　1875 年 3 月 13 日，《申报》刊登的读者来信
《与申报馆论报纸格式鄙见》

从内容来看，该报“读者论坛”刊登的读者来信涉及政治、社会、经济等领域，各领域篇数占比约为 67%、23%、3%，还有 104 篇稿件讨论纯文学、艺术、电影或游记散文。① 例如，1930 年 9 月 26 日，该报“读者论坛”刊登了读者孔宗槼撰写的题为《什么是政治？怎样产生和改组政府？怎样组织政府滥用其权?》的来信；② 1932 年 6 月 30 日，该报“读者论坛”刊登了读者胡蕴辉撰写的题为《中国教育之病态》的来信；③ 1932 年 5 月 1 日，该报“读

---

① 彭垒：《〈大公报〉读者来信栏目的编辑理念初探——以“读者论坛”栏目为中心的考察》，《新闻界》2011 年第 4 期。

② 孔宗槼：《什么是政治？怎样产生和改组政府？怎样组织政府滥用其权?》，《大公报》1930 年 9 月 26 日第三版。

③ 胡蕴辉：《中国教育之病态》，《大公报》1932 年 6 月 30 日第二版。

者论坛”刊登了读者徐用仪撰写的题为《邮资加价问题》的来信[①]……以上述三篇来信为代表，读者围绕政治、经济、法律、人权、战争、青年烦恼等问题发表意见并与该报编辑部和其他读者共同探讨。

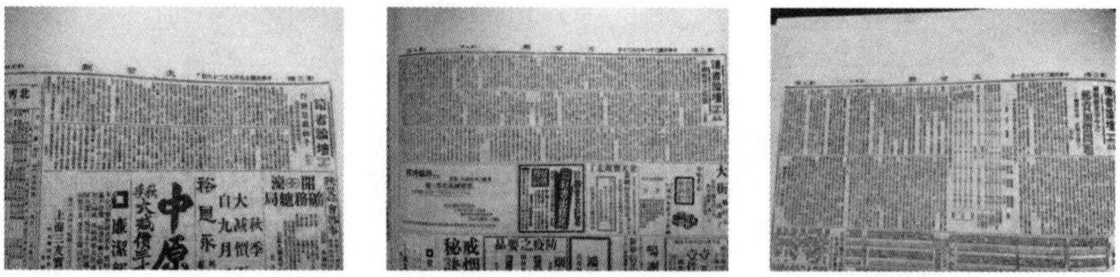

图 1－15 1930 年、1932 年，《大公报》“读者论坛”专栏刊登的读者来信

1930 年 9 月 17 日，《大公报》“读者论坛”改为日刊的当天，编者发表独白，表示“读者论坛的稿子常常积压成堆，而这成堆的白纸黑字又多是苦闷的读者所要说的话。该报为迅速刊出更多的稿件将该版块改为日刊，以期稍负读者之望”[②]。由此可见，“读者论坛”作为该报长期发展的一个栏目，不仅是报纸内容生产中的重要一环，也是读者积极生产内容的重要表现。

6.《南方周末》中的社会评论类读者来信

《南方周末》由南方报业传媒集团主办，1984 年 2 月 11 日创刊，每周四出版，“以反映社会，服务改革，贴近生活，激浊扬清为特色；倡导关注民生，彰显爱心，维护正义，坚守良知”，[③] 是中国颇具公信力的严肃大报。该报以“在这里，读懂中国”为办报宗旨，凭借犀利、透彻的深度报道和鞭辟入里的时评而备受知识型读者好评。

---

① 徐用仪：《邮资加价问题》，《大公报》1932 年 5 月 1 日第二版。

② 参见《大公报》1930 年 9 月 17 日“读者论坛”专栏。

③ 百度百科：《南方周末》词条，http：//baike. baidu. com/link？url = RHVGD0SNAt6JOoUHz8gtdpqYuoSkqVQYfBn1tzk3slJe0BfsjY5BPprPFfuQxhPz0YipNVIbJMnNPHS_4QIT－ES48h0msZH9OupuqcpkEJ9K_6Kowtf4daIZFR4-GnzI，2018 年 3 月 15 日。

《南方周末》作为市场报的一员，内容具有突出的社会性。这一点在该报的读者来信专栏中表现得尤为明显。从1984年到21世纪初，《南方周末》的读者来信处于零散刊登的状态，内容以指正报道中的错误和向报纸内容提意见为主。例如：1995年7月14日，该报第二版“读编往来”栏目刊登了读者方建国批评《南方周末》广告过多的来信，编辑部也对此做出了回复。① 1996年8月16日，《南方周末》第13版“来函照登”栏目刊登了读者白秀峰针对该报7月19日刊登的《红色芭蕾的最后经历》一文中存在的失实问题进行更正的来信。②

2003年以来，《南方周末》设置“百姓记事”和“百姓茶坊”专版，用于刊登读者针对社会问题撰写的来信。例如，2013年1月9日，该报第23版“百姓记事”版面中刊登了青岛读者徐珣撰写的来信《冰心题字》、江苏小学教师李群撰写的来信《捐资助学》、长沙读者向继东撰写的来信《老家有个章希生》。③ 同年1月16日，该报第23版“百姓茶坊”版面中刊登了题为《被遗忘的不只是这些法律精英》《发放红头文件是施舍?》《大历史下的“黄碟事件”》《不光是毕业生的观念问题》的读者来信。这些来信由全国不同地区的读者撰写，针对《南方周末》中报道的社会问题进行讨论或围绕自己关注的各类社会问题发表意见。④

2005年，《南方周末》增设“众议”“视点”“观点”专版刊登读者来信。这些版面中的读者来信较之“百姓记事”和“百姓茶坊”中的读者来信更具思辨性和严肃性。例如：2005年5月19日，该报第14版“众议”版面中刊登的读者来信的内容包括“统计造假的原因”“穷人和富人的消费问题”“政府信息公开问题”“职工持股问题”“如何打造旅游业的品牌问题”。第15版“视点”版面中

① 参见《南方周末》1995年7月14日第2版。

② 参见《南方周末》1996年8月16日第13版。

③ 参见《南方周末》2003年1月9日第23版。

④ 参见《南方周末》2003年1月16日第23版。

经
济
与
人
带机入台，留神！
连载
莫斯科落日
世纪之泣

图 1－16　1995 年 7 月 14 日、1996 年 8 月 16 日，《南方周末》刊登的读者来信

图 1－17　《南方周末》2003 年 1 月 9 日“百姓记事”版、2003 年 1 月 16 日“百姓茶坊”版

刊登的读者来信围绕“高房价背后的政府权力制约问题”进行讨论。此外，随着互联网逐渐深入读者生活，《南方周末》还在该版中设置了“网眼”专栏，刊登读者在其报纸网站中发表的热门帖子。帖子内容包括“如何纪念抗战胜利 60 周年”“三农问题的本土化思路”“面对道德口水的身体挣扎”。①

2007 年 6 月 21 日，《南方周末》合并之前的言论版面，开设“评论”专版，并在其中增设“读者来信”专栏，用于刊登由读者撰写的社会性言论。该报在开版当天刊登的三篇读者来信是针对观点版或法制版的报道进行的回应。此后，针对新闻报道发表回应成

① 参见《南方周末》2005 年 5 月 19 日第 14 版、第 15 版。

视点 15
高房价背后的地方政府权力制约

图1－18　2005年5月19日《南方周末》"众议"版、"视点"版

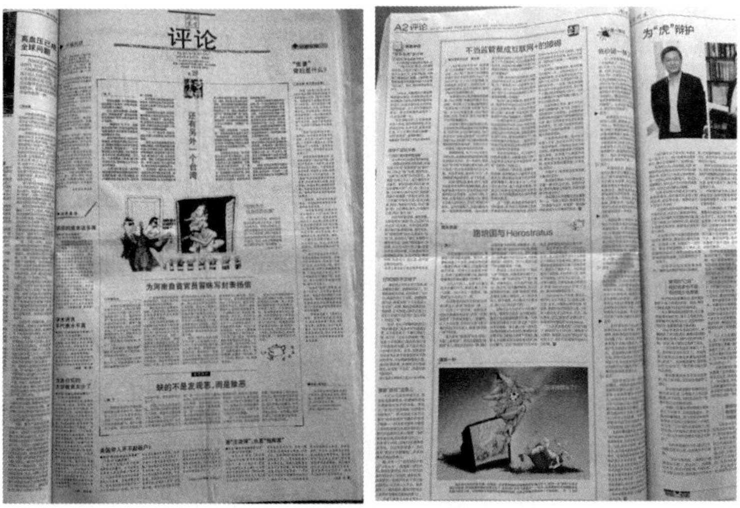
评论
A2评论

图1－19　2007年6月21日、2015年5月7日
《南方周末》"读者来信"专栏

为这一时期读者来信中的主要内容。除此之外，也有读者根据自己的见闻发表意见。例如，2015年5月7日，《南方周末》评论版的"读者来信"专栏不仅刊登了读者时学爱和杨立杰针对报道撰写的回应类来信，还刊登了小学六年级学生郑舒文撰写的题为《打耳洞咋

不正经了》的来信以及山西大学大一学生杨圣撰写的题为《提提“版权”这壶儿》的来信。[①] 此外，该报“自由谈”版面中刊登的各类言论类文章也是由各行各业的读者贡献的内容，属于读者来信的一种。

笔者通过查阅关于报纸读者来信的研究成果以及翻阅不同时期、不同类型的报纸中的读者来信，将其分为个人诉求类和社会评论类两种，并选择不同时期代表性的党报和市场报作为个案，分析其中读者来信的内容、版面以及发展脉络。但读者来信作为我国报纸中的重要版块，其内容不限于个人诉求和社会评论，也包括针对新闻报道的批评指正、通过来信向报纸提供报道线索等内容。但因这些类型的读者来信数量较少，本书没有单独列出一节专门论述。针对报道内容进行批评指正的读者来信，笔者在上文《南方周末》创刊初期刊登的读者来信中已经展现。而新闻线索类的读者来信，笔者在上文列举的《人民日报》刊登的个人诉求类读者来信的案例中也有展现。

此外，除了本节选择的代表性报纸外，《光明日报》《解放军报》《中国青年报》等严肃大报以及《苏报》《民立报》《南方都市报》等市场报也都重视“读者来信”栏目的建设，通过来信与读者沟通并进行有效的舆论引导。报纸的读者虽然作为受众，以接受信息为主，但其也在一定程度上扮演了生产者的角色，自发地为报纸的部分栏目提供了有价值的内容，与专业生产者一起完成了报纸的内容生产。

二　副刊中的读者投稿

“副刊是报纸的具有相对独立编辑形态，并富于整体文化和文艺色彩的固定版面、栏目和随报发行的副刊。”[②] 副刊自 19 世纪 70 年代开始酝酿萌芽，曾被称为“文苑”“余审”“丛载”等；后逐渐由

---

① 参见《南方周末》2015 年 5 月 7 日第 A2 版。

② 冯并：《中国文艺副刊史》，华文出版社 2001 年版，第 4 页。

散见各版的形式发展为专栏、专版、专刊的形式刊载。副刊与新闻、评论和广告并称为报纸的四大要件，是报纸内容生产中的重要组成部分。作为报纸中富于文学和文化色彩的内容版块，副刊的内容生产与读者来信类似，仍需借助具有文学创作能力的读者群体提供有价值的内容。这些提供内容的读者组成报纸副刊的作者群体，与副刊编辑一同完成副刊的内容生产。

本节笔者将借鉴冯并对副刊发展的 8 个分期，即副刊的酝酿期与萌芽期、副刊的初创与成型、副刊的初步发展、副刊的革新、副刊的成熟时期、抗日战争前期中的副刊、副刊的新发展、新中国成立后期的副刊①，选择其中包含突出的读者生产内容的时期，从文体入手分析代表性副刊中读者生产内容的样态。

（一）初创时期的副刊稿件

1873 年，《申报》开始在部分版面不定期刊登文艺作品。这一举动揭开了我国报纸刊登副刊性文字的序幕。该举措旨在用文学性内容填补清末报纸新闻性内容匮乏的问题。随着副刊文字的增多，以《瀛寰琐记》《四溟琐记》《寰宇琐记》为代表，未随报发行的非正式副刊面世。1897 年 11 月 24 日，我国第一张正式副刊《消闲报》发行。该副刊创刊之初隶属于《字林沪报》，后于 1900 年改名为《同文消闲报》，1903 年又恢复原名。《消闲报》的内容包括诗歌、散文、小说、评论、消息、通讯等。副刊稿件通过社会征稿获得。稿件作者多署笔名，代表性的有洳浔旧主、乌目山僧、晓如厂主、中泠亭长、西祁散花人等。

根据字林洋行中英文报纸全文数据库（1850—1951）的统计，《消闲报》中刊登最多的两类内容分别为消息和诗歌，其中消息为 1417 篇，诗歌为 314 首。该副刊中的消息与新闻报道中的消息类文体不同，多是篇幅短小的逸闻趣事写作。② 例如 1898 年 6 月 3 日

① 冯并:《中国文艺副刊史》，华文出版社 2001 年版。

② 参见字林洋行中英文报纸全文数据库（1850—1951）。

《消闲报》第 2 版刊登的洳浔旧主撰写的消息《捉奸被逃》[①]、1901 年 4 月 18 日《同文消闲报》第 2 版刊登的中泠亭长撰写的消息《春雨》[②]。代表性的诗歌有 1898 年 10 月 4 日《消闲报》第 1 版刊登的洳浔旧主创作的诗歌《十诫诗》[③]、1901 年 3 月 7 日《同文消闲报》第 2 版刊登的乌目山僧创作的诗歌《寄琴川海印楼主楚怀居士》[④]。此外，1898 年 3 月 21 日，《消闲报》第 2 版还刊登了小说《沈小青再往投生》。[⑤] 1898 年 12 月 27 日，《消闲报》第 1 版刊登了西祁散花人撰写的散文《吕飞云传》。[⑥] 1898 年 6 月 16 日，《消闲报》第 1 版刊登了题为《云开雪恨记》的通讯。[⑦] 与此同时，由各类具有文学素养的读者撰写的谜语、轶事、杂文、来信等体裁的内容也曾在《消闲报》中刊用过。

《消闲报》之后，我国报纸副刊经历了初创时期的进一步发展。《中国日报》的副刊《鼓吹录》、《广东日报》的副刊《无所谓》、《神州日报》的副刊《滑稽谈》等一系列报纸副刊相继问世。较之前期的副刊内容，"这一时期报纸副刊的共同特点是，栏目丰富，形式多样，比较侧重于以诽文、戏曲和民间曲牌歌谣"[⑧]。此外，随着民族危亡的局势加深，资产阶级改良派与资产阶级革命派斗争加剧，辛亥革命前期的报纸副刊与早期专注休闲娱乐的定位不同，这一时期的报纸副刊受民族危亡局势的影响，内容兼具政论性和引导性。

（二）初步发展时期的副刊稿件

1911 年 8 月 24 日，《申报》的栏目式副刊《自由谈》创刊。该

① 参见《消闲报》1989 年 6 月 3 日第 2 版。
② 参见《同文消闲报》1901 年 4 月 18 日第 2 版。
③ 参见《消闲报》1989 年 10 月 4 日第 1 版。
④ 参见《同文消闲报》1901 年 3 月 7 日第 2 版。
⑤ 参见《消闲报》1989 年 3 月 21 日第 2 版。
⑥ 参见《消闲报》1989 年 12 月 27 日第 1 版。
⑦ 参见《消闲报》1989 年 6 月 16 日第 1 版。
⑧ 冯并：《中国文艺副刊史》，华文出版社 2001 年版，第 108 页。

副刊是我国报业史上历史最悠久的副刊之一。① 初创时期的《自由谈》设置"游戏文章""海外奇谈""岂有此理""博君一粲"等栏目，用于刊登谐语、笑话、逸闻趣事、小说、诗歌等内容。副刊稿件大多通过社会征稿获得，也有部分由副刊编辑负责撰写。1911 年 8 月 25 日，《自由谈》发出征文告白："海内文家如有以诗词歌曲遗文轶事以及游戏之作惠寄本官者，请开明住址以便随时通信。"② 该征文启事清楚地交代了《自由谈》的内容类型和内容来源。

创刊之日的《自由谈》，不仅刊登了主编王纯银撰写的游戏文章《助妊会》，还征集刊登了作者"無辯"撰写的《付之一笑》、作者"别号枕霞女史"撰写的《诗妓吴湘云感懷十首》、作者"钝根翼仍"翻译的小说《动物之爱》。③ 此外，该副刊在后续发展过程中，还开设了"心直口快""千金一笑""古今闻见录""尊文阁词选""新剧本""自由室文选""常识"等栏目，刊登各类副刊性稿件。代表性的副刊作者有擅长游戏文章的童爱楼、刘铁冷，擅长文选词选的徐哲身、许瘦蝶，以及小说作家李定夷、野民等。④

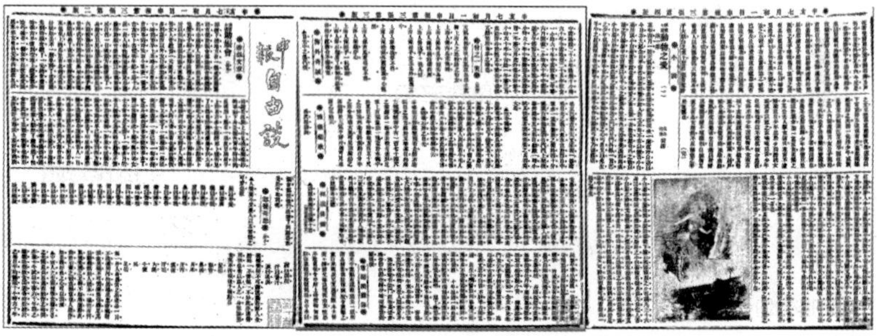

图 1 - 20　1911 年 8 月 24 日《申报》副刊《自由谈》

20 世纪一二十年代的《自由谈》，内容以休闲、娱乐、服务为

① 冯并：《中国文艺副刊史》，华文出版社 2001 年版，第 154 页。
② 参见《申报》1911 年 8 月 25 日第三张第四版。
③ 参见《申报》1911 年 8 月 25 日第三张第二版至第四版。
④ 冯并：《中国文艺副刊史》，华文出版社 2001 年版，第 154 页。

特色，栏目丰富多样。稿件征集建立了系统化的要求和报酬制度，组成了稳定的作者群支撑内容生产。例如，1916 年 11 月 1 日的《自由谈》刊登了该报的征文条例“（一）谐文分五等酬自六元至两元（二）小说需要短篇白话分三等酬自三元至一元（三）笔记丛话分二等酬自二元至一元（四）来稿筹润均于文尾刊明（一）（二）（四）（五）等第不受酬者请于文尾自注（不受酬）（五）来稿无论刊稷概不寄还如投稿时附入邮费者不合即退编辑部启”①。此外，这一时期代表性的报纸副刊还有《新闻报》的副刊《快活林》、《时报》的副刊《余兴》《滑稽余谈》等。这些副刊大多以趣味性内容为主，开辟多个栏目刊登文学作品，促进了报纸内容的多样化。

（三）革新时期的副刊稿件

随着 1919 年五四新文化运动的爆发，一股民主与科学的浪潮开始席卷中国。由《新青年》杂志开展的白话文运动和文学革命运动也如火如荼地展开。受这些进步浪潮的影响，作为新文化运动主要载体的报纸也在内容和形式上进行着变革。其中，大量副刊编辑对早期副刊以休闲娱乐为主的内容定位大肆批判，认为副刊的任务在于“（1）介绍‘关于政治的社会的文化的论著或批评’（2）‘介绍各国民众的思潮到中国’（3）‘要以艺术的力量去滋润’读者”②。受理念的影响，以《晨报副镌》为代表的五四时期的报纸副刊从价值观念、内容和形式等方面入手进行转型，朝着综合性的方向迈进。

《晨报》的前身是《晨钟报》，于 1918 年 12 月复刊。该报自创刊起就在第七版刊登小说、诗歌、小品、学术演讲录等副刊内容，与早期的副刊无异。1921 年 10 月 12 日，该报在鲁迅先生的指导下开始出版四开单张的独立副刊，命名为《晨报副镌》。独立后的《晨报副镌》设置“论坛”“译述”“小说”“讲演录”“歌谣”“游记”“地质浅说”“诗”“戏剧研究”等栏目，进行社会问题讨论，

---

① 参见《申报》1911 年 8 月 25 日第十四版。

② 冯并：《中国文艺副刊史》，华文出版社 2001 年版，第 175 页。

发表进步言论，刊载诗歌、小说、国外译注等文学作品。代表性的作者有甘蛰仙、李小峰、徐兴凯、冰心、沈从文、陈大悲等。这些作者有的是文学作家、诗人、戏剧家，也有的在马克思主义理论、哲学、社会发展、地质地貌等领域具有一定的建树，还有的擅长译注，引入了大量海外名家的名作，等等。众多社会作者与副刊编辑一起完成了《晨报副镌》的内容生产。

以 1921 年 10 月 12 日的《晨报副镌》为例。该副刊当日共三版，内容包括：胡适撰写的读书录《记费密的学说》，（英）Hobhouse 撰写、少平翻译的《社会进化之原理（三一）》，予仁撰写的地质浅说《火山与山脉的生成》，潘垂统撰写的小说《一合米》，戚焕埙撰写的歌谣《余姚歌谣》，曹配言撰写的游记《两月间之教育的参观旅行》以及希力亚德撰写、陈大悲翻译的戏剧研究文章《教育的戏剧之意义与效果》。内容多样、作者多元，副刊内容兼顾文艺休闲、社会教化、知识普及等多种取向。①

晨報副鐫

图 1－21　1921 年 10 月 12 日《晨报》副刊《晨报副镌》

除《晨报副镌》外，并称为“新文化运动中四大副刊”的《时事新报·学灯》《民国日报·觉悟》《京报副刊》也进行了类似的变革。五四时期的报纸副刊通过综合性的内容，在服务读者的同时促

① 参见《晨报副镌》1921 年 10 月 12 日第一至第三版。

进了思想的解放，推动了社会改造，并助力新文学运动的发展。这些影响并非报纸、报人有限的力量可以实现，而是借助读者中的有识之士贡献优质内容才能达成。

（四）抗日战争与解放战争时期的副刊稿件

五四运动之后至抗日战争之前，我国报纸副刊经历了新文学与旧文学的激烈斗争，并伴随着无产阶级报刊的发展，承担了一定的革命宣传任务，呈现出文艺性、思想性、革命性、知识性并重的内容发展趋势。抗日战争与解放战争时期，报纸副刊随着战争局势的进展，表现出尤为突出的革命性和党派性，其中最具代表性的是中共中央在解放区的机关报《解放日报》。

创刊之初的《解放日报》没有专门的副刊，在第二版设置文艺栏，刊登小说、随笔等文学作品。1941 年 9 月 16 日，《解放日报》扩充为四版，并在第四版的下半部分开设专门性的文学副刊《文艺》，主编为丁玲。副刊内容包括小说、诗歌、文艺批评类文章、革命宣传类文章等。副刊稿件的作者主要是文化水平较高的人群以及进入边区的作家，代表性的有灼石、葛洛、温馨、欧阳山、陈荒煤、罗烽等。《文艺》第一期刊登了“欢迎征稿”的启示。启事写道：“我们欢迎文艺上各种形式的作品，不过希望以短小精悍，二三千字为宜，稍长小说稿也可。但诗歌只能刊载最多一百三十行，更长则不适合了……”① 该征稿启事清楚地展示了《文艺》副刊的内容生产方式、体裁和格式。创刊第一期，《文艺》刊登了温馨撰写的小说《凤仙花》以及战争动员类文章《绥拉菲摩维支底来信》。第二期还刊登了艾青的诗歌《古石器吟》。②

1941 年 9 月 21 日，《解放日报》的副刊《青年之页》创刊，为周日刊出的双周刊。与之类似的还有 1941 年 9 月 24 日创刊的副刊《中国工人》，为周二刊出的双周刊；以及 1941 年 9 月 28 日创刊的

① 参见《解放日报》（延安版）1941 年 9 月 16 日第四版。

② 参见《解放日报》（延安版）1941 年 9 月 17 日第四版。

图1－22　《解放日报》副刊《文艺》第一期、第二期

副刊《中国妇女》，为周日刊出的双周刊。这三个副刊聚焦社会中的三类代表性人群青年、工人和妇女，以刊登抗日救亡类文章和群体问题类文章为主，面向读者征集稿件。例如，《青年之页》第一期刊登了冯文彬撰写的《为反法西主义的青年团结与统一而斗争》以及朱青撰写的《十年来的东北青年》。[①]《中国工人》第一期刊登了希文撰写的《关于边区工资问题》以及全斐撰写的《国际工人阶级反法西斯运动》。[②]《中国妇女》第一期也刊登了梦觉撰写的《怎样在妇女运动中展开调查研究工作》以及耳奠撰写的《秀才先生的佳偶》。[③] 三类副刊内容的社会性尤为突出。

图1－23　《解放日报》副刊《青年之页》、《中国工人》第一期、《中国妇女》第一期

---

① 参见《解放日报》（延安版）1941年9月21日第四版。

② 参见《解放日报》（延安版）1941年9月24日第四版。

③ 参见《解放日报》（延安版）1941年9月28日第四版。

此外，为配合愈演愈烈的战争局势进行针对性引导，《解放日报》还于 1941 年 9 月 27 日创办了副刊《敌情》，为周六刊出的双周刊。该副刊在创刊日发出启示："欢迎投稿，并盼提出关于敌伪的问题，本刊当负责代为解答。"① 通过该启事可以看出，《敌情》副刊也通过向读者征稿的形式完成内容生产，并希望在关于敌情方面的问题上发挥答疑解惑的引导性作用。以《敌情》第一期的内容为例，该副刊不仅刊登了言论性文章《敌情半月谈》和时人介绍类文章《中野刚正》，还刊登了傅弥撰写的《日本统治阶级内部的派别》以及李林撰写的《轴心同盟一周年》。② 内容与战争局势和时政信息紧密相关，严肃性较强。

敵情
敵情半月談
時人介紹
中野正剛
日本統治階級內部的派別

图 1－24　《解放日报》副刊《敌情》第一期

与此同时，《解放日报》还创办了两个专业性的副刊《军事》和《卫生》。《军事》于 1941 年 10 月 29 日创刊，由朱德撰写发刊词。发刊词揭示了该副刊创办的主旨是使普通民众在反法西斯战争的关键时刻有渠道学习军事知识，并科学地参与到战争中来，保卫

① 参见《解放日报》（延安版）1941 年 9 月 27 日第四版。
② 参见《解放日报》（延安版）1941 年 9 月 27 日第四版。

自己，保卫国家。该副刊第一期的内容不仅有《一月军事动态》和《苏联军事故事——用敌坦克毁敌飞机》，还有署名祥的读者撰写的《军术问答——破袭战》和曾湧泉撰写的《军语解释》。[①] 以此类稿件为代表的专业性军事文章在战争的关键时期发挥了重要的指导作用。《卫生》于1941年11月24日创刊，由李富春撰写发刊词。发刊词从四个方面论述了由《卫生》副刊在延安发起卫生运动的政治意义和群体价值，以及读者应如何开展卫生运动。这一主旨在《卫生》第一期的内容中就可以看出。何穆、李庸撰写的《延安伤寒流行的教训》，金茂悦、刘允中的讲座记录《伤寒》以及元晖撰写的《关于伤寒病传染的两个故事》都展现出该副刊内容的专业性和服务性。[②]

军事
衛生

图1－25　《解放日报》副刊《军事》第一期、《卫生》第一期

1942年4月1日《解放日报》开始改版，纠正报纸内容中存在的党风、学风、文风不正的问题。受此影响，副刊也进行了相应的改革，除坚持多元内容外，还刊登了大量延安文艺下乡的成果。例如，1943年4月24日，《解放日报》副刊刊登了由王大化、李波、路由编剧，安波配曲的街头新秧歌剧的剧本《兄弟开荒》[③]；1944年10月9日，该报副刊刊登了古元创作的版画《马锡五同志调解诉讼》[④]；1946年9月12日，该报副刊还刊登了西戎、马烽撰写的小

---

① 参见《解放日报》（延安版）1941年10月29日第四版。
② 参见《解放日报》（延安版）1941年11月24日第四版。
③ 参见《解放日报》（延安版）1943年4月24日第四版。
④ 参见《解放日报》（延安版）1944年10月9日第四版。

说《吕梁英雄传》[1]。整风运动后的《解放日报》副刊内容更加多元，文风端正、贴近读者，配合抗日战争和解放战争的局势发挥了重要的引导性作用。1946 年 11 月 20 日至 1947 年 3 月 10 日，《解放日报》的副刊改为“星期日增刊”，逐渐走向尾声。

图 1－26 《解放日报》1943 年 4 月 24 日、1944 年 10 月 9 日、1946 年 9 月 12 日的副刊

除《解放日报》副刊外，这一时期代表性的报纸副刊还有中共在国统区的机关报《新华日报》副刊、国民党机关报《中央日报》副刊以及民营报纸《大公报》副刊《战线》等。大量报纸副刊通过面向社会征集文艺类、时政类、专业知识类稿件，顺应抗日战争和解放战争的局势，发挥了巨大的动员与指引作用，为民族解放做出了贡献。

（五）新中国成立后的副刊稿件

新中国成立后，我国报纸副刊继续革新和发展，并伴随着国家建设的脚步起起伏伏。但无论是新中国成立之初的百废待兴时期，还是改革开放以来的大发展时期，副刊作为报纸的重要版块都发挥着助力文学发展、推动文化普及以及服务读者生活的功能。本节，笔者以报纸的类型为标准，选择《人民日报》的《大地副刊》、《中国青年报》的《星期日刊》以及《新民晚报》的《夜光杯》为代表，展现新中国成立后报纸副刊内容的样态及生产方式。

① 参见《解放日报》（延安版）1946 年 9 月 12 日第四版。

1.《人民日报》的《大地副刊》

新中国成立以来，《人民日报》作为中共中央机关报继续坚持党报的副刊传统创办了一系列副刊，包括《人民园地》《人民文艺》《国际副刊》《大地副刊》《文艺评论》《作品》《文苑》《读书》等，其中最具代表性的是刊发时间最长的《大地副刊》。1983 年 1 月 3 日，《大地副刊》创刊，每周一期，设置“金台随感”“大地漫笔”“心香一瓣”“名家新作”等栏目，刊登文艺类作品。

《大地副刊》在创刊号上刊登了“编者小启”，昭告读者“《大地》副刊正式更名，并开辟一些新栏目，其中《大地漫笔》专门刊登三五百字的随感。内容偏重社会和文化问题，形式富于文学色彩，希望作者和读者大力撰稿”[①]。以此编辑方针为指导，《大地副刊》征集了各类内容丰富的稿件。例如，该副刊第一期刊登了陶钝撰写的杂文《移花记》、韩作荣撰写的诗歌《开路者——献给前进中的祖国与人民》、蔡循生创作的版画《新年好》以及董枫撰写的言论性文章《幸福感受中的缅怀》。[②]

进入 90 年代，《大地副刊》的栏目日益明确化。以 1996 年 3 月 4 日的《大地副刊》为例，内容不仅包括“金台随感”栏目中刊登的由邱曙东撰写的杂文《初识“服务名片”》，还包括“文化广角”栏目中刊登的由洪海撰写的《走向菜地》，以及贾伟伟撰写的《体验生命》和王晓建撰写的《常跑跑图书馆》。[③] 2000 年以后，《大地副刊》的版面由半版扩展为整版。以 2007 年 4 月 10 日的《大地副刊》为例，该副刊不仅在“大地漫笔”栏目中刊登了胡中惠撰写的《〈观刈麦〉的功能》，还在“金台随感”栏目中刊登了柳萌撰写的杂文《话说“感情留人”》，此外还包括“走向和谐”栏目刊登的由杨卓威撰写的征文《洒交的歌声》以及李宝库撰写的诗歌《梦见祖母》等。[④]

---

① 参见《人民日报》1983 年 1 月 3 日第八版。

② 参见《人民日报》1983 年 1 月 3 日第八版。

③ 参见《人民日报》1996 年 3 月 4 日第十二版。

④ 参见《人民日报》2007 年 4 月 10 日第十六版。

大地

图 1－27　1983 年 1 月 4 日的《大地副刊》

《大地副刊》作为《人民日报》副刊的老品牌，集纳了不同类型作者、读者创作的文艺类作品，丰富了报纸的内容，满足了读者对此类内容的需求，也为国内其他报纸的副刊编辑工作提供了指导。

走向菜地

图 1－28　1996 年 3 月 4 日、2007 年 4 月 10 日的《大地副刊》

2.《中国青年报》的《星期日刊》

《中国青年报》创刊于 1951 年 4 月 27 日，以青年为目标读者群体，是共青团的机关报。为开拓青年视野、陶冶青年情操以及增长青年知识，《中国青年报》创办了不同类型的副刊，其中包括《学习与思考》《开拓者》《绿地》《长知识》《星期刊》《国际瞭望》《共青团支部》《法制与社会》等。其中，《星期刊》作为囊括各类专版内容的综合性文化知识副刊，以在精神文化生活方面同青年做朋友为主旨，发挥了副刊的重要服务性功能。

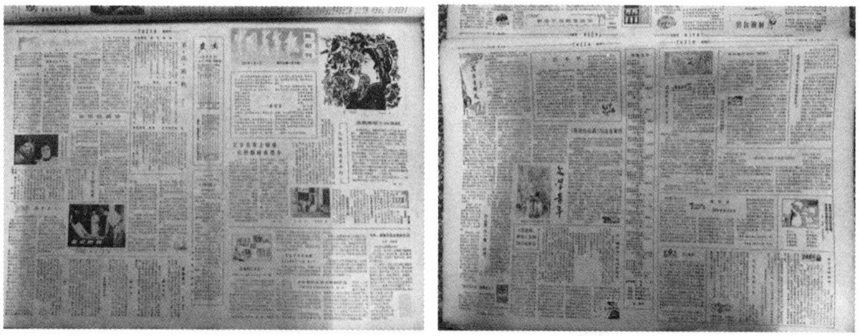

图 1－29　1981 年 1 月 4 日的《星期刊》

《星期刊》创刊于 1981 年 1 月 4 日，每周日出版。该副刊在创刊号上发布了题为《做个好朋友——致读者》的发刊词，交代了其主要内容包括“文学艺术、史地知识、体育卫生、生活常识等”；创办目标是“努力做到文章生动活泼，版面图文并茂”；并表达了编辑部希望“读者积极写稿、反映情况和提出建议”的期许。[①] 80 年代的《星期刊》为四开版面，设置“文化走廊”“星期天的苦与乐”“文坛争议”“知识窗”“文摘”“今日世界”“地理知识”“历史遗迹”等栏目，每期八个版，内容丰富多样，稿件作者也来自社会各行各业。以《星期刊》第一期为例，副刊内容既包括中国少年儿童出版社社长陈模撰写的杂文《生命的三分之一》，也包括普通读者苏难等撰写的采风类诗歌《小学教师过日子》等。[②]

---

① 参见《中国青年报・星期刊》1981 年 1 月 4 日第一版。

② 参见《中国青年报・星期刊》1981 年 1 月 4 日第一版、第八版。

90 年代以后，《星期刊》改为对开版面，仍为每周日刊发，每期四版。改版后的《星期刊》设置“星期特稿”“世界青年”“假日与生活”等专版，刊登类型化的副刊稿件。例如 1993 年 6 月 6 日的《星期刊》在“星期特稿”版刊登了张百顺撰写的特稿《世界里的中国女性》；在“世界青年”专版里刊登了郭美春撰写的文章《北欧半年间——教子有方》；在“假日与生活”版设置“假日服装”“假日情趣”“生活杂谈”等栏目，刊登了徐东升撰写的文章《假日去打抢》、卓志远撰写的文章《端午莫饮雄黄酒》等。[①] 1999 年，《星期刊》停刊，改为其他副刊栏目，在其出版发行的近二十年间提供了丰富的与青年读者进行交流的平台。

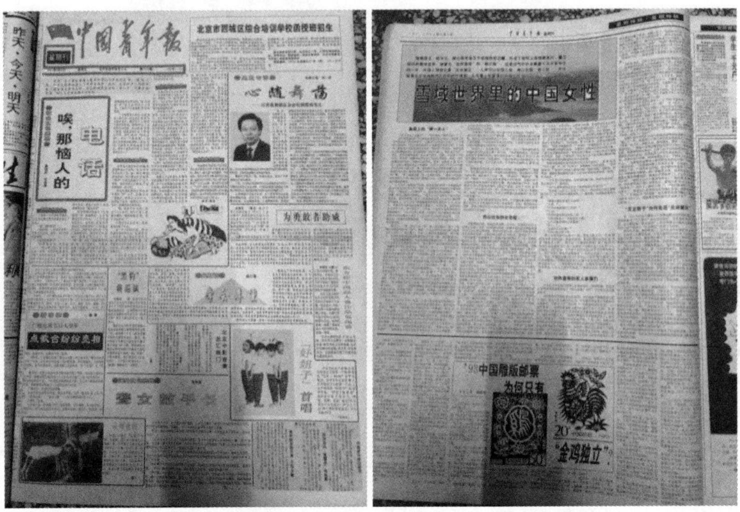
中国青年报
唉，那恼人的电话
雪域世界里的中国女性
为何只有
“金鸡独立”

图 1－30　1993 年 6 月 6 日的《星期天刊》

3. 《新民晚报》的《夜光杯》

《新民晚报》现为在上海地区发行的面向广大市民的综合性市场报。该报于 1929 年在南京创刊，在抗日战争和解放战争期间发挥了重要的战争动员作用。新中国成立后又经历了“文革”停刊的遭遇，

① 参见《中国青年报·星期刊》1993 年 6 月 6 日第一版至第四版。

后逐渐发展成为我国代表性晚报之一。该报的副刊《夜光杯》创刊于1946年5月1日，新中国成立后受“文革”影响停刊，后于1982年1月1日复刊，为我国历史最悠久的副刊。

复刊后的《夜光杯》每日一期，每期两版，发布《小启》欢迎读者踊跃投稿。此外，《夜光杯》设置“未晚谈”“十日谈”“休息时的断想”“不拘小记”“今宵灯谜”等栏目刊登杂文、随笔、谜语等文艺类作品，选择一些有关服装、家具、饮食、明星等通俗娱乐类稿件刊登。以1982年1月1日的《夜光杯》为例，这一期的内容不仅有章挺权撰写的杂文《长途空中旅行之后》以及马国亮撰写的杂文《四条腿的婚礼》，还有由泽夫撰写的民俗类短文《腊八粥》等。①

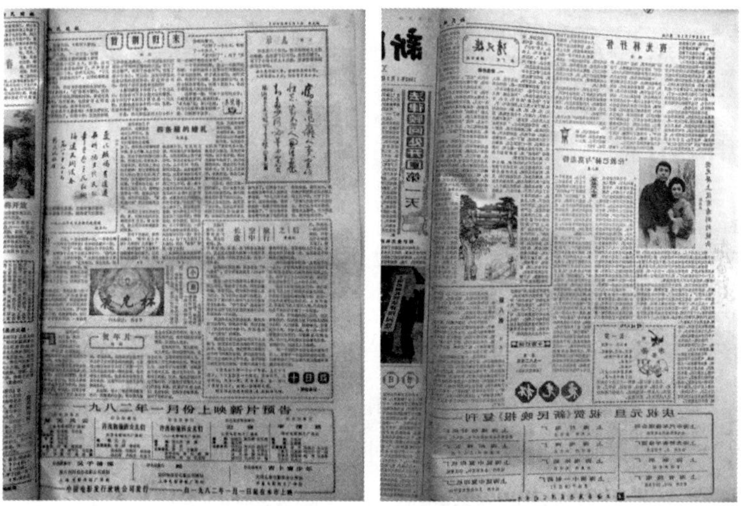
一九八二年一月份上映新片预告

图1－31　1982年1月1日的《夜光杯》

时至今日，《夜光杯》的两个代表性栏目“十日谈”“今宵灯谜”依然存在。副刊的内容依旧丰富多样，版面也日益活泼生动。以2015年12月16日的《夜光杯》为例，“十日谈”栏目刊登了方

---

① 参见《新民晚报》1982年1月1日第五版。

廷荣撰写的杂文《在音乐午茶“追星”》；新增的“杏林夜谈”栏目刊登了徐伟祥撰写的生活服务类文章《膏方调制四肢怕冷》等。①《夜光杯》与《新民晚报》的晚报风格相合，用兼具文学性、通俗性、服务性的内容风格吸引了大量读者投稿，也有效地服务了报纸读者的生活。

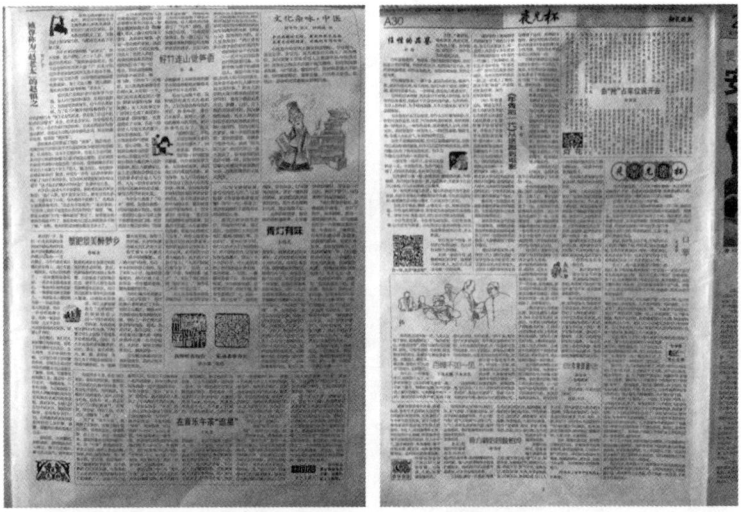
A30
夜光杯
在音乐午茶“追星”

图 1－32　2015 年 12 月 16 日的《夜光杯》

报纸副刊作为报纸中读者生产内容的另一类代表，与读者来信相比，数量有限，参与的人数也相对较少。副刊内容的文学性决定了其对内容生产者的文学素养要求较高。受此影响，参与副刊内容生产的读者多为社会中知名的作家、文学爱好者等。他们有的与报纸副刊建立了长期合作关系，借由报纸副刊平台推广自己的文学作品；有的作为文学爱好者也认可报纸副刊的风格，借助此平台与其他读者分享自己的作品。但无论哪种形式，都为报纸内容的多元化发展贡献了源自读者的力量。

①　参见《新民晚报》2015 年 12 月 16 日第 A29、A30 版。

三　通讯员来稿

除了上述两种突出的读者生产内容的表现形式之外，由读者组成的通讯员队伍也在报纸的新闻生产中发挥了重要作用。“通讯员是指为媒体提供新闻稿件和相关情况的编外新闻工作人员，又称为业余记者、编外记者。从新闻媒体的角度看，通讯员是伸向基层的触角，帮助了解信息。”① 与媒体中的专业记者相比，通讯员与媒体之间没有直接的隶属关系，主要为编外招聘人员或各单位从事宣传工作的职员，属于读者中的一部分。他们因认可相关报纸的报道风格和传播效果，希望通过为其供稿的方式实现自己或其所在组织的需求。内容生产的随机性和目的性较强。自我国封建官报时期开始，通讯员的角色在报纸的内容生产中就已经出现，并一直延续至今。虽然不同时期通讯员队伍的表现形式不同，却均为报纸内容生产中不可或缺的一部分。

（一）封建官报时期的“内探”“省探”“衙探”来稿

我国最早的报纸出现于唐代，是“在封建官僚内部发行的政府官报”②，被称为“进奏院状”“状”“状报”等。这些处于雏形阶段的封建官报没有固定的名称和固定的发行时间；虽因自发采集、传播具有时效性的官方信息而具有一定的报纸性质，但仍以官文书的样态为主。到了宋代，官报逐渐由政府中枢部门统一管理并发布，称为“邸报”。邸报是我国封建官报时期报纸的主要形态，内容包括皇帝的起居、言行、上谕、书诏、法令、官吏的升降褒贬以及大臣和各地官员的部分奏疏等。邸报的内容生产由各级进奏官完成，发行由各级进奏院进行，读者多为政府官员和一般士大夫知识分子。

---

① 童兵、陈绚：《新闻传播学大辞典》，中国大百科全书出版社 2014 年版，第 302 页。

② 方汉奇、丁淦林、黄瑚、薛飞：《中国新闻传播史》，中国人民大学出版社 2008 年版，第 6 页。

为加强对邸报的管控，促使其成为巩固皇权和维护封建统治的工具，宋代推行了定本制度，即进奏官根据枢密院或当权宰相审查通过的“邸报”样本进行发报。

这一时期，与官方发行的“邸报”相对应的是流行于社会的“小报”。“小报”是封建官报严密管控下，由邸吏、使臣等主办的发行于民间的报纸。虽然“小报”的内容与邸报相似，都以朝政要事为主，但其凭借丰富的信息来源为读者提供了很多“邸报”未报的重要信息，且多提前于“邸报”发布，在“邸报”之外有效地满足了读者对朝廷政事信息的需求。在“小报”的内容生产体系中，除主要承担信息收集与发行任务的邸吏、使臣、政府机关中下级官员、从事书籍印售工作的“书肆之家”外，小报的发行团队特别邀请“内探”“省探”“衙探”作为其消息源，为报纸及时、快速地提供更多有价值的新闻。

“内探”“省探”“衙探”作为“小报”的编外消息源，分别负责不同区域的信息采集。“‘内’是指大内，即皇帝居住和处理政事的地方；‘省’是指尚书省、中书省、门下省等中央一级的政府机关；‘衙’是指寺监司等省以下的一般政府机关。除此以外，出入宫禁的‘师尼之辈’‘国亲之臣’‘诸路劄探人’也是为‘小报’提供新闻的重要消息来源”①。以上这些负责为“小报”访录信息的人员，多为皇室成员、官员或社会上关心朝廷政务的人，与“小报”的读者群相合。从以上人群的角色和工作内容来看，以“内探”“省探”“衙探”为代表的“小报”编外信息采集人员已初具通讯员的样态。此类人群虽不属于“小报”的专业生产团队，却作为读者中占有丰富新闻资源的群体承担了“小报”内容生产的任务。

（二）近代报纸时期的“访员”“访事”来稿

鸦片战争后，受外国人来华办报活动的影响，我国报纸发展进

① 方汉奇、丁淦林、黄瑚、薛飞：《中国新闻传播史》，中国人民大学出版社 2008 年版，第 17 页。

入近代时期。报纸的内容逐渐摆脱官文书的样态，以新闻信息为主且日益丰富。报纸的名称和发行时间也逐渐固定。早期的近代报纸中专门从事新闻采写的人员有限，报纸内容通过报馆采写与社会读者供稿共同完成。这一时期最具影响力的商业中文报刊《申报》就在上海以及其他地区招聘了专职和兼职的“访员”“访事”负责新闻采写。

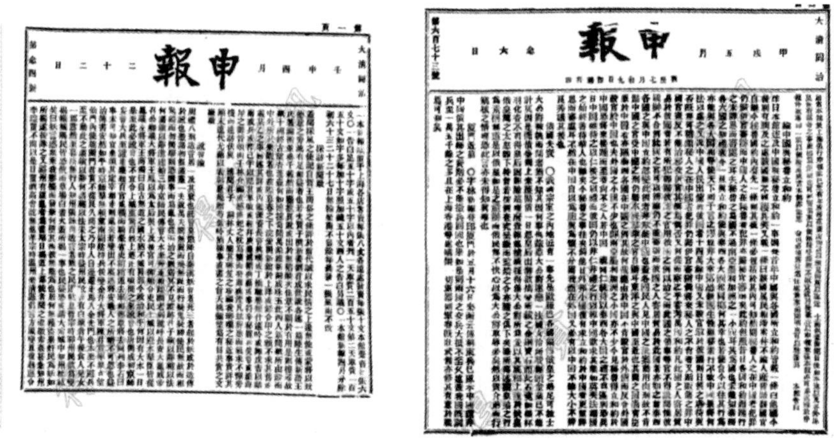

图 1－33　1872 年 5 月 28 日、1874 年 7 月 9 日的《申报》

1872 年 5 月 28 日，《申报》在第一版发表《采访新闻启》，面向社会广泛征求各种类型的稿件。① 1874 年 7 月 9 日，《申报》又发表了《本馆告白》，公开征集根据本地或外埠的新奇之事撰写的新闻稿件，并以赠送报纸的形式奖励投稿的读者。② 1875 年 5 月 28 日，《申报》发布《延友访事告白》，招聘能够抄录案件和采访新闻的人才。《告白》中写明招聘访事的条件是“必须学识兼长、通达事物并植品端方、实事求是”③。1882 年 9 月 6 日，《申报》又在第一版发表了《延招访事人》，在江宁、镇江、芜湖、长沙、成都等 19 个

① 参见《申报》1872 年 5 月 28 日第一页。

② 参见《申报》1874 年 7 月 9 日第二页。

③ 参见《申报》1875 年 5 月 28 日第一页。

城市招聘访事负责新闻采写。[①] 此外，1907 年 3 月，《申报》还曾刊登过在桂林、哈尔滨、海参崴招聘访员的启示，要求为“通才、熟谙政界及各地要事”。

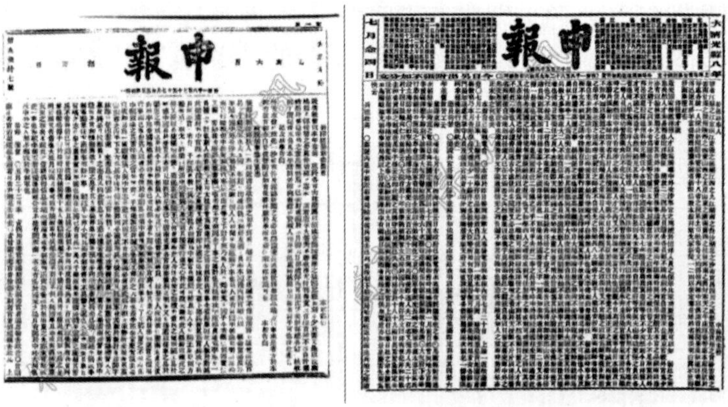
申報

申報

图 1－34　1875 年 5 月 28 日、1882 年 9 月 6 日的《申报》

通过以上《申报》在不同时间发布的征稿启事和招聘启事可以看出，《申报》的内容囊括各类社会新奇之事，报道范围以上海为主，逐渐扩展至北京、长沙、成都、西安、济南等全国多个城市。新闻采写由报社招募的专兼职“访事”“访员”以及自愿投稿的读者共同完成。其中定期向《申报》投稿的读者就是《申报》分布在全国各地的兼职“访事”“访员”。这些读者凭借自己的学识和丰富的信息渠道实际发挥了通讯员的作用，是通讯员在早期近代报纸中的表现形式。而这些由兼职“访事”“访员”提供的新闻报道也是读者生产内容的一种样态。

辛亥革命前后，由资产阶级革命派创办的报刊在新闻采写中也延续了任用兼职“访员”“访事”的传统，并出现了“通信员”的称呼。这一时期代表性的报纸《中国日报》曾以“本报从军特派员”的名义发表关于钦廉起义的新闻。提供此类新闻的特派员则是

① 参见《申报》1882 年 9 月 6 日第一版。

这一战役的副指挥员黎仲实。此外，另一份革命报刊《民立报》也聘请时任浙江攻宁支队的参谋葛静恩作为战地通讯员，及时发布有关苏浙联军进攻南京的战报。① 以上兼职访员、通讯员作为报纸专业新闻采写团队的补充，从读者的角色转变为内容生产者，有效地弥补了报纸因经济原因无法扩充专业团队的缺陷，为革命报纸的内容生产贡献了社会性的力量。

（三）民族解放时期无产阶级报纸中的通讯员来稿

中国共产党成立后，为指导革命、引导群众创办了一系列报纸。其中，在报纸的采写业务中，中国共产党创办的无产阶级报刊也贯彻了党的路线方针，坚持全党办报和群众办报的原则，从读者群众中发动、培养了一系列优秀的工农通信员和工农通讯员，为党报提供了丰富的新闻内容。

中国共产党成立初期，仍使用“通信员”来称呼兼职新闻采写人员。1926 年 9 月，中国共产党召开第三次中央扩大执行委员会，其中就提出了“组织工农通信员”的四种方法，包括在工人中挑选通讯员，选拔学生去收集新闻，委托工农委收集新闻以及宣传部直接派人深入群众搜集新闻。1929 年 6 月 25 日召开的中共六届二中全会提出的《宣传工作议案》中也特别强调了党报组织并训练工农通信员的必要性和重要性。此外，为配合通信员工作的开展，1929 年 12 月 25 日中共中央还颁发了《中央党报通信员条例》，要求各省以及重要产区至少要有一名党报通信员，由省委指定当地同志充任，其工作也由省委指导、督促进行。② 而中国共产党创办的报纸正式开始使用“通讯员”的称呼则始于 1930 年 5 月 10 日中共中央颁布的《中共中央党报通讯员条例》。

十年内战时期，以《红星报》《红色中华》为代表的无产阶级

---

① 方汉奇、丁淦林、黄瑚、薛飞:《中国新闻传播史》，中国人民大学出版社 2008 年版，第 49 页。

② 杨新正:《中国通讯员简史》，人民日报出版社 2014 年版，第 43—44 页。

报刊组建了数百人的通讯员队伍，其中《红星报》的通讯员多达500人。《红色中华》也组建了遍布各县市、各部门、各行业的通讯员队伍，并在报纸上开设了《写给通讯员》专栏，指导通讯员的新闻采写工作，加强通讯员队伍建设。此外，同时期的《健康报》《红军》《救亡日报》等也广泛征集群众来稿和通讯员来稿。

抗日战争时期，以中共中央机关报《解放日报》为代表的抗日根据地党报也继续壮大通讯员队伍。1942年4月1日，《解放日报》贯彻整风改革运动的理念，开始改版。改版工作中重要的一部分就是坚持“全党办报”的方针，依靠群众的力量，加强通讯员队伍建设。为此，1942年8月25日，《解放日报》发表社论《展开通讯员工作》，针对展开通讯员工作的重要性以及方法进行了详细的论述。社论指出：“我们的报纸，如果没有广泛的通讯员，如果没有参加实际工作、生活在群众中间的党与非党的通讯员，是不可能办好的。”① 此外，社论中还提到陕甘宁边区建立的有400多人的通讯员队伍提供了该报1/2的地方新闻和部分通讯。可见，来自读者中的工农通讯员在党报的内容生产中发挥了重要的作用。与此同时，1942年9月22日，《解放日报》又发表了社论《党与党报》，继续强调了只有坚持“全党办报”才能使党报成为集体宣传者和集体组织者。② 在《解放日报》的努力下，截至1944年1月，边区根据地的工农通讯员已有1100多人。③

解放战争时期，《东北日报》《大众日报》《边区群众报》等重要的党报继续发展工农通讯员队伍，注重对通讯员业务的指导与培养。新中国成立后，在中共中央机关报《人民日报》的带领下，党报的通讯员队伍迅速壮大。仅1951年一年，《人民日报》的通讯员

① 参见《解放日报》（延安版）1942年8月25日第一版。

② 参见《解放日报》（延安版）1942年9月22日第一版。

③ 杨新正：《中国通讯员简史》，人民日报出版社2014年版，第71页。

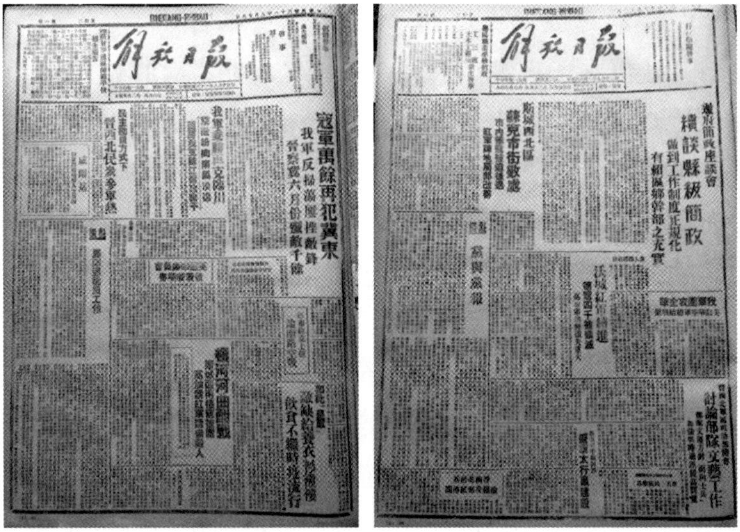

图1－35　1842年8月25日、1942年9月22日的《解放日报》

队伍就由200多人增至上万人。此外，“根据1952年5月的统计，《人民日报》通讯员队伍的构成情况是：工人占6.7%，农民占1.3%，士兵占4.7%，知识分子占4.8%，干部和工作人员占82.5%”①。通讯员队伍不仅壮大而且构成多元。直至今日，“全党办报”和“群众办报”仍是党报的办报宗旨，而庞大的通讯员队伍仍是党报新闻内容的重要来源。

与封建官报时期、近代报纸时期的报纸通讯员相比，无产阶级党报的通讯员不再局限于社会中上层人士以及知识分子群体。工人、农民这些普通的社会大众也从报纸的读者中脱颖而出成为报纸的内容生产者。当然这也与无产阶级报纸的读者以普通大众为主，其内容更具通俗性和服务性等因素有关。总之，随着通讯员队伍逐渐囊括各行各业的人士，读者生产内容在报纸内容生产中发挥的作用以及贡献的力量也越来越大。

---

①　方汉奇、丁淦林、黄瑚、薛飞：《中国新闻传播史》，中国人民大学出版社2008年版，第341页。

（四）改革开放以来报纸中的通讯员爆料

改革开放以来，我国报纸进入大发展时期；尤其是 1992 年实行市场经济体制以后，以都市报为代表的市场报迅速崛起，与党报和专业类报纸并行发展。这一时期，各类报纸仍然继续加强通讯员队伍建设，定期举行培训活动，加强对通讯员业务能力的培养。此外，报纸上多见由业余通讯员和专业记者合作撰写新闻稿件的内容生产形式。

笔者以报纸类型为标准，选择综合性日报《文汇报》、经济类专业报纸《中国商报》和市场化的都市报《华西都市报》为代表，查阅到多例通讯员单独撰写或与记者合作撰写的新闻稿件。例如，1997 年 3 月 6 日，《文汇报》第二版刊登由通讯员孙卫东独立撰写的报道《市工行贷款支持汇丽公司　德国克虏伯集团设立沪办》以及由记者李翔和通讯员林志华合作撰写的报道《加强审计　遏制腐败——陈良宇出席有关会议部署工作》。① 1996 年 7 月 1 日的《中国商报》在头版也刊登了由记者陈鹤龄和通讯员姚蕊合作撰写的报道《顶天立地的堡垒——包头百货大楼党员带头抗震救灾纪实》。② 而《华西都市报》的通讯员稿件大多不标注作者的通讯员身份，采用报道末尾直接注明作者的方式呈现。此类报道虽未注明作者的通讯员身份，但多由该报的通讯员撰写。例如 1996 年 4 月 1 日，《华西都市报》头版刊登了周东、赖纯宗撰写的报道《渝铁路警方破获伪造火车票特大案件》、薛洪撰写的报道《成都建立“解困互助金”》以及晓宇撰写的报道《“害羞”的豪华婚侧》等。③

21 世纪以来，随着互联网的发展壮大，报纸在广播、电视、互联网的多重冲击下举步维艰。与此同时，媒介技术的进步也使得报

---

① 参见《文汇报》1997 年 3 月 6 日第 2 版。

② 参见《中国商报》1996 年 7 月 1 日第 1 版。

③ 参见《华西都市报》1996 年 4 月 1 日第 1 版。

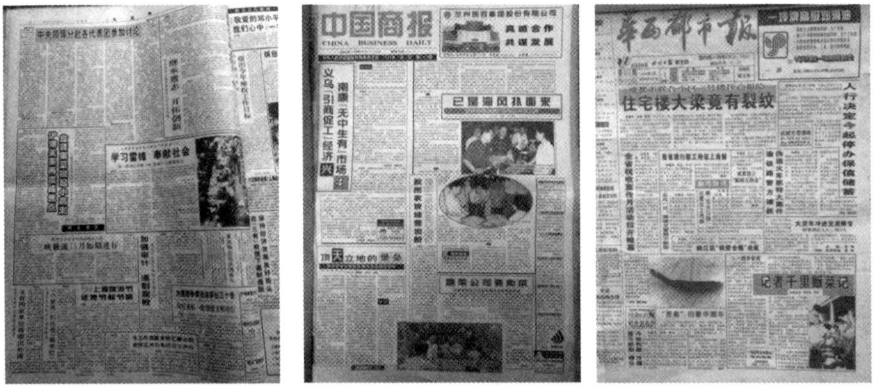
学习雷锋　奉献社会

中国商报
CHINA BUSINESS DAILY

华西都市报
住宅楼大梁竟有裂纹
记者千里贩菜记

图1-36　1997年3月6日的《文汇报》、1996年7月1日的《中国商报》、1996年4月1日的《华西都市报》中由通讯员撰写的新闻报道

社专业记者高效、快速获得各地新闻信息的能力日益提升。受此影响，通讯员存在的必要性和价值性日益降低，其投稿数量也锐减。这一时期，传统的“通讯员”的角色逐渐向“爆料员”的角色转变，即通讯员由以传统的供稿为主转为以提供新闻线索为主。各类报纸也顺应此发展趋势，设置了爆料热线、爆料网址等，方便各类读者为其提供最新的新闻线索。

2013年1月7日至2013年1月31日，《华西都市报》举办了“社区通讯员”征集活动，面向社会公开征集100名社区通讯员。报社指出：“社区通讯员提供新闻的方式有投稿和向记者提供新闻线索两种；无论你是在读大学生、社区热心居民、小区保安，还是街道办事处、社区、物管文职工作者，都可以来报名。”①

纵观通讯员在我国报纸发展不同阶段的样态及其职能，笔者认为通讯员是报纸大众化进程中不可或缺的一个内容生产主体。随着报纸的读者群体日益扩大，报纸的内容也不断朝着多元化方向发展。而受制于媒介技术的局限以及成本的压力，媒体有限的记者团队无

① 华西都市网，http://www.huaxi100.com/forum.php?mod=viewthread&tid=1870377&page%3D1，2018年4月3日。

法满足受众多元化的内容需求，需要更多的以通讯员为代表的群体加入报纸的内容生产中，贡献属于读者的一部分力量。

以上，笔者选择了报纸中三种代表性的读者生产内容的类型，即以言论为主的“读者来信”，以文艺内容为主的“副刊投稿”以及以新闻信息为主的“通讯员来稿与通讯员爆料”。这三种表现形式因其内容的通俗化程度不同而参与的读者数量也不同。但无论参与内容生产的读者队伍庞大与否，其生产的内容都是不同时期报纸必不可少的组成部分，也在促进报纸内容丰富化以及增强报纸服务性方面发挥了重要的作用。

第三节　杂志中的读者生产内容

“杂志又称期刊，是指有固定名称的定期或不定期的连续出版物。每期版式基本相同，用卷、期或年月顺序编号出版，是人们记载、传播、保存知识（信息）的重要媒介之一。”① 与书籍和报纸相比，杂志是介于二者之间的一类媒介形态。首先，在时效性上，它不及报纸快速、及时，但在内容的深度上却优于报纸；其次，在专业性上，它不及图书精深，但在内容生产的及时性和多样性上比图书更加快速、丰富。因此，杂志较之其他两类纸质媒体，“凭借其定期出版的连续性，反映现实生活的及时性、深刻性，读者对象的广泛性等优势，形成了‘快’‘杂’‘深’‘广’的特点”。②

与书籍和报纸类似，杂志在内容生产过程中也包含由读者生产的内容。除了与报纸中的“读者来信”类似的样态外，杂志较之前两类纸质媒体，是纸质媒体中主要由读者供稿完成内容生产的最突出的一类媒体。本节，笔者将从读者来信、来论以及读者投稿两方

---

① 童兵、陈绚：《新闻传播学大辞典》，中国大百科全书出版社 2014 年版，第 56 页。

② 宋应离：《中国期刊发展史》，河南大学出版社 2000 年版，第 4 页。

面入手，探究杂志中的读者生产内容样态。

我国杂志的初创可追溯到 19 世纪初的外国人来华办报时期。近代第一份中文杂志是 1815 年由英国传教士米怜创办的《察世俗每月统计传》。同时期的杂志还有由普鲁士传教士郭士立主办的《东西洋考每月统计传》。以上述杂志为代表的一系列装订成册的月刊或半月刊虽未具有现代报纸的样态，却在我国近代报刊史上被视为报纸的一种。直到 19 世纪末 20 世纪初，第二次国人办报高潮期间，我国报纸才结束了“报”“刊”不分的状态，杂志也进入了独立发展时期。[①] 因此，早期杂志中的读者生产内容样态与上述报纸中的样态类似，本节不再赘述。

一　读者来信、来论

进入独立发展时期之后，我国杂志的数量和类型日益增多，直到新中国成立前涌现出了一系列优秀的代表，其中包括：五四运动时期的革命期刊《新青年》、劳动期刊《劳动界》、少年中国学会期刊《少年中国》、妇女期刊《醒世》、学术期刊《北京大学月刊》、文艺期刊《礼拜六》以及科技期刊《电界》等；大革命时期的革命期刊《前锋》《先驱》《中国青年》以及文艺期刊《萌芽》《莽原》《前哨》等；十年内战期间的《生活》周刊、《中学生》、《世界知识》、《中国地质学会志》、《中国出版月刊》等；抗日战争时期的《救亡》周刊、《解放》周刊、《译报周刊》、《科学》、《中国文化》等；解放战争时期面向农村干部和农民的杂志《翻身乐》、面向青年的杂志《知识》、面向文化层次较高群体的杂志《东北文学》等。这一时期的杂志在丰富内容、改进编辑方式的同时也注重联系读者，通过读者来信的方式征集读者的建议，并设置专栏刊登读者来信、来论，其中影响较大的有《生活》周刊的“读者信箱”栏目以及

---

① 方汉奇、丁淦林、黄瑚、薛飞：《中国新闻传播史》，中国人民大学出版社 2008 年版，第 145 页。

《新青年》的“读者论坛”栏目。

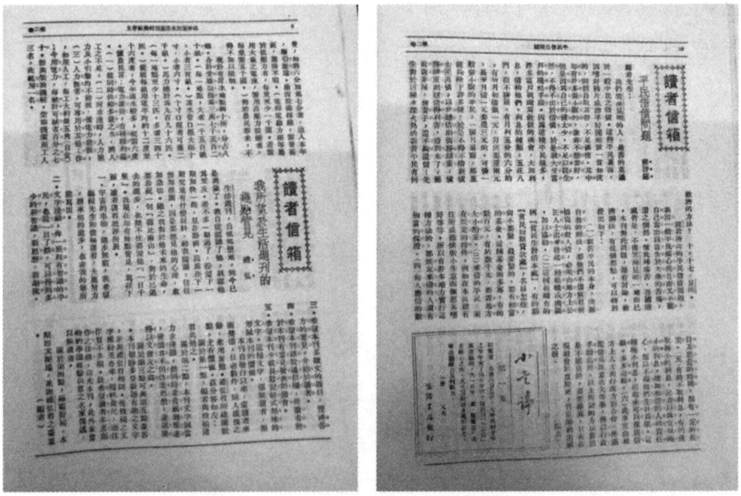

讀者信箱

我所望於生活週刊的幾點管見

讀者信箱

平民借債問題

图 1－37 《生活》周刊第 2 卷第 1 期、第 2 卷第 3 期中的“读者信箱”专栏

《生活》周刊创刊于 1925 年 10 月 11 日，由王志华担任主编。1926 年 10 月，邹韬奋接任该刊主编，并从第 2 卷第 1 期起设置“读者信箱”专栏，刊登读者来信，答复读者提出的问题。以《生活》周刊第 2 卷第 1 期的“读者信箱”为例，该专栏刊登了由礼弘撰写的来信《我所望于生活周刊的几点管见》。来信向杂志编辑部提出了文字浅显、增设通信栏目、广征稿件等五条意见。编辑部针对以上意见逐条进行了回复。① 此外，《生活》周刊第 2 卷第 3 期的“读者信箱”刊登了由熊启庭撰写的来信《平民借债问题》，反映了云南昆明穷苦人民借债难以偿还的问题，并希望编辑部能提供救济的办法。②

前期的“读者信箱”以每期一篇的频率刊登来信，后逐渐增至

① 礼弘：《我所望于生活周刊的几点管见》，《生活》周刊第 2 卷第 1 期。

② 熊启庭：《平民借债问题》，《生活》周刊第 2 卷第 3 期。

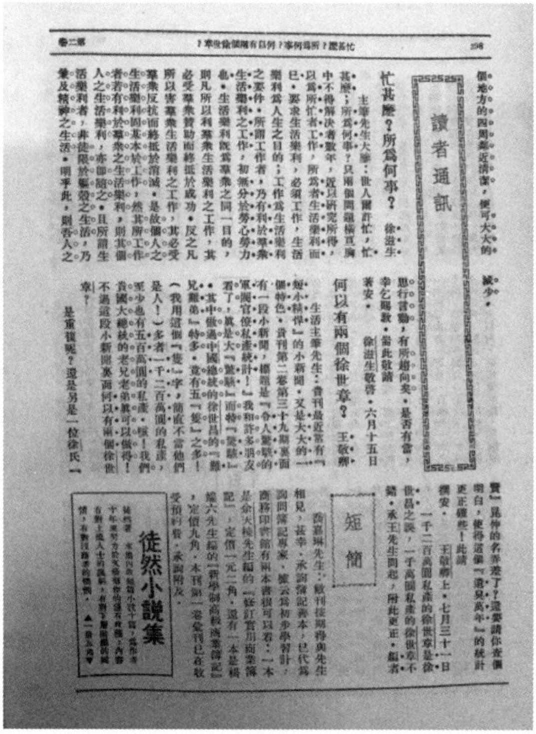
讀者通訊

忙甚麼？所爲何事？

何以有兩個徐世章？

短簡

徒然小說集

图 1－38　《生活》周刊第 2 卷第 41 期中的“读者通讯”专栏

每期两到三篇。专栏的名称有时也改为“读者通讯”。例如，《生活》周刊第 2 卷第 41 期就在“读者通讯”专栏中刊登了由徐滋生撰写的来信《忙什么？所为何事》以及由王敬卿撰写的来信《何以有两个徐世章？》。[①] 截至 1933 年 7 月，《生活》周刊共出版 417 期，其中“读者信箱”（包括“读者通讯”）专栏刊登了 175 篇读者来信及编辑部的答复。来信内容以读者提出的社会生活问题为主，是该杂志内容的重要组成部分。杂志通过刊登与其内容风格相符的来信并进行针对性回复，来反映读者关心的热点问题，进而也对杂志其他

① 参见《生活》周刊 1927 年第 2 卷第 41 期。

内容的生产提供了指导。

另一份设置专栏刊登读者来论的杂志《新青年》创刊于 1915 年 9 月 15 日，由新文化运动的倡导者陈独秀创办。该杂志起初命名为《青年杂志》，自第 2 卷起更名为《新青年》。更名后的《新青年》发布《通告》，“新辟‘读者论坛’一栏，容纳社外文字。不问其‘主张’‘体裁’是否与本刊相合，但其索论确有研究之价值者，即皆一体登载，以便读者诸君自由发表意见”①。

“读者论坛”专栏的内容以读者撰写的言论性文章为主，篇幅较长（每篇文章约三版）。例如，第一期“读者论坛”刊登了由王涅撰写的《时局对于青年之教训》以及由陈圣任撰写的《青年与欲望》。②《新青年》第 3 卷第 1 期的“读者论坛”中刊登了由辛亥革命元老李次山撰写的《青年之生死关头》、由肇庆中学生何天爵撰写的《惜时篇》以及由北京高校学生常乃德撰写的《我之孔道观》。③以上述两期读者来论为代表的言论性文章与《新青年》的社论相呼应，成为该杂志中由读者生产的有影响力的内容。而负责撰写言论性文章的读者多为高校学生、教师。④ 由此可见，与杂志中的“读者来信”相比，“读者来论”对作者的素质、内容的深度要求更高。此外，与报纸的读者来信类内容相比，杂志刊登的读者来信和读者来论篇幅更长且更具深度。这一点与杂志本身的内容特征相符。

新中国成立后，我国杂志经历了创建、恢复和发展阶段，并于 20 世纪 50 年代中期形成了政治性、综合性、学术性等多种类期刊繁荣发展的景象。这一时期代表性的杂志有《学习》《人民文学》《新观察》《文史哲》等。其中，《学习》杂志自创办以来就重视利用读

---

① 陈方竞：《读者论坛——〈新青年〉一个不可忽略的言论空间》，《汕头大学学报》（人文社会科学版）2011 年第 3 期。

② 参见《新青年》1916 年第 2 卷第 1 号。

③ 参见《新青年》1917 年第 3 卷第 1 号。

④ 黄翠、徐迎红：《在“排他”与“包容”间行走——〈新青年〉中的“读者论坛”栏目研究》，《齐齐哈尔大学学报》（哲学社会科学版）2006 年第 9 期。

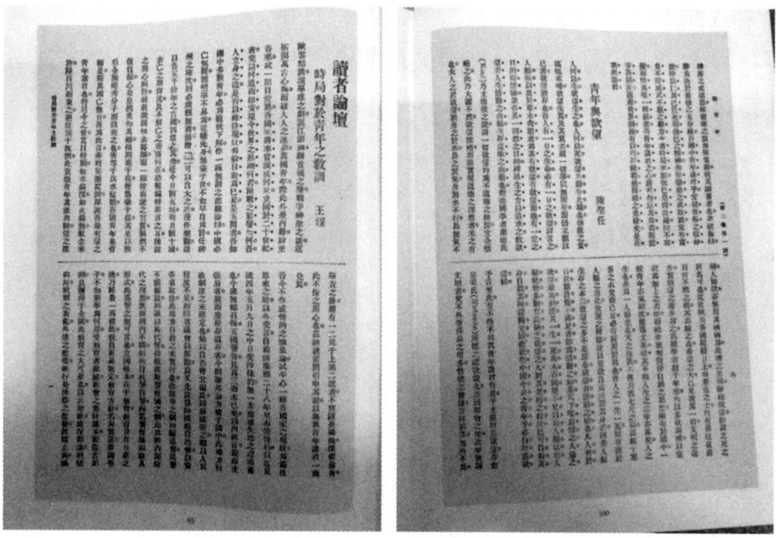

图 1 -39　《新青年》杂志第 2 卷第 1 期中的“读者论坛”专栏

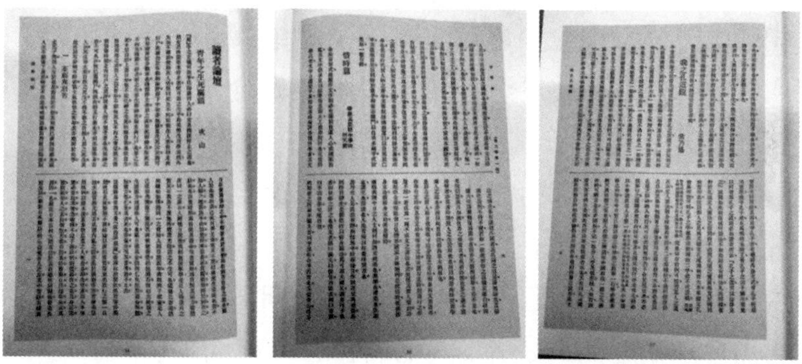

图 1 -40　《新青年》杂志第 2 卷第 1 期中的“读者论坛”专栏

者来信收集读者的意见、建议，不断改进杂志的编辑工作。《人民文学》先后创办“读者中来”“读者　作者　编者”“读者论坛”栏目刊登读者来信、来论。读者通过来信的方式向编辑部以及杂志中的文学作品提出批评与建议或者发表有关文学的言论。例如，1951 年 1 月 1 日《人民文学》（第 3 卷第 3 期）中“读者中来”栏目就刊登了五篇读者来信、来论，其中包括读者何金铭和虞林针对该杂志所刊文章《哨兵》撰写的读后感《读〈哨兵〉》以及读者吕忠爽、李兴文、程千帆撰写的来论《语文问题》《关于运用方言》《引用别人著作的粗心大意》。

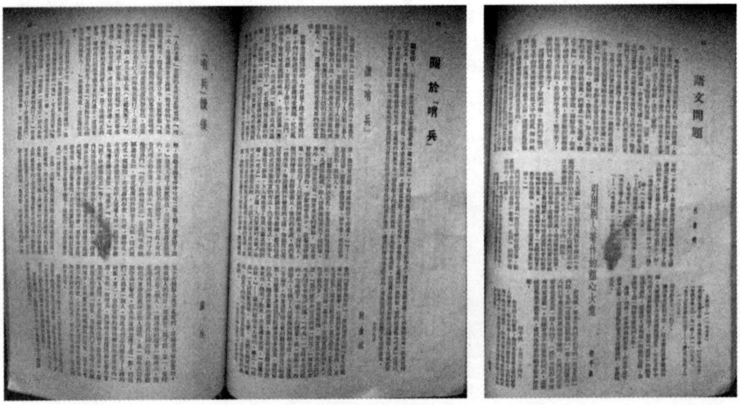

图 1－41　《人民文学》杂志第 3 卷第 3 期中的“读者中来”栏目

党的十一届三中全会以后，我国杂志结束了动荡的阶段，进入繁荣发展的新时期，并逐渐形成了“种类齐全、层次多样、导向正确、精品增多及科学管理的新局面”[①]。在门类繁多的杂志中，以《中国新闻周刊》《三联生活周刊》《南风窗》为代表的新闻综合类杂志分别设置“读者来信”或“读者观点”等栏目刊登读者来信。来信内容以读者围绕自己关注的社会生活问题发表意见为主。内容更具热点性和贴近性，易引发其他读者的共鸣和思考。

例如，2002 年 11 月上半月的《南风窗》杂志在其“读者观点”栏目中刊登了五篇读者来信，其中包括南京读者石飞撰写的评论《体育输赢与“耻无关”》、广州读者陈翔撰写的《机场暴利的终结》、杭州读者胡耿撰写的《警官也应职业化》等。[②]《三联生活周刊》第 33 期中的“读者来信”栏目刊登了海口读者张丽佐撰写的

① 宋应离：《中国期刊发展史》，河南大学出版社 2000 年版，第 289 页。

② 参见《南风窗》2002 年 11 月上半月。

《南海博弈》、郑州读者关小海撰写的《乡村的蝉鸣》宜昌读者聂武斌撰写的《老杨的晚年》以及安庆读者余毛毛撰写的《无处安放的诗意》。[①] 以上述读者来信为代表的新时期杂志的读者来信虽然篇幅短小，但题材多样，成为读者发表言论和撰写随感的重要方式。

二　读者投稿

与报纸以刊登时事新闻和评论为主的内容特征不同，杂志根据其内容的不同可以分为社会科学类和自然科学类两大类。其中，社会科学类又包括政治、经济、军事、文学、教育、综合等门类；自然科学类又包括数、理、化、天、地等多个门类。[②] 受内容多样性和种类细分的影响，杂志的内容生产采用编辑部专业人士撰稿和向社会公开征稿两种方式共同完成。无论是综合性的实事生活类杂志，还是专业性的学术杂志，以及严肃的政治理论性杂志，都设置了科学的投稿方式和投稿规范，促进杂志内容在“广”和“深”的方向上不断发展。此外，在杂志的内容生产体系中，也有部分专业作者与杂志签订供稿协议，成为其作者团队中的一员，为杂志长期供稿。这些专业作者虽然不隶属于杂志编辑部，但与社会性的投稿者相比，与杂志拥有更加稳定的内容供应关系。因此，笔者将此类人群的投稿也归为编辑部专业人士撰稿的范畴。

通过查阅各类杂志的投稿说明，笔者发现杂志的投稿说明大多只对稿件的内容和格式进行规定，而对投稿者不加限制；征稿数量和比例根据杂志的种类不同而不同。例如，综合性新闻和文化类杂志《三联生活周刊》因具有自己的记者团队，接受读者投稿的栏目只有“生活圆桌”“个人问题”“读者来信”三个，要求读者根据栏目内容特点进行针对性投稿。[③] 文学杂志《萌芽》在投稿说明中建

① 参见《三联生活周刊》2016 年第 33 期。

② 宋应离：《中国期刊发展史》，河南大学出版社 2000 年版，第 10 页。

③ 参见《三联生活周刊》官方网站：http：//www. lifeweek. com. cn/2011/0407/31775. shtml，2018 年 4 月 8 日。

议初次投稿者至少要看完一本近期《萌芽》，注意契合度。投稿内容包括小说、散文、非虚构、连载、诗歌等类别；[①] 稿件刊登范围涉及杂志各个栏目。政论杂志《人民论坛》的征稿启事只对文章格式进行了要求。投稿作者多为党政干部、专家学者、企事业单位管理者与知识精英，[②] 与该杂志的读者群体一致。由此可见，各类杂志普遍采用面向社会征稿的方式完成杂志的部分或全部内容生产。杂志对供稿者的身份不加限制，但基本要求是阅读过并熟悉杂志的内容风格。由此可见，杂志的供稿者即杂志读者群体中具有内容生产能力的群体，是杂志中读者生产内容的一种表现形式。

与此同时，杂志内容的细分性也导致杂志的读者群体相较于报纸的大众性来说比较小众化。受此影响，杂志的内容生产中就会出现读者与撰稿作者高度重合的现象，即杂志的读者又是杂志供稿作者的特殊现象。这一现象集中表现在以学术杂志为代表的专业类杂志上。例如，新闻与传播领域的权威学术杂志《新闻与传播研究》和《国际新闻界》就采用面向社会公开征稿的方式完成内容生产。投稿者多为新闻学与传播学领域的研究者、教师、学生。而该杂志因其内容的专业性导致读者群体也是该领域的研究者、教师、学生。投稿作者需要向该杂志投稿来推进研究，而读者也需要阅读该权威杂志把握新闻与传播领域的研究前沿；读者通过学习该杂志的内容进而也有能力向该期刊投稿并推进研究。投稿作者与读者实现了完全吻合。

此外，这类杂志匿名审稿的内容筛选机制也使得撰稿作者之间没有级别之差，无论是知名学者还是研究生，都具有平等的投稿资格。以 2017 年第 3 期的《国际新闻界》为例，这一期杂志刊登的 10 篇投稿中，既有由蔡雯教授撰写的论文《新闻教育亟待探索的主要

---

① 参见《萌芽》官方网站：http：//www. mengya. com/contribution/，2018 年 4 月 8 日。

② 参见《人民论坛》官方网站：http：//www. rmlt. com. cn/original/，2018 年 4 月 8 日。

问题》，也有硕士研究生刘晓阳、徐仲超、梁鑫与周俊副教授合写的论文《记者寻租的博弈论分析》。以《国际新闻界》为代表的各学科领域的学术杂志、大学学报等的内容生产方式是杂志中读者生产内容的突出表现形式。这种内容生产方式由杂志提供平台，由读者提供内容，由编辑以内容质量为标准进行选择与把关，建构了以读者为核心的众筹式的内容生产方式。

此外，以《萌芽》为代表的部分文学杂志也采用类似的内容生产方式。《萌芽》是中国第一本青年原创文学杂志，为爱好文学的青年提供了平台刊登其创作的小说、散文、报告文学、长篇通讯等体裁的文学作品。这些爱好文学的青年撰稿人不仅是《萌芽》的读者，也在为萌芽撰稿的过程中成为文坛知名的作家。虽然此类杂志的读者群体相较于学术杂志的读者群体更具广泛性，读者中的作者群体与读者群体高度吻合，但也是由读者主导的众筹式内容生产方式的一种表现形式。以 2017 年第 6 期的《萌芽》为例，杂志不仅刊登了一君撰写的小说《离别的声音》、林诗晨撰写的散文《行在列车》，还刊登了王丛旭撰写的新概念作文大赛参赛作品《立秋》，以上三位作者均为该杂志读者中的青年文学爱好者。

而以《人民文学》为代表的高级别文学杂志与《萌芽》相比，虽然也采用社会征稿的形式完成内容生产，但其撰稿者多为知名作家或文学工作者。他们虽然也是读者群体中的一部分，却是读者群体中具有权威性的少数群体，与上述众筹式的内容产生方式略有不同。这一点，在《人民文学》1949 年 10 月号的《发刊词》中有所体现。《发刊词》指出：“本刊作为全国文协的机关刊物，有责任要求全国文协的会员以及全国文协系统下各兄弟团体乃至国内所有的进步的文学艺术工作者给我们创作。”这一限定投稿作者身份的内容生产方式一直延续至今。例如，2017 年第 6 期的《人民文学》刊登的短篇小说《金雨滴》是由中国作家协会儿童文学委员会副主任、中国电影集团一级编剧张之路撰写的；报告文学《铁汉丹心》是由中国作家协会会员、著名作家丁晓平撰写的；散文《文昌情·梓潼行》是由茅盾文学奖获得者、著名作家阿来撰写的。

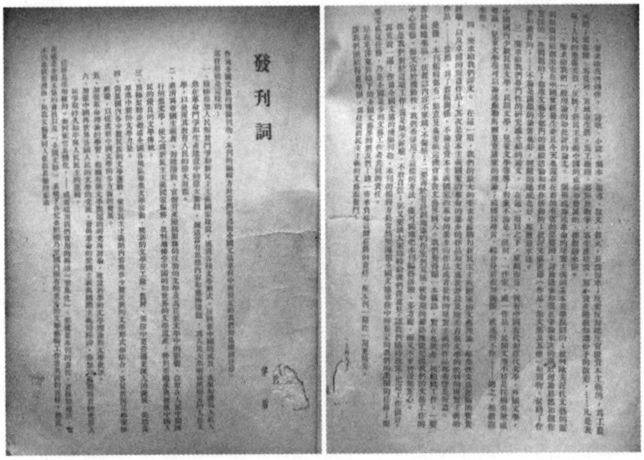
發刊詞

图1－42　《人民文学》1949年10月号的《发刊词》

本节，笔者列举的两类杂志中读者生产内容的表现形式虽然与报纸中的读者来信和读者投稿类似，但受杂志内容风格的影响，具有篇幅长、内容多样、富有深度的特点。此外，读者投稿作为杂志内容的重要来源，与报纸中仅集中在副刊或有限的新闻报道中的读者撰稿不同，是纸质媒体中由读者主导的最具代表性的读者生产内容的表现形式。

本章，笔者按照纸质媒体产生的时间顺序分别梳理了书籍、报纸、杂志中读者生产内容的表现形式。其中，书籍中读者生产内容的表现形式主要有经典注释和小说评点两类；报纸中读者生产内容的表现形式包括读者来信、副刊中的读者投稿、通讯员来稿三类；杂志中读者生产内容的表现形式则包括读者来信/来论、读者投稿两类。与此同时，为论证 UGC 在纸质媒体中存在的合理性和价值性，本书在探究纸质媒体中读者生产内容的表现形式之时，也根据报纸、杂志的发展脉络，选择了不同时期代表性的媒体应用案例，收集并运用了相关史料进行分析。

综合来看，报纸因其内容的大众性、贴近性、服务性而具有比其他两类媒体更为丰富的读者生产内容的表现形式，且参与人数众多、参与范围更为广泛。而书籍因其内容的专业性最强，只具有两类读者生产内容的表现形式，且参与内容生产的读者数量有限、专业素养较高。杂志作为介于二者之间的一类媒体形态，虽然其读者生产内容的表现形式与报纸类似，却因深、广、杂的内容特征，为读者提供了最具表现力的展示内容生产能力的投稿平台。以上各类以读者生产的内容为媒体内容体生产系中的重要组成部分，与媒体的专业内容生产相互协作，共同为读者的信息需求服务。

第 二 章

交流与表演：电子媒体中听众、观众的互动式内容生产

19 世纪末 20 世纪初，意大利科学家古格列莫·马可尼发明并申请了无线电专利，实现了人类传播史上继语言、文字和印刷术之后的第四次革命。受此技术影响，以电影、广播、电视为代表的运用电子等现代科学技术传递新闻、信息、思想及观点的电子媒体相继诞生。[①] 传播开始进入电子媒体的阶段。

与纸质媒体依赖文字和图片传递信息不同，电子媒体以声音和图像为载体，信息传输速度快、传递范围广、形象生动，受众范围广、参与程度高。这些传播优势都促使电子媒体逐渐深入社会生活，将传播的大众化不断向前推进。在传统媒体时代，电影、广播、电视是三类典型的基于电子技术的大众媒体，其听众、观众在接受信息的同时也积极参与到了内容生产中。本章，笔者选择广播和电视作为传统媒体时代代表性的电子媒体，探究其听众、观众生产内容的表现形式。

此外，电影虽然是最早产生的电子媒体，但其自诞生起就属于大众媒体中高雅艺术的代表，其内容生产的专业性高、排他性强，所需资金、技术、人力成本庞大。因此作为业余群体的观众在传统

---

① 甘惜分：《新闻学大辞典》，河南人民出版社 1993 年版，第 79 页。

媒体时代没有机会参与其内容生产。直至近年来弹幕电影的出现，才使观众有了在电影放映同时生产评论性内容的机会。这种间接参与电影内容生产的形式是互联网时代用户生产内容的一种表现形式，不属于本章的论述范围。因此，本章不对电影中观众生产内容的表现形式展开论述。

第一节　广播中的听众生产内容

“广播是通过无线电波或通过导线向广大地区或一定区域传送声音、声像节目的大众传播方式。”① 广义的广播包含声音广播和电视广播两类。本节的研究对象仅是声音广播（简称“广播”）。1923 年初，美国人奥斯邦创办的中国无线电公司与英文《大陆报》合作创办了“大陆报——中国无线电公司广播电台”。这是外国人在中国设立的第一座广播电台②，也拉开了中国广播发展的序幕。1926 年 10 月 1 日，中国政府自办的哈尔滨广播电台开播。我国广播的发展进入自主化阶段。时至今日，我国广播仍然具有稳定的受众群体，是人们生活中一类重要的信息传播媒体。

纵观广播的发展历史，笔者以 1949 年新中国成立为分界点，考察广播中听众生产内容的表现形式。受国家局势影响，1923 年至 1949 年，我国广播的初步发展时期正处于国家、民族危亡之际。广播的传播范围、普及程度以及专业化水平都有限，而听众生产内容的表现形式更是有限。直到新中国成立后，国家才开始大力发展广播事业。广播在国家政策的指导下、专业的筹划部署中稳步发展，并于 20 世纪 80—90 年代迎来了发展的高潮时期，涌现了一批代表

---

① 甘惜分：《新闻学大辞典》，河南人民出版社 1993 年版，第 234 页。

② 方汉奇、丁淦林、黄瑚、薛飞：《中国新闻传播史》，中国人民大学出版社 2008 年版，第 213 页。

性的听众生产内容的业态。

一 初步发展时期广播中听众生产内容的雏形

自1923年我国出现第一座由外国人创办的广播电台，到1928年8月国民党创办中央广播电台，我国广播事业在北洋军阀统治时期初见雏形。这一时期，广播电台大致有10座，发射功率一般较小，收听范围也限于广播电台所在城市及其周围地区①；广播听众仅限于有能力购买广播收听设备的封建军阀、官吏、富商和外国殖民者②；广播的内容包括新闻、气象、商情、音乐、演讲等。这一时期，听众生产内容的表现形式有点播和参演节目两种。

1924年5月，美国开洛电话材料公司与《申报》合作建立广播电台。该电台允许由西方听众组成的“中国播音会”（CBA）出钱点播节目。当时，每天上午和晚上听众人数最多时段的节目都是由该协会的西方听众安排的，内容多为西乐及外国唱片。③ 听众通过点播的方式来决定广播的播出内容，是听众参与广播内容选择的一种表现。1927年上海新新公司为出售收音机设立新新广播电台，为我国第一座民营广播电台。该广播电台每逢星期一、三、五、六播出具有开放性的特别节目。节目的开放性体现在邀请“外人”（电台以外的人）票友演唱，完成节目录制以及组织公司女职工进入电台录制“群芳会唱”节目。④ 以“名票清唱”和“群芳会唱”为代表的由听众参与内容生产的节目在当时不仅开了先河，也引发了听众的一致好评。

---

① 赵玉明：《中国现代广播简史：1923—1949》，中国广播电视出版社2001年版，第15页。

② 赵玉明：《中国现代广播简史：1923—1949》，中国广播电视出版社2001年版，第11页。

③ 赵玉明：《中国现代广播简史：1923—1949》，中国广播电视出版社2001年版，第7—8页。

④ 陈尔泰：《中国广播史考》，中国广播电视出版社2008年版，第79—80页。

十年内战期间，我国广播事业在国民党的统治下仍有一定的发展。这一时期，国民党地区官办民营广播电台共 78 座，总发射功率近 123 千瓦。电台分布在浙江、河北、山东、安徽、江西、四川、福建、广东等 15 个省份。全国收音机总数达 20 万架。① 这一时期，听众生产内容的形式仍然表现为点播和参演节目两种。1928 年 8 月 1 日，国民党中央广播无线电台成立，面向全国播音。该电台邀请南京地区知名的教授、专家、政界名流进行演讲，完成节目录制，于每天上午播出 1 个小时。② 这些参与演讲的社会中上层人士也是广播发展初期主要的听众人群。此类节目属于听众生产内容的表现形式。此外，1929 年 12 月，上海亚美公司创办上海广播电台，是我国历史上颇具影响力的民营电台之一。该电台于 1932 年 10 月开设《听众时间》节目，每天下午 6：30—6：55 播出，由听众选择唱片播放。上海华泰广播电台也于 1937 年开设《听唱片》节目，每天 9：05—10：00 播出，由听众参与并决定广播内容的选择。③

抗日战争爆发后，我国的广播事业在战争局势中艰难发展。这一时期，无论是官办广播还是民营广播都顺应战争局势调整了广播内容，有针对性地报道战争新闻并进行抗战宣传。与此同时，中国共产党也开始在根据地创办人民广播事业。在以延安新华广播为代表的人民广播电台中，出现了听众来信类的听众生产内容的表现形式。1940 年 12 月 30 日，延安新华广播开播，这是中国共产党领导创办的第一座无线电广播电台。④ 该电台成立后通过听众来信的方式收集听众意见，并将一部分信息类听众来信作为广播稿直接播出。

---

① 赵玉明：《中国现代广播简史：1923—1949》，中国广播电视出版社 2001 年版，第 33 页。

② 陈尔泰：《中国广播发轫史稿》，中国广播电视出版社 2008 年版，第 116 页。

③ 陈尔泰：《中国广播史考》，中国广播电视出版社 2008 年版，第 149 页。

④ 方汉奇、丁淦林、黄瑚、薛飞：《中国新闻传播史》，中国人民大学出版社 2008 年版，第 255 页。

抗战胜利后，延安广播电台在经历了停播的艰难阶段后重新复播，并继续坚持联系群众的传统，提出了“大家办广播”的口号。该口号包含两方面内容：一方面是大家听，另一方面是大家讲。[①] 所谓“大家讲”是指延安广播电台希望听众通过来信的方式把所见所闻、所思所想写给他们。这一理念也是人民广播电台邀请听众参与广播内容生产的体现。

解放战争时期，我国的人民广播事业不断发展壮大。延安新华广播电台也继续播音，发挥其报道新闻、宣传解放的作用。其中，“该电台十分注意加强和国民党统治区听众的联系，经常邀请国民党人士来延安地区发表广播演讲，或者播出各地民主人士写的文章以及上海失业青年和国民党军队士兵向社会呼吁的公开信”[②]。与此同时，1946 年 9 月 23 日开始播音的东北新华广播电台也开办节目《名人演讲》，“曾邀请合江省主席、抗联将领李延禄、著名作家萧军、教育家董纯才、戏剧家张庚、作曲家塞克等走入电台演播室录制演讲”[③]。这些名人也是来自各行各业的广播听众，通过演讲的方式为广播提供内容。

新中国成立前，我国广播事业在动荡局势的影响下曲折发展，从最初仅有 10 家广播电台逐渐发展到数十家广播电台。播音范围由有限的城区向全国扩展。听众群体也随着人民广播事业的发展不断壮大，但仍以社会中上层人群为主。这一时期，广播内容类型有限，以新闻、商情、娱乐为主，而听众参与内容生产的方式也局限于点播、名人演讲、参演节目以及听众来信四类，且应用的电台、节目都有限，却是听众参与广播内容生产的开端。

---

① 赵玉明：《中国现代广播简史：1923—1949》，中国广播电视出版社 2001 年版，第 88 页。

② 赵玉明：《中国现代广播简史：1923—1949》，中国广播电视出版社 2001 年版，第 96 页。

③ 赵玉明：《中国现代广播简史：1923—1949》，中国广播电视出版社 2001 年版，第 88—89 页。

二　繁荣发展时期广播中听众生产内容的演进

新中国成立后，我国广播事业在和平稳定的环境中进入恢复、发展与繁荣的新阶段。这一时期，我国先后成立中央广播事业局和国家广播电影电视总局管理广播事业，并从1952年起定期召开全国广播工作会议，制定广播发展的方针和任务。1949年至1966年，我国广播事业在接管国民党电台、改造私营电台的同时，不断发展中央电台和省市电台，并初步建成了包括中央台、大行政区台、省（直辖市）台及市台的四级广播宣传网。1966年至1976年，我国广播事业发展虽然受到政治局势的影响及阻碍，但农村有线广播却被重点发展，并于1973年实现了全国普及。1976年政治斗争结束以后，特别是20世纪80—90年代，我国广播事业进入繁荣时期。广播电台数量增至上千台。广播内容囊括新闻与评论、政治理论、文艺娱乐、科学知识、经济商情、生活服务等多类，且对外广播、民族广播、方言广播不断发展，听众数量庞大、群体多样。广播真正成为当时主流的大众传播媒体。

表2－1　　新中国广播电台数量

年份	1950年	1958年	1961年	1976年	1984年	1985年	1986年	1995年
电台（座）	65	58	135	89	167	213	278	1210

资料来源：张骏德：《当代广播电视新闻学》，复旦大学出版社2001年版，第44页。

我国人民广播事业在繁荣发展的过程中，始终坚持“联系听众、贴近听众、服务听众”的理念，在广播内容日渐丰富的同时，增加了多种由听众参与内容生产的节目形式，主要包括听众直接参与广播内容生产的听众参演广播节目、听众担任通讯员采播新闻两类，以及通过媒介物参与广播内容生产的听众来信和热线电话两类。本节，笔者将根据以上分类，选择代表性的节目作为案例，梳理新中国成立以来听众生产内容的不同表现样态。

（一）听众参演广播节目

听众参演广播节目是一种传统的听众生产内容的表现形式，即广播电台邀请听众中有专业特长的人走进广播节目，成为该节目主要的表演者。新中国成立前，我国部分广播电台已经出现由听众参演的广播节目，包括名人演讲、名票清唱以及企业职工合唱三类。新中国成立后，听众参演的广播节目数量越来越多，听众参演的演讲类、文艺类节目形式依然存在，与新中国成立前的呈现方式类似。但这一时期，听众参演广播节目最突出的表现是在新增的教育节目和知识节目中应用广泛。

新中国成立以后，教育节目在我国广播中逐渐兴起。此类节目以向听众进行思想政治教育、普及科学文化知识为主旨，大多采用讲座、演讲的方式进行。1950年4月至10月，中央人民广播电台先后举办了《社会发展史讲座》节目，由理性主义哲学家、教育家和革命家艾思奇撰写广播稿并主讲；《政治经济学讲座》节目，由经济学家于光远、王惠德撰写广播稿并主讲；以及《帝国主义论讲座》节目，由经济学家、教育家郭大力撰写广播稿。此外，20世纪50年代中期，中央人民广播电台还举办了《政治经济学》《马列主义基础》《哲学》等讲座节目，主讲人或撰稿人大多是高级党校的理论专家。[①] 与此同时，各地方广播电台也开办了一系列理论学习讲座，邀请各地的专家、学者为节目撰稿或主讲。

此外，为提高听众的科学文化水平，新中国成立后中央电台和地方电台创办了一系列以普及为主、以现代为主、以实际需要为主的知识节目。[②] 节目内容涉及自然科学、历史、地理、卫生、法律、政治政策、国际知识等多个领域。代表性的节目有中央人民广播电台的《科学知识》、宁夏电视台的《讲卫生》、云南电视台的《云南植物》、四川电视台的《知识厅》、新疆电视台的《农牧科技》等。著名科学家、专家、学者竺可桢、华罗庚、钱学森、钱三强等都曾

---

① 《当代中国》丛书编辑部：《当代中国的广播电视（上）》，中国社会科学出版社1987年版，第168页。

② 《当代中国》丛书编辑部：《当代中国的广播电视（上）》，中国社会科学出版社1987年版，第200页。

为知识节目撰写广播稿或播讲，妇产科专家林巧稚也曾多次为中央人民广播电台的《讲卫生》节目撰写广播稿或播讲。①

1957 年，中央人民广播电台创办《星期演讲会》节目，邀请各领域专家学者讲解形势政策、介绍科学知识。该节目第一期就播出了由桥梁专家茅以升主讲的“长江大桥”，此后还邀请中国政治法律学会副会长做了题为“为保卫社会主义法制而斗争”的演讲，邀请中国科学院语言研究所所长吕叔湘做了题为“学习毛主席的文章”的讲座。1983 年，《星期演讲会》恢复播出后，先后邀请了卫生部部长钱信忠讲“计划生育是我国的基本国策”，农业部部长何康讲“农业发展和翻两番”，以及中国空间技术研究院院长苏家栋讲“漫谈通讯卫星”等。② 每次演讲 30 分钟，由各领域专家撰稿并进行广播演讲。

以上教育节目和知识节目中播出的讲座和演讲，由于内容的专业性，主要由社会各领域专家学者撰写内容并负责播讲。这些专家学者不是广播系统内部的专业内容生产者，而是听众中具有广播内容生产能力的人。由他们进行讲座和演讲的节目属于听众参演广播节目的一种表现形式。这种形式根据节目的需要，邀请各行各业具有专长的听众参与创办节目，打破广播内容生产的专业限制，组织社会力量共同完成内容生产，给广播节目带来了生机。

与此同时，新中国成立后的文艺节目也经常邀请各类演员参演广播节目。其中，群众参演文艺节目的形式依然存在。例如，20 世纪 50—60 年代，哈尔滨人民广播电台成立业余广播编辑部，邀请部分企业职工参演广播节目；天津电台的业余广播编辑部也邀请听众录制《群众文艺节目》。但与广播初步发展时期的文艺节目不同，新中国成立后广播文艺节目的演员多为专业的文艺工作者。作为与媒体相伴而生的演员群体来说，他们更适合被划归专业的广播内容生

---

① 《当代中国》丛书编辑部：《当代中国的广播电视（上）》，中国社会科学出版社 1987 年版，第 203 页。

② 《当代中国》丛书编辑部：《当代中国的广播电视（上）》，中国社会科学出版社 1987 年版，第 210 页。

产群体，而不应被纳入听众的范围。因此，笔者认为新中国成立后由专业演员参演的文艺节目不属于听众参演广播节目的表现形式，不在本节论述的范围之内。

（二）听众担任广播通讯员采播新闻

通讯员作为编外新闻工作人员，不仅在报纸的新闻采写中发挥了重要作用，在广播的新闻报道中不仅是伸向基层的触角，也是了解信息的关键角色。新中国成立后，我国广播事业在向全国各省、市、县、乡、村扩展的过程中，发动不同行业的群众担任通讯员，配合各级广播电台的记者提供新闻线索、撰写广播稿、组织听众收听广播。随着我国广播电台的播音范围不断扩展、节目内容日益丰富，由听众组成的通讯员队伍提供了大量新鲜、及时且具有接近性的新闻报道，是广播的重要内容生产者。

1950 年，广西省人民政府、湖南省人民政府先后发布通知要求各级政府、群众团体、工矿企业、机关学校要指定专人担任广播通讯员，有计划地撰写广播稿件。此后，河北、山西、内蒙古等省、自治区政府也先后发布类似通知。各地方电台也在城市中积极发展通讯员。其中，上海人民广播电台在 1950 年已有通讯员 1110 人，其中 60% 在工厂。湖南人民广播电台截至 1954 年有通讯员 1160 人；1955 年的月平均供稿量为 1400 篇。① 1957 年整风运动后，哈尔滨人民广播电台在各区委宣传部的配合下积极发展通讯员。截至 1959 年，该电台拥有通讯员 2000 多名，由机关干部、工人、学生、教师等组成。其中，《今日新闻》节目的稿件基本由通讯员撰写。②

20 世纪 60 年代，全国各广播电台纷纷建立了自己的通讯员队伍，并着手设立业余广播编辑部，开展形式多样的内容生产活动。“业余广播编辑部的具体任务是：按着电台编辑部的要求和本部门情

---

① 《当代中国》丛书编辑部：《当代中国的广播电视（上）》，中国社会科学出版社 1987 年版，第 306—307 页。

② 哈尔滨人民广播电台：《我们电台的通讯员工作》，《新闻战线》1959 年第 15 期。

况，经常供给电台各种稿件和组织广播节目，同时根据需要，在广播节目中配上本单位职工自编自演的文艺节目。”① 该组织对业余通讯员进行统一的指导和管理，并领导通讯员进行系统性的广播内容生产。这一时期，河北人民广播电台、天津人民广播电台、哈尔滨人民广播电台等在各市县建立了数十个业余广播编辑部，培养了数百名业余通讯员和业余编辑，为所在电台提供了包括消息、评论、讲话、通讯、文艺节目在内的多种广播内容。

与此同时，我国广播事业在不断向农村拓展的过程中，创办了一系列对农广播电台和对农广播节目。此类电台以及节目的内容生产大多依赖农民通讯员进行信息采集和编播。党的十一届三中全会以来，我国对农广播中涌现了一批以江苏省南通县广播站通讯员曹芝田、江苏省如皋县广播站通讯员沈志荪、湖南省桃江县广播电台通讯员文善强为代表的优秀农村通讯员。这些农村通讯员扎根农村，对农村的新闻报道具有地域接近性和心理接近性，能够第一时间向电台提供有价值的报道。他们虽没有专业的内容生产能力，但凭借对广播的热爱，不断学习、不断写稿，向电台提供了一系列优秀的新闻作品。此外，2003 年陕西人民广播电台创办陕西农村广播。该电台成立之初便创办《农民说新闻》节目，邀请农民通讯员播讲农村新闻。② 2009 年，辽宁人民广播电台乡村广播开始播音。该电台培养了 200 多名农村通讯员采访和报道农村新闻，为《927 新闻村村通》等节目提供内容。③

听众担任通讯员采播广播新闻是听众参与广播新闻生产的一类突出表现形式。广播电台动员、培养业余听众参与采集、编写、播讲各地、各行业新闻的举措是丰富广播新闻内容、服务听众新闻需求的有力之举，能够有效解决因广播专业内容生产者数量有限、视

① 哈尔滨人民广播电台：《我们电台的通讯员工作》，《新闻战线》1959 年第 15 期。
② 白晓东：《农民通讯员在对农广播中的作用探析》，《今传媒》2014 年第 6 期。
③ 孙涛：《如何发挥农村通讯员的作用》，《记者摇篮》2009 年第 11 期。

角狭窄等问题而造成的广播内容匮乏的困境。

（三）听众来信

听众来信由听众撰写，以信件的形式“向广播电台传达民众的情绪，反馈广播节目在受众中引起的反响，参与广播节目，表达对广播节目的态度，即赞扬与批评、希望与建议等”①。新中国成立以来，随着我国广播听众的人数日益增多，听众来信的数量也与日俱增。以中央人民广播电台为例，从20世纪50年代至90年代，听众来信的数量由5000多封增长到近20万封（具体统计数字参见图2－1）。

与报纸中的读者来信不同，在以声音为主要传播介质的广播中，来信是一种听众间接参与广播内容生产的方式，也是热线电话引入广播之前，听众参与广播内容生产的一种主要方式。② 宋友权根据来信的内容，将听众来信分为参与类来信、服务类来信、社会类来信、听评类来信四类。③ 其中，服务类来信是“受众希望广播为自己的某项要求服务”④ 而撰写的来信。该命名方式针对本书的研究内容而言存在指代不清的问题，无法明确指出服务的供需主体。因此本书将继续沿用报纸中个人诉求类来信的命名方式，将服务类来信改为个人诉求类来信进行论述，从而集中体现听众在此类来信中的内容生产者身份和主导地位。社会类来信是指听众通过来信的方式向广播电台反映各类社会问题的一类来信。这类来信在听众来信总量中占比最少，且与广播节目没有直接关系，因此它不属于听众生产内容的表现形式，也不在本节的论述范围之内。综上，笔者将参考宋友权对听众来信的分类方式，分别对参与类来信、个人诉求类来信、听评类来信这三类突出体现听众生产内容的表现形式进行重点

---

① 宋友权：《中国广播受众学》，中国广播电视出版社1998年版，第131页。
② 宋友权：《中国广播受众学》，中国广播电视出版社1998年版，第133页。
③ 宋友权：《中国广播受众学》，中国广播电视出版社1998年版，第132页。
④ 宋友权：《中国广播受众学》，中国广播电视出版社1998年版，第133页。

论述。

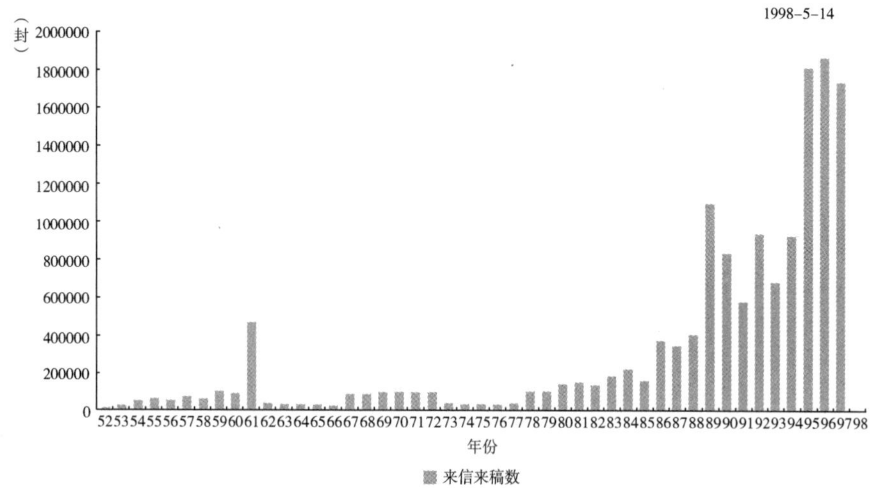

图 2－1　中央人民广播电台听众工作部历年听众来信统计

资料来源：宋友权：《中国广播受众学》，中国广播电视出版社 1998 年版，第 140 页。

1. 参与类来信

参与类来信是指听众为参加广播电台举办的各种活动而撰写的来信。活动形式包括“有奖问答”“有奖征文”“广播评选活动”等。例如，1979 年，中央人民广播电台曾举办“听众最喜欢的广播歌曲评选活动”，并在《新闻和报纸摘要》《各地人民广播电台联播》《中国音乐信箱》等节目里连续播出歌曲评选消息。听众通过来信的方式邮寄选票。评选结果于次年 2 月在《新闻和报纸摘要》节目中播出。此类节目通过来信投票的方式，让听众参与到广播评选类内容的生产中，属于听众借由参与类来信生产广播内容的一种。与之类似的还有各电台举办的“听众最喜爱的广播节目”等评选活动。

此外，听众通过参与类来信进行广播内容生产最突出的表现是投稿广播电台举办的有奖征文活动。听众根据广播电台给出的征文主题撰写文章，然后以信件的方式寄给广播电台参与评选。广播电台在节目中择优播讲优秀的征文作品。这种由电台设定主题、听众提供内容的生产方式给予了听众参与办广播的机会和平台。例如，1989 年 12 月，湖北人民广播电台《广播漫谈》节目曾面向听众举办评论类文章征集活动，收到了大量优秀的评论类作品。电台择优选播了 180 篇来稿，不仅丰富了节目内容，也有效地提升了节目内容的思辨性和贴近性。

2. 个人诉求类来信

个人诉求类来信是指听众通过来信的方式向广播电台表达诉求、寻求服务和帮助的一类来信，主要包括来信点播、来信咨询和来信求助三类。这类来信在各电台的听众来信总量中占比最大，也是听众来信中最能展现听众内容生产能力的一种形式。在热线电话引入广播之前，听众大多通过来信的方式点播喜欢的节目，表达其在内容选择方面的诉求。

新中国成立后，点播作为一种传统的听众参与广播内容生产的方式继续发展。越来越多的节目设置了点播环节；参与点播的听众群体也日渐广泛。20 世纪 50 年代至 80 年代，听众大多通过来信的方式点播节目，并借由广播节目向点播对象送祝福。电台通过整理听众来信，筛选具有代表性的听众点播的内容播出。例如，1983 年 4 月，浙江人民广播电台的综合文艺性节目《文艺之友》开播。该节目以寓教于乐和广泛联系群众为宗旨，不仅在节目中回答听众提出的各方面问题，还播放听众点播的节目。曾经有两位小学生听众来信为他们的工人父亲点播《祝愿歌》作为生日礼物。该节目不仅播放了歌曲，还送上了来自节目组的祝福。这期节目播出后反响热烈，许多听众写信赞扬该节目关怀普通劳动者，重视各类听众的需求。听众通过来信参与并决定点播类节目的内容，不仅使听众有机会参与广播内容生产，也进一步增强了广播内容的贴近性。

与此同时，这一时期广播电台处理个人诉求类来信最典型的方式就是创办信箱类节目。这类节目以听众来信为核心，或选择听众来信直接播讲，或根据听众来信提出的问题进行解答或给予帮助。20 世纪 50 年代，中央人民广播电台就在《国际时事》或《国际生活》节目里设置了“国际问题信箱”栏目，用于回答听众来信中提出的各类国际问题。此外，我国各电台的对农广播中也设立了《农民信箱》《农村信箱》等栏目。1982 年 3 月，安徽人民广播电台在其《对农村广播》节目中播出了女社员柴乐寄来的求助信，信中讲述了她因父母不同意其与男友的婚事而经历的一系列磨难。电台以此来信为基础，制作了题为《掺着泪水的蜜月》的广播稿，邀请听众参与讨论，就此事发表意见。这期节目播出后，长达两个月的讨论共收到 650 封听众来信。柴乐的父亲听了广播后也认识到自己的错误，最终接受了女儿的婚事。①

以上述两个节目为代表的信箱类节目也在我国儿童广播、青年广播、文艺广播中广泛开办。北京台的《听众之声》、上海台的《听众信箱》、广东台的《大众信箱》等都是当时颇具影响力的信箱节目。这类节目以听众通过来信表达的诉求为主要内容，采用由听众提问、电台回答的方式，合作完成节目的内容生产。

3. 听评类来信

“听评广播是广播受众行使听广播、评广播的权利的一项工作。”② 参与这项工作的听众需要具备一定的政治素养和专业素养，并且拥有撰写议论文的能力，被称为“积极听众”“广播之友”“业余监听员”。听众收听广播后撰写的评议性文章多通过来信的方式寄送到电台，评议的内容围绕电台节目的政治倾向、内容的真实性、表述的准确性、语言的规范性、逻辑的严谨性以及主持人的专业性等方面展开。广播电台通过收集、整理并分析听评类来信，有针对性地改进广播节目。

“1953 年，中央人民广播电台组建了以‘经常收听中央台广播，评论、反映中央台广播效果’的积极听众队伍，听评工作开始从松

① 《当代中国》丛书编辑部：《当代中国的广播电视（上）》，中国社会科学出版社 1987 年版，第 182 页。

② 宋友权：《中国广播受众学》，中国广播电视出版社 1998 年版，第 186 页。

散的、零散的形式向统一管理的方向发展。”① 自此之后，全国各省市也陆续开始组建听评队伍，逐渐形成了管理规范的听评网和听评制度。“1996 年和 1997 年，中央人民广播电台连续举办了大规模的、全民参与的‘听评周’活动，收到近万封听评类来信。”② 参与听评活动的听众遍布全国各省市，涵盖各个年龄段以及各个行业。

虽然在听众中影响广泛的听评广播活动属于听众反馈行为的一种，主要影响广播节目的后续改进，而不直接参与当期节目内容的生产，但仍有部分广播节目将听众撰写的听评类来信作为内容播出。例如，中央人民广播电台针对少先队员创办的《星星火炬》节目设置了“小记者天地”专栏。该栏目曾连续四期播出陕西省渭南市临渭区三中学生郭辉、王亚维、盛艳艳、盛利斐同学撰写的听评文章。③ 由此可见，听评类来信也是广播节目内容的来源，是听众参与广播内容生产的一种表现。

（四）听众拨打热线电话

1986 年 12 月 15 日，珠江经济广播电台开播。该电台开创性地设置大板块节目、主持人直播节目，并将热线电话引入广播。以上述三个要素为核心的广播新模式被称为“珠江模式”，在我国广播行业中被广泛采用。该模式的精髓在于通过热线电话这种即时参与方式，给予听众更多参与广播内容、发表意见、评论的机会，“彻底改变了过去说教式的、单向传播的广播模式，树立了一种全新的双向、多向交流的模式”④。热线电话的引入，也使得听众参与广播内容生产的范围逐渐扩大、即时性不断增强。传统的以专业人士为主的内容生产听众群体不断向普通听众扩展。

“珠江模式”在全国范围内推广后，设置热线电话的广播节目日

---

① 宋友权：《中国广播受众学》，中国广播电视出版社 1998 年版，第 186 页。

② 宋友权：《中国广播受众学》，中国广播电视出版社 1998 年版，第 198 页。

③ 宋友权：《中国广播受众学》，中国广播电视出版社 1998 年版，第 191 页。

④ 方汉奇、丁淦林、黄瑚、薛飞：《中国新闻传播史》，中国人民大学出版社 2008 年版，第 474 页。

益增多，按节目内容的类型划分包括社会热点讨论型、思想情感交流型、传播知识竞赛型、调侃消闲游戏型四类。[①] 笔者根据以上四类热线电话节目，选择其代表性节目，分析其中听众拨打热线电话参与广播互动的表现样态。

1. 社会热点讨论型

社会热点讨论型节目是由主持人围绕社会热点问题发起讨论，邀请听众拨打热线电话发表自己意见的节目形式。该类节目不仅能够引导听众关注社会热点问题，并能使听众在拨打热线电话发表意见的同时行使舆论监督的权利。其中，最具代表性的是新闻时事类谈话节目。

1992 年 10 月 26 日，上海人民广播电台创办《市民与社会》节目。该节目每天邀请嘉宾和听众就一个新近发生的新闻事件或公共政策通过电话展开讨论，平均每年在栏目中探讨大约 250 个话题，内容涉及政治、经济、文化、体育、城市建设、环境保护等多个领域。上海市市长、上海市检察院检察长、上海市世博局副局长等官员都曾走进演播室，与市民对话。2016 年 5 月 10 日，上海市副市长白少康走进该节目演播室就“道路交通违法行为大整治”这一主题与听众展开讨论。在该谈话节目中，听众借由热线电话发表的意见是节目内容的重要组成部分，是民情上达的具体体现。听众在互动的同时完成了一部分内容生产。

此外，1992 年上海东方广播电台在其《东广早新闻》节目里设立《东方传呼》栏目。该栏目通过热线电话的方式征集听众对社会工作的意见和建议；栏目记者再根据听众的意见进行追踪采访和报道。播出 38 天，该栏目累计收到听众电话 1123 个，播出的报道反馈率达 100%。[②] “缴费网点少，给市民带来了种种不便，最近公用事业局进行了体制改革，不知新上任的领导有什么打算”“一份原该归自己的房屋产

---

① 张骏德：《当代广播电视新闻学》，复旦大学出版社 2001 年版，第 365—366 页。

② 赵腓罗：《东方电台〈东方传呼〉改版做到了——报道反馈率百分之百》，《新闻记者》1998 年第 8 期。

权，整整要了两年还没有拿到，这样的工作作风，怎么不叫老百姓心寒呢”① 等都是听众向该栏目提出的批评建议。这些内容由听众主导生产，构成了该栏目传播内容的核心。

2. 思想情感交流型

思想情感交流型节目以事业、家庭、婚恋、人际关系、法律道德等为主题，通过主持人与听众交流的方式，疏导听众在生活中遇到的思想情感类问题。此类节目不仅使听众有渠道倾诉自己的苦闷，也能通过主持人或嘉宾的理性指导给予其他听众一定的启发和感悟。而热线电话的引入，架起了主持人与听众之间沟通的桥梁，增强了此类广播节目的服务性和贴近性。

1992 年 10 月，上海东方都市广播电台《相伴到黎明·情感专线》栏目开播，每晚 0：00—6：00 直播。主持人叶沙以“应答者”“倾听者”的身份与当事人交流情感类问题。例如，在 2012 年 2 月 29 日的节目中，听众郭女士拨打栏目的热线电话倾诉自己遇到的异地恋问题，并向主持人求助该如何应对。主持人在耐心地倾听了郭女士的问题后，给予了有针对性的建议。在此类广播节目中，听众借由热线电话传递的倾诉性内容是节目的主干，而听众也是该节目的主要内容生产者。②

1993 年 3 月，北京人民广播电台创办《人生热线》节目，每周三期，每期晚上 10 点播出。该节目邀请嘉宾与主持人一起，就听众通过热线电话提出的各类生活情感问题展开咨询服务。在节目中，听众处于核心地位，倾诉烦恼，进行讨论；主持人发挥串联作用，把握节目节奏；嘉宾就观众感兴趣的问题给予回答。此外，该节目的内容也是包罗万象，兼顾理性与思想性，既敢于邀请听众讨论关于“性”的话题，也大胆地邀请道、佛、禅等方面的宗教研究专家，

① 东新：《“东方传呼”：传递百姓声音——记全国先进工作者、上海东方广播电台主持人袁家福》，《中国记者》2000 年第 10 期。

② 闻罡：《广播情感类谈话节目的人本关怀——从〈相伴到黎明·情感专线〉和〈叶文有话要说〉谈起》，《新闻世界》2013 年第 6 期。

从宗教角度指导听众理解和认识“人生解脱”问题。与此同时，该节目还曾在周末设立“周末婚恋”版块，让听众以节目为平台，通过热线电话的方式与其他听众在交流的过程中相识。① 该节目通过不同的话题、不同的形式，邀请听众通过热线电话的方式参与节目的讨论和互动，给予了听众广阔的进行内容生产的平台。

与上述两档节目类似的广播情感谈话节目还有中央人民广播电台的《星星夜谈》、上海人民广播电台的《中学生热线》、黑龙江人民广播电台的《叶文有话要说》等。思想情感交流型节目是热线电话引入广播节目后最突出的一类表现形式。这类节目以听众倾诉为主，以节目主持人和嘉宾疏导为辅，形成了以听众为核心的内容生产体系。

3. 传播知识竞赛型

传播知识竞赛型节目是在广播节目中引入知识竞赛环节，邀请观众拨打热线电话进行有奖竞猜的一类节目。竞赛内容涉及政治、经济、文化、社会生活等各个方面。但此类节目在报纸和电视中出现的较多，且属于一种代表性的栏目或节目类型。而在广播中，此类节目多为日常节目中增设的环节，是配合节目主题的补充内容，有效地增强了广播听众的参与性。

1991 年 9 月 30 日，上海人民广播电台创建了交通信息台，揭开了我国广播交通频道发展的序幕。直至今日，在广播备受互联网冲击的态势下，主打上下班高峰为开车人群提供信息服务的交通广播，仍是广播媒体的优势之一。而在主打服务性和贴近性的交通广播中，传播知识竞赛型节目是一种颇具特色的节目类型。例如，山西交通广播为开展建党 90 周年庆祝活动，于 2011 年 6 月 1 日至 6 月 30 日在全天 8 档节目中设置“首届交通安全知识有奖竞答”环节，邀请听众拨打热线电话参与节目答题，并给予一定的奖励。

此外，在其他类型的广播电台中，也有一些代表性的传播知识

---

① 王艳：《〈人生热线〉的节目特色》，《现代传播》1993 年第 6 期。

竞赛型节目。例如，2017 年 3 月 27 日至 29 日，广西柳州综合广播电台为庆祝“广西三月三假期”增设“我爱广西三月三”广播有奖问答特别节目，每天上午 8：30—9：00 和下午 5：00—5：30，分两个时段接听听众的热线电话，进行知识竞答。以上述两档节目为代表的传播知识竞赛型节目，虽然不属于典型的广播节目类型，却是一种由广播电台提供知识竞赛类内容，由听众提供答案类内容，双方合作完成广播节目内容生产的表现形式。

4. 调侃消闲游戏型

调侃消闲游戏型节目是以文化娱乐为主要内容，通过热线电话的方式与听众互动，进一步满足听众的文化娱乐需求的节目形式。在此类节目中，听众借助热线电话参与互动的方式主要包括热线电话点播歌曲、热线电话参与游戏/活动、热线电话参与话题讨论三类。

歌曲点播的听众参与方式在我国广播电台诞生之初就已经出现，并一直延续至今。热线电话引入广播节目之后，广播音乐节目大量增设音乐点播环节，让普通听众有机会选择自己喜欢的音乐播放。例如，1999 年，浙江人民广播电台音乐频道曾推出点播节目《热线你和我》。听众通过拨打节目的热线电话，为自己或为朋友、家人点播歌曲，送上祝福。点播赋予了听众进行内容选择的权利，是听众参与广播内容生产的一种表现。

此外，文化娱乐类广播节目也设置了多种游戏或活动环节，邀请听众通过热线电话参与其中。例如，山西综合广播电台每晚 9：00—10：00 播出的文化节目《玩转飞花令》，就邀请听众朋友拨打热线电话，与嘉宾一起探讨文学知识、朗读诗歌或经典文章。无论是 7 岁的小听众还是年过花甲的老年听众都积极参与到节目的朗诵环节中。听众借助此节目平台，不仅获得了展示自己的机会，也为节目提供了一系列优秀的文学作品朗诵类内容。除了参与节目中设置的活动外，也有听众通过热线电话参演广播节目。例如，1993 年 4 月，青岛人民广播电台创办的大版块节目《星期天大篷车》中设有《广播参与小品》节目，每周一期。该节目“由小品演播人员在直播间直接播出，听众可以用热线电话参与演播，演员与听众直接对话共同完成一个作品的演播”①。听众在该节目中既是编剧也是演员，直接参与内容生产。

而在文艺评论类节目中，听众也有机会通过热线电话，就主持人播讲的主题发表自己的意见。例如，中央人民广播电台文艺之声频道的《文艺大家谈》节目，每期选择近期热播的文艺作品与嘉宾和听众共同讨论。在2017年7月28日的节目中，《文艺大家谈》选择了当时热播的家庭伦理剧展开讨论。大量听众拨打热线电话发表自己对此类影视剧的喜爱和意见。与社会热线讨论型节目中的听众意见表达不同，听众在文化娱乐类节目中大多采用调侃、消闲的方式表达自己的意见态度。

得益于电话在日常生活中较高的普及率，热线电话被引入广播，成为听众参与广播内容生产的重要途径。无论是通过点播的方式参与内容选择，还是通过发言、参演的方式直接提供内容，热线电话都推动听众参与办广播的程度进一步加深。而听众在广播传播中也逐渐扭转了单纯的信息接收者的身份，在一定程度上扮演着内容生产者的角色。

广播作为早期的电子媒体，以其高伴随性深入社会生活，成为继报纸之后又一类代表性大众传播媒体。该媒体自诞生之初就出现了听众参与广播内容生产的形式，后于20世纪50年代开始日渐丰富。参演内容、担任通讯员、撰写听众来信、拨打热线电话等广播中听众生产内容的表现形式在包括选题、呈现、反馈在内的广播内容生产的各个环节都发挥着重要作用。听众参与广播内容生产不仅能丰富广播内容，满足繁荣发展时期广大听众多样化的信息需求，也能给予听众一定的平台和机会，使其在参与办广播的同时体会广播的贴近性和服务性。

---

① 吴刚：《知识·欣赏·参与——介绍青岛台〈星期天文艺大篷车〉节目》，《中国广播电视学刊》1997年第9期。

第二节　电视中的观众生产内容

电视“是运用电子技术传播声音和图像的新闻传播工具”，是电视广播的简称。“它具有影像、声音、色彩兼备，图文并茂，远距离传送，不受文化、年龄限制等优点，面向社会、深入家庭展开传播。”① 与依赖文字传播的报纸和依赖声音传播的广播不同，电视自诞生以来就综合运用多种传播符号报道新闻、提供娱乐、传播知识、服务社会，并以其高参与性和互动性，吸引了大批观众参与到电视的内容生产中来。

1958 年 5 月 1 日，我国第一家电视台北京电视台开始试播，自此揭开了我国电视事业发展的序幕。此后，上海电视台、哈尔滨电视台、天津电视台、广东电视台、吉林电视台等相继开播。全国电视机持有量也由起步阶段的 32 台增长到 50 年代末的 17000 台。1978 年以后，经历了国民经济困难时期以及“文化大革命”时期的撤台、停播和错误发展，中国电视事业进入了全面振兴的新阶段。电视不仅实现了由黑白向彩色的过渡，“四级办电视、四级混合覆盖和卫星覆盖全国”的方针也推动着电视广播网向全国延伸和普及。20 世纪 90 年代，我国电视迎来了发展的巅峰时期。电视制作及传播技术不断提升；电视台数量、节目套数及播出时长大幅增加；电视内容日益丰富、多样化，自制节目增多；制播分离的内容生产模式逐步推广。截至 2000 年底，我国电视的综合覆盖率已经达到 92.5%。② 电视真正成为这一时期我国大众传播媒体的核心。

---

① 程曼丽、乔云霞：《新闻传播学辞典》，新华出版社 2013 年版，第 208 页。

② 方汉奇、丁淦林、黄瑚、薛飞：《中国新闻传播史》，中国人民大学出版社 2008 年版，第 484 页。

表 2-2　　我国电视广播基础设施发展简况

项目	统计单位	1986 年	1996 年	2008 年
电视台	座	292	344	277 + 2069 + 45
电视发射台和转播台	座	15177	40866	18490
电视人口覆盖率	%	71.40	86.22	96.95
行政区域有线电视台	座	无统计	500 多	无统计
有线电视家庭入户数	万户	无统计	5000 多	16398 + 4528 + 449
有线电视入户率	%	无统计	无统计	41.63

资料来源：陆晔、赵民：《当代广播电视概论》，复旦大学出版社 2010 年版，第 43 页。

“节目是电视机构播出内容最基本的组织形式、播出形式和构成单元。”① 中国电视事业发展的历史也是电视节目日益丰富的历史。1958 年 5 月 1 日，北京电视台开播当天播出的节目只有“工农业先进生产者和农业合作社主任谈话、新闻纪录片《到农村去》、科学教育片《电视》和诗朗诵和舞蹈等”②。如今，中国电视节目已经形成了以新闻类、社教类、文艺娱乐类、服务类为主的种类多样、形态多元的体系。在各类电视节目中，观众参与内容生产的形式和数量也日益增多。参演节目、担任通讯员、拨打热线电话和撰写来信等广播中听众生产内容的形式不仅在电视中依然存在，而且呈现出多种融合、参与度更强、更具形象性等新的特点。本节，笔者以节目这一电视内容基本的构成单元为切入点，选择代表性的节目为分析对象，探讨每类电视节目中观众生产内容的表现样态。

在此需要特别说明的是，随着电视节目日益多元化以及观众群体不断壮大，我国从 20 世纪 80 年代开始探索“节目栏目化”的发展策略。“所谓节目栏目化，就是把同一内容或同一风格的节目归为一个栏目，安排在固定的时间内播放，使其有一个固定的名称和时间长度，便于观众观看和节目编排。”③ 虽然将电视节目按栏目的方

① 陆晔、赵民：《当代广播电视概论》，复旦大学出版社 2010 年版，第 160 页。

② 《当代中国》丛书编辑部：《当代中国的广播电视（下）》，中国社会科学出版社 1987 年版，第 8 页。

③ 陈国钦、夏光复：《电视节目形态论》，中国传媒大学出版社 2006 年版，第 2 页。

向发展成为我国电视行业的主流，但节目仍是电视内容的基本构成单元。因此，为了兼顾行业惯例和本节的研究对象，笔者在论述具体案例时使用“栏目”来界定电视内容，其他部分使用“节目”来界定电视内容。

一　新闻类节目中的观众摄录或评论

“新闻类节目是用电视手段对新近变动或发生、发现的事实的报道或评论，是电视屏幕上播出的各类新闻性节目的总称，是一般电视台的主体、骨干节目。根据电视新闻对事实的不同表述形式和处理方法，电视新闻节目可以分为消息类新闻节目、专题类新闻节目、评论类新闻节目。”① 其中专题类新闻节目还包含电视专访、电视演讲等类型的节目。在以上三类电视新闻节目中，观众参与内容生产的形式主要包括担任通讯员报道新闻，通过热线电话、来信等方式爆料以及作为现场观众发言三类。

（一）观众担任通讯员报道新闻

依赖业余通讯员采写、采播新闻不仅是我国报纸新闻生产和广播新闻生产的传统，也是电视新闻生产中为丰富新闻内容、满足观众多样化新闻需求的必要之举。但由于电视以图像为主要传播符号，其新闻生产对技术条件和专业水平要求较高。因此，观众担任通讯员不仅需要拥有专业化的录像设备，还需具备一定的新闻发现和采集能力以及新闻摄像和编辑能力。

1. 传统消息类新闻节目中的通讯员

受技术水平限制，我国电视新闻节目创办之初大多从观众中选择具有一定专长的人才聘为特约通讯员辅助专业记者的新闻生产。这些特约通讯员由电视台提供摄影机，经过专业培训后，根据电视新闻节目的要求采集并拍摄当地新闻。20 世纪 70 年代末 80 年代初，我国军事、科研、高校、公安等机构也相继拥有了录像设备。电视

---

① 欧阳宏生：《广播电视学导论》，四川大学出版社 2007 年版，第 212 页。

台开始与这些机构建立联系，培养通讯员负责相关领域的新闻报道。当时，中央电视台约一半的军事新闻是由部队通讯员提供的。① 此外，随着我国电视的传播范围不断扩大，电视台也逐步建立起业余通讯员队伍，尤其是在各区县和农村培养社区通讯员和农民通讯员，负责不需要影像的口播新闻的采写，以及向电视台提供有价值的新闻线索。②

20 世纪 90 年代以来，我国录像设备的普及率不断提升，能够借助专业摄像设备进行电视新闻采集、拍摄的通讯员的数量也不断增加，并在电视消息类新闻报道中发挥了重要作用。中央电视台的《新闻联播》节目是我国消息类新闻节目的代表。该节目创办于 1978 年元旦，原名《全国电视台新闻联播》，旨在向全国观众快速、形象地提供国际、国内的重要新闻。在内容生产上，《新闻联播》动员全国各电视台的内容生产队伍共同办节目，要求各省、自治区、直辖市电视台作为中央电视台的集体记者，向其提供新闻。③ 而各地区电视台的通讯员队伍也响应号召，为《新闻联播》提供了大量的新闻内容。

除了中央电视台的《新闻联播》以外，以北京电视台的《北京新闻》、上海电视台的《新闻报道》以及湖南卫视的《湖南新闻联播》为代表的各省市电视台的消息类新闻节目在内容生产中也广泛发挥了通讯员的作用，有效地采集了大量有价值的地区新闻和行业新闻，丰富了消息类新闻节目的内容，增强了新闻内容的贴近性和指导性。

2. 民生新闻节目中的 DV 通讯员

2002 年 1 月 1 日，江苏广播电视总台城市频道创办的《南京零

---

① 《当代中国》丛书编辑部：《当代中国的广播电视（下）》，中国社会科学出版社 1987 年版，第 158 页。

② 《当代中国》丛书编辑部：《当代中国的广播电视（下）》，中国社会科学出版社 1987 年版，第 158—159 页。

③ 《当代中国》丛书编辑部：《当代中国的广播电视（下）》，中国社会科学出版社 1987 年版，第 158—159 页。

距离》节目开播。该节目以“立足南京、面向全省”为基点，以“民生的内容、民生的习尚、平民的视角”为定位[①]，开播第 2 周就进入了 AC 尼尔森南京地区的排行榜，第 36 周就跻身排行榜第一名[②]。《南京零距离》的出现，引发了我国电视民生新闻的浪潮。受其影响，南京地区先后出现了《1860 新闻眼》《直播南京》《服务到家》《法制现场》《标点》六档民生新闻节目。广州电视台、湖南经济电视台、安徽电视台等全国各省市电视台也相继创办了民生新闻节目《新闻日日睇》《都市一时间》《第一时间》等。

目前，学界和业界关于民生新闻的界定还有很多争议。侯迎忠综合各方观点将电视民生新闻界定为“地方电视媒介为应对市场竞争、服务受众而首创的一种新闻运作模式，更深层次上反映出以平民化为先导，以记录百姓生活状态、生存问题、现实需求、情感困惑为主体内容，以人文关怀和社会责任为基本准则的新闻传播模式与传播理念”[③]。民生新闻的出现，打破了传统消息类新闻节目以硬新闻为主的内容特色，将新闻报道的视角转向具有贴近性的日常生活。

为配合民生为主的内容特色，《南京零距离》聘用了大量民间信息员采集民生新闻，被称为民间 DV 通讯员。他们利用家用 DV，游走于大街小巷，捕捉新近发生的民生新闻素材供节目报道。节目组也制定了相应的奖励机制，确保 DV 通讯员内容生产的积极性和持续性。截至 2013 年，《南京零距离》签约的百姓摄影师有 100 余名，注册的有上千人。该节目利用这只庞大的民间 DV 通讯员队伍，将内容生产的权利交给观众，促使节目内容更符合民生视角，也更能满足观众的民生类新闻信息需求。除担任 DV 通讯员外，也有大量观众通过热线电话或来信的方式向节目提供新闻线索，供其调

① 魏南江：《优秀电视节目解析》，中国传媒大学出版社 2014 年版，第 243 页。

② 魏南江：《优秀电视节目解析》，中国传媒大学出版社 2014 年版，第 244 页。

③ 侯迎忠：《媒介与民生　电视民生新闻的理论与实践》，中国传媒大学出版社 2008 年版，第 32 页。

查报道。

与此同时，为了增强节目的互动性和参与性，《南京零距离》还开设了“观众热线”和“现场调查”环节，让观众通过拨打热线电话，就节目讨论的话题发表自己的意见。例如，该节目发起的“长江大桥的收费站该不该投诉”的话题就吸引了上万名观众拨打电话参与讨论。[①] 观众向节目组提供重要的言论性内容供其播出，也是观众参与节目内容生产的一种表现。以 DV 通讯员为代表的观众生产内容的表现形式在我国各个民生新闻节目中被广泛应用。这类新闻节目有效地利用了我国摄像设备普及率高的技术优势，邀请越来越多的普通观众参与到电视新闻节目的采播与讨论中来，将观众作为其内容生产的主力军，促使观众生产内容的应用范围逐步由有限走向广泛。

（二）评论节目中的观众爆料

在电视新闻类节目中，评论节目作为另一种重要的节目类型，也在内容上关注民众普遍关心的社会热点问题，并通过评论的方式有效地引导观众对热点问题的态度和意见。为了让节目内容及评论更具贴近性和针对性，部分新闻评论类节目采用让观众爆料、提供线索的方式来选择并制作节目内容。

1994 年 4 月 1 日，中央电视台新闻评论部制作并播出了以深度报道为主、以舆论监督见长的电视新闻评论栏目《焦点访谈》。该栏目旨在“用事实说话”，通过追踪报道时事热点问题，分析新闻背景，对大众关心的话题进行评说。《焦点访谈》是在我国社会转型、矛盾凸显时期创办的，栏目内容以“曝光性”的批评报道为主，是观众民情上达、进行舆论监督的有效手段。据该栏目制片人余利伟介绍，“观众通过来信、来电、寻呼、短信、电子邮件等方式向节目提供的线索是该栏目选题的主要来源。在 2005 年《焦点访谈》第一季度的评奖中，获奖节目中 70% 的选题都来源于观众提供的原创性

① 魏南江：《优秀电视节目解析》，中国传媒大学出版社 2014 年版，第 247 页。

线索"[①]。通过接收观众提供的线索并对其进行追踪报道，《焦点访谈》有效地解决了观众关心的大量现实问题，被亲切地称为"焦青天"。

与《焦点访谈》的内容风格类似，中央电视台早在 1980 年就创办了第一个新闻评论性栏目《观察与思考》，开创了此类节目"民生视角"的传统。此后新闻杂志类栏目《东方时空》也曾开设名为《焦点时刻》的子栏目，发挥了较好的舆论监督作用。"取材于观众"的做法也是以《焦点访谈》为代表的新闻评论类节目重视大众需求、服务大众的具体体现。除了通过爆料的方式让观众参与内容生产外，还有一些新闻评论类节目邀请知名专家、学者以及普通观众到节目中，围绕社会热点问题直接发表评论作为内容播出，被称为"电视论坛"、"群众专访"或"电视专访"。[②]

（三）新闻谈话节目中的现场观众发言

"电视谈话节目，通常是由主持人、嘉宾或者观众组成主体'谈话场'，通过电视媒介的中介传播，围绕某一主题展开即兴或半即兴的讨论。"[③] 新闻类电视谈话节目则是主持人、嘉宾或观众围绕新近发生的事件、热点问题展开讨论的一种节目类型。因新闻类电视谈话与电视专访、电视演讲等以发言为主的专题类新闻节目类似，笔者将其归为专题类新闻节目的一种。在专题类新闻节目中，现场观众在谈话节目中发言是观众生产内容的突出表现形式。

1993 年 1 月，东方卫视创办了中国大陆第一个直播谈话栏目《东方直播室》。栏目内容以新闻时事、公共事务等硬新闻话题为主，邀请观众来到演播室与主持人和嘉宾共同展开讨论。该栏目"第一次把'演播室受众'这个特殊的受众群体放在了与主持人和嘉宾同等重要的地位"[④]。现场观众发表的言论也是观众作为与主持人和嘉

---

① 胡智锋：《中国名牌电视栏目解析》，学苑出版社 2006 年版，第 8 页。

② 《当代中国》丛书编辑部：《当代中国的广播电视（下）》，中国社会科学出版社 1987 年版，第 37 页。

③ 徐舫州、徐帆：《电视节目类型学》，浙江大学出版社 2006 年版，第 56 页。

④ 陆晔、赵民：《当代广播电视概论》，复旦大学出版社 2010 年版，第 239 页。

宾同等重要的内容生产者为栏目贡献的内容。2010年，该栏目改版后重新播出。栏目邀请新闻当事人到节目现场讲述事件经过，将嘉宾分为正反两方展开讨论，邀请现场观众围绕话题内容投票或发表自己的意见。此外，场外观众也可以通过网络或手机参与栏目话题讨论发表意见。以2012年12月11日的《东方直播室》为例，主持人邀请嘉宾和观众根据新近发生的“国考人数激增”的现象，进行题为“年轻人该不该重拾‘铁饭碗’”的讨论。现场2000多名观众通过投票表达了自己的意见。刘存洋（学生）、杨爱全（一位父亲）、陈燕（网店店主）等五位现场观众先后结合自己的经历发表了不同的意见。

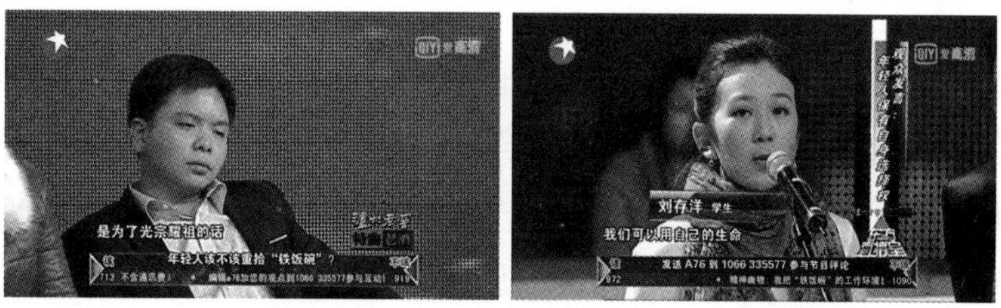

图2-2　2012年12月11日《东方直播室》节目中观众参与方式和现场观众发言的画面

1996年3月16日，以社会生活、情感等软新闻话题为主要内容的谈话栏目《实话实说》在中央电视台开播。该节目效仿西方“Talk show”节目的模式，以主持人的风趣幽默、善于倾听以及观众的积极参与为特色，将现代谈话节目的理念运用于节目制作中，推动着我国电视谈话节目逐渐走向成熟。在《实话实说》栏目中，观众的积极参与主要体现在选题的社会化、嘉宾的平民化以及观众的多渠道讨论三个方面。该栏目的内容以观众普遍关注的社会热点话题为主，邀请观众通过来信、来电等方式提供选题。栏目邀请的嘉宾大多是普通人中具有新闻性和专业背景的人群，允许观众自荐担任嘉宾。此外，栏目在每期结束之后公布下一期的选题，让观众报名参与现场讨论。栏目组设置外联人员专门负责观众的选拔，确保观众对当期节目内容具有较高的兴趣度。

以具体节目为例，该栏目 1993 年 11 月 3 日播出的《夫妻是否需要一米线?》的节目选题就是由一位来自河北的观众提供的。[①] 天津蓟县官庄乡砖瓦窑村农民孙军华就曾作为嘉宾参与 1996 年 11 月 10 日播出的《结婚的钱由谁来出?》节目的录制。[②] 此外，在 2000 年 5 月 14 日《实话实说》播出的题为《大卫正传》的节目中，参与谈话的嘉宾是一位在中国教书的美国老师丁大卫。现场观众围绕中美教育问题与嘉宾展开讨论。身为普通人的嘉宾与现场观众共同参与到节目内容的生产中来，成为节目的内容生产者之一。笔者截取部分谈话内容展示电视谈话节目中观众生产内容的具体表现。

主持人：你们是不是也有一肚子的问题？现在咱们连珠炮似的向他发问，好不好？谁想说，举手示意我。

观众一：丁校长您好，我的问题是这样的，目前学生认为现在的减负，如果确实减负的话，他就会考不上重点的高中和重点的大学，而上一些普通大学，对于他今后的工作、生活都有一定的影响，您认为怎么看？谢谢！

大卫：问题挺大，这个问题特别严重，跟美国相比，美国不需要什么减负，因为本来我们的负不是很重，我认为在中国全国都是很重的，压力特别大，要减负，在我们学校，我现在我希望我们上课的时间少一些，让上课的时间更有价值，我觉得是最必要的。

观众二：刚才你介绍了你的教学，我真希望我女儿也是您班的一个学生，但是我不知道你知道不知道，在中国是有教学大纲的，你这么宽松地教学，是不是违反了中国的教学大纲？

大卫：没有办法避免什么分数、大纲、统考，这个还是必走之路。

观众三：你好，像你这样一个美国青年，在美国你是不是也很

---

① 乔艳琳：《实话实说的实话》，上海文化出版社 1999 年版，第 45 页。

② 乔艳琳：《实话实说的实话》，上海文化出版社 1999 年版，第 45 页。

特殊呢？

大卫：我认为在美国并不特殊，我认为在中国也不怎么特殊的，如果我是黄种人，是一个中国人，可能没有什么，不会引起别人的兴趣的，不会被请到《实话实说》栏目来做嘉宾了。

观众四：我想问一下丁校长，就说你作为一个教育工作者，你觉得教育工作者的职责，可能也是教书育人，你觉得教书重要，还是育人重要？

大卫：两个都是很重要的，对社会来说教书很重要的，对个人来说，就是育人最重要的，一个人懂事，一个人懂道理，一个人应该做什么事情，一个人能够为社会做一些好事情，你不犯罪还是第一的，但是这个特别美国化了，我觉得。我们非常注重个人，个人的素质，要培养个人的能力，要强调个人对社会的理解。

观众五：你好，我想问问丁老师，在您看来，中国学生的学习和美国学生的学习在学习方式和学习方法上，最大的不同是什么？而且造成这种不同的原因在哪里？

大卫：有多大的差别？有时候不好比较，在美国我们要看一个人能不能参与，能不能有自己的想法，从来都不背什么东西，从小学背一首诗，我可能没背过，也背课文，不是我们看课文，懂课文的道理，看这个道理，然后你能不能写出来同样的道理，或者能不能用这个道理来分析另外一个问题，我们要的是这种能力。中国的学生必须背。全国都是一套教材，全国都是一个考试。①

与《东方直播室》和《实话实说》类似，中央电视台的《对话》、广州电视台的《羊城论坛》以及山东电视台的《社会话题》等也是邀请观众参与内容生产的新闻类电视谈话节目的代表。在新闻类电视谈话节目中，参与发言的观众作为节目中的重要组成部分，不再是被动的信息接收者，而是具有与主持人和嘉宾同等地位的内

① 节选自《实话实说》栏目中《大卫正传》节目的访谈录，https：//www.6ccn.com/article-1682259－1.shtml，2018年4月12日。

图 2－3　2000 年 5 月 14 日，《实话实说》节目中嘉宾与现场观众谈话的画面

容生产者。其发言的内容也是节目内容中不可或缺的一部分。这与消息类新闻节目中，作为被采访对象发言的观众不同。后者因与具体的新闻事件相关才接受采访，为电视节目提供信息或发表意见。这种行为仍属于在专业内容生产者指导下的被动的信息提供，而不是像新闻类电视谈话节目中的现场观众一样，具有主动的内容生产意愿和生产行为。因此，笔者将观众在新闻类电视谈话节目中的发言作为观众生产内容的一种表现形式。

二　教育服务类节目中的观众播讲与互动

电视教育服务类节目主要包括教育类节目和服务类节目两类。其中教育类节目又分为教学节目和社会教育节目。在社会教育节目中，除常规的以传授知识为主要内容的节目外，对象性节目、纪录片、专题片等也是此类节目的表现形式。受教育类节目内容专业性的影响，观众参与内容生产的方式主要表现为社会教育节目中的专家观众撰稿、播讲以及对象性节目中的观众来信投稿、观众来信互动；专门的教学节目中还未出现观众生产内容的现象。而服务类节目作为一类"为观众的生活、工作和学习提供直接、具体服务"①的节目，因其内容与观众生活的高度相关性，也通过观众来信和热线购物的方式让观众参与到内容生产中来。

① 欧阳宏生：《广播电视学导论》，四川大学出版社 2007 年版，第 218 页。

（一）社教类节目中的专家观众撰稿、播讲

社教类节目是“通过丰富多彩的形式向人们传授政治、经济、科技、文化、法律等方面的知识，宣传某种思想，提倡某种价值观的一类节目形式”①。与广播中的知识节目类似，电视社教类节目因其内容的专业性需要借助社会力量共同完成内容生产，即邀请相关领域的专家学者为节目撰稿或邀请其走入演播室进行播讲，完成节目录制。1960 年，中央电视台就相继创办了社教类节目《科学知识》和《医学顾问》。吴阶平、张晓楼、吴桓兴等多位医学专家参与了节目播讲。“1963 年底，中央电视台与中国科学家协会和中华医学会合作成立了‘科学广播委员会’‘医学广播委员会’。协会中的专家帮助电视台研究科学知识节目的方针性问题，并提供节目选题、撰写稿件、播讲节目内容。”② 1961 年初，中央电视台又创办了文化知识类节目《文化生活》。来自文化部电影局、国家文物局、北京大学、中央美术学院、故宫博物院、中国历史博物馆等多家机构的专家都曾为该栏目撰稿。③ 此外，央视创办的以国际知识为主要内容的《国际知识》节目也采用专家撰稿的形式完成内容生产。1978 年以后，我国各省市电视台也依靠社会力量创办了一系列以知识普及为宗旨的社教类节目，例如，陕西电视台的《科技窗口》、安徽电视台的《卫生与健康》、上海电视台的《医学顾问》等。

1999 年 1 月 2 日，中央电视台第一档法制栏目《今日说法》开播。该栏目以“重在普法、监督执法、促进立法、服务百姓”为宗旨④，每期播放一个近期发生的具有代表性案例，并邀请法律界的专

---

① 欧阳宏生：《广播电视学导论》，四川大学出版社 2007 年版，第 213 页。

② 《当代中国》丛书编辑部：《当代中国的广播电视（下）》，中国社会科学出版社 1987 年版，第 52 页。

③ 《当代中国》丛书编辑部：《当代中国的广播电视（下）》，中国社会科学出版社 1987 年版，第 159 页。

④ 孙宜君、吴竞韡：《电视名牌节目读解》，北京师范大学出版社 2016 年版，第 277 页。

家对案例进行针对性分析和讲解。观众通过节目中的真实案例以及嘉宾的解析，既获得了法律知识，也为自己的生活提供了指导。在这档社教类节目中，参与案例评析的专家嘉宾是节目社教性和专业性的重要保障，其给予的专业分析和建议为节目贡献了有价值的内容。例如，在 2017 年 8 月 5 日播出的《今日说法》节目中，中国卫生法学会南方医科大学卫生法学国际研究院院长河山就作为嘉宾参与了节目录制，对节目中播出的关于“遗腹子”的案例进行了分析。

图 2-4　2017 年 8 月 5 日《今日说法》节目中嘉宾发言的画面

2001 年 7 月 9 日，中央电视台科教频道创办并播出了一档以名师讲座为主要内容的社教类栏目《百家讲坛》。该栏目经过一定时期的试播调整后，确立了以历史文化和中外文学为主的内容定位，邀请清史学者阎崇年讲《清十二帝疑案》、厦门大学教授易中天讲《品三国》、红学研究家刘心武评《红楼梦》、北京师范大学教授于丹讲《论语》等。节目内容深入浅出，融学术性于趣味性和悬念性之中，在观众中引发了强烈反响。该节目将专家学者作为主要的内容生产者，发挥其专业特长，为节目撰稿、播讲，是电视观众中的专业群体参与内容生产的一种突出表现形式。

目前，全国各省市电视台创办了形式多样的社教类节目。在这

图 2－5　刘心武、易中天在《百家讲坛》栏目中播讲的画面

类节目的内容生产中，观众中的专家群体除了为节目撰稿和播讲外，还为电视台举办的各类以科普为目的的竞赛节目编写竞赛题目。而普通观众则通过多种方式参与到这些社教类竞赛节目的比拼中来，成为节目中的一员。他们在参赛的过程中不仅为节目贡献了内容，也获得了更多的知识。

（二）对象性节目中的观众多元互动式生产

对象性节目是“指针对特定的受众对象、根据其特殊需求开办的节目”①。该类节目以服务特定的对象群体为宗旨，融知识、服务、新闻、娱乐等方面的信息为一体，力求对群体性观众进行针对性指导和教化，“具有‘社教的目的、综合的题材’的特征”②。目前，我国代表性的对象性节目有老年节目、少儿节目、女性节目、农民节目、军人节目等多类。由于对象性节目的内容丰富、题材多元，主要表现为多板块节目融合的形式。受此影响，各个板块也根据其内容特色，给予了观众参与内容生产的机会。在对象性节目中，观众参与内容生产的方式呈现出形式多样、在互动中生产的特点。

1993 年 10 月 11 日，中央电视台第一档老年栏目《夕阳红》开播。该栏目设置了《关注夕阳》《祝您健康》《不老人生》《生活新视窗》《潇洒走四方》《相约夕阳红》《爷爷奶奶动脑筋》七个子栏目。

---

①　陆晔、赵民：《当代广播电视概论》，复旦大学出版社 2010 年版，第 164 页。

②　欧阳宏生：《广播电视学导论》，四川大学出版社 2007 年版，第 214 页。

栏目内容涉及社会新闻、健康知识、生活服务、人物专访、旅游风光、知识竞赛等多个方面。在这些子栏目中，观众可以通过投稿或参加竞赛等方式参与到栏目的内容生产中来。例如，2003 年 3 月 9 日，《夕阳红》栏目在《爷爷奶奶动脑筋》子栏目中举办以妇女节为主题的竞赛。邀请两位爷爷奶奶作为嘉宾参加竞赛，完成节目录制。在 2012 年 2 月 10 日播出的《夕阳红》节目中，观众杨春芳阿姨向《精彩一瞬》投稿的照片被节目选中并播出。阿姨通过与刘翔合影的方式寄语新一代体育人，展现了老体育人的精神风貌。在该栏目中，老年人不仅是观众也是为栏目贡献内容的生产者，无论是作为栏目嘉宾还是为栏目投稿，都促使该栏目的内容更贴近老年观众的需求。

图 2-6　2012 年 2 月 10 日《夕阳红》栏目中播出观众杨春芳投稿的照片

1995 年 6 月 1 日，中央电视台又创办了一档针对 3—14 岁儿童的大型杂志型栏目《大风车》。该栏目由《风车大问号》《风车互动》《大家一起来》《风车游戏大火拼》《风车故事汇》《风车英雄》《风车棒棒糖》等子栏目组成。栏目注重儿童观众的参与性，通过有奖问答、表演、互动、玩游戏等方式让观众参与到栏目的内容生产中来。以2009年第96期的《大风车》节目为例，在这期节目中，主持人不仅邀请观众通过来信或来电的方式参与题为“世界环境日是哪一天”的有奖竞猜，还在“快乐一天”子栏目中邀请信阳儿童参与户外游戏比拼，共同完成节目录制。此外，在该期《风车棒棒糖》子栏目中，现场的儿童观众作为栏目的核心，在主持人的指导下进行了风格各异的自我介绍。一期30分钟的《大风车》栏目，融知识、游戏、互动于一体，将儿童观众作为栏目的核心，让他们在互动的过程中为节目生产了大量有价值的内容。

图2－7　2009年第96期《大风车》栏目中观众参与内容生产的表现形式

除以上两个代表性的老年节目、儿童节目外，在以《半边天》为代表的女性节目、以《第二起跑线》为代表的中学生节目以及以《乡村发现》为代表的农民节目中，观众都有机会通过各种互动方式参与节目的内容生产。这种让观众参与办节目的方式有效地契合了对象性节目的服务性、贴近性和针对性，更好地发挥了其寓教于乐的作用。

（三）服务类节目中的观众来信与热线购物

服务类节目是我国最早诞生的节目类型之一，主要包括指导型服务节目和广告型服务节目两类。[①] 北京电视台自开播以来，就创办了《实用知识》《气象预报》《节目预告》等服务类节目。1960年，该电视台又陆续创办了《摄影爱好者》《新书架》《生活知识》等节目。[②]

---

① 欧阳宏生：《广播电视学导论》，四川大学出版社2007年版，第219页。

② 《当代中国》丛书编辑部：《当代中国的广播电视（下）》，中国社会科学出版社1987年版，第117页。

与对象性节目的宗旨类似，服务类节目也从观众的实际需求出发，力求通过节目里展现的内容帮助广大观众解决生活中遇到的各类问题。因此，为了达到题材的贴近性，服务类节目大多采用向观众征集主题的方式来完成内容生产。

1978 年 8 月中央电视台推出了综合性服务栏目《为您服务》。该栏目的主题大多从观众通过来信反映的情况和问题中筛选而来，以便栏目内容更好地服务观众。栏目设置“答观众问”环节，在节目现场回答观众普遍关心的问题。此外，该栏目还曾在“请您参加”环节中举办“绒线帽编织大赛”、“时装设计比赛”和“节日家宴邀请赛”，引发了观众的广泛参与。[①] 获奖的作品、菜谱等也作为节目内容播出，为观众提供指导。与之类似的服务类节目还有广东电视台的《家庭百事通》、上海电视台的《生活之友》、云南电视台的《电视与观众》等，大多从观众来信中甄选节目话题。

此外，广告型服务节目作为电视媒体市场化发展以来一种必不可少的节目类型，在发挥商业价值的同时，也为观众购物提供了信息服务和指导。尤其是电视购物节目的出现，让观众在单纯接受广告信息的同时也能通过热线购物的方式参与节目互动。目前，中央电视台、上海东方卫视、湖南电视台、江苏电视台等全国各家电视台纷纷创建了购物频道播出电视购物节目。此类节目在直播的同时让观众拨打热线订购其推荐的产品，而观众通过电话表达的购买意愿也成为带动其他观众产生购买行为的有利信息。

随着服务类节目的形式日益丰富，指导型服务节目开始与广告型服务节目相结合，呈现出一种综合型服务节目的发展态势。2010 年 1 月 24 日，湖南卫视与其购物频道快乐购旗下的子公司联合推出一档美妆节目《我是大美人》。节目邀请普通观众参与其中接受美妆达人的形象改造；各类达人在改造的同时向观众介绍一系列实用的

---

① 《当代中国》丛书编辑部：《当代中国的广播电视（下）》，中国社会科学出版社 1987 年版，第 117 页。

化妆、着装和美发技巧，并推销相关产品。观众在看节目的同时可以通过官方购物平台购买相关产品。这种集信息服务、产品推广、线下购物于一体的节目形式有效地改善了传统电视购物节目单一的推销式呈现方式，让普通观众在参与节目录制的同时获得了更多的服务信息。

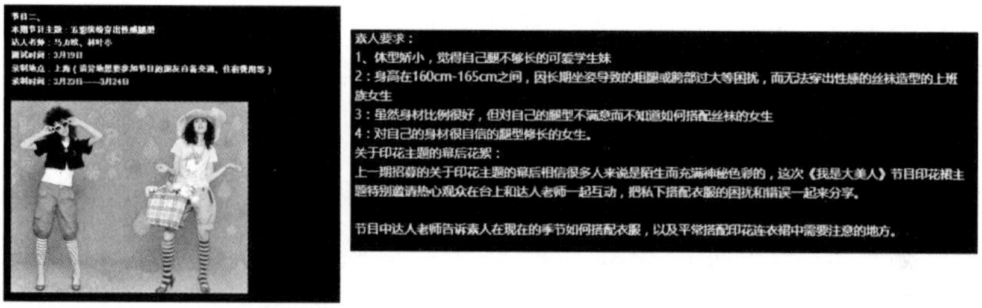

图 2－8　《我是大美人》栏目的现场观众招募启事

与各类电视节目都能满足观众不同需求的服务性相比，服务类节目是针对观众当下面临的现实问题而制作的具有高度贴近性的电视节目。其采用“取之于观众，用之于观众”的内容生产方式，让观众参与到节目的内容生产中来，更好地体现节目为观众服务的宗旨和理念，实现与观众之间的良好互动。

三　文艺娱乐类节目中的观众主演

电视文艺娱乐类节目是指“运用电视的技术传播手段，通过电视画面的表现形式，对各种各样的文艺娱乐样式进行加工、综合、再造和创造的节目形式”①。此类节目旨在满足观众的艺术审美和文化娱乐需求，主要包括综艺节目、音乐节目、戏曲曲艺类节目、游戏类节目、电视剧和电影、真人秀节目六类。中国的电视文艺娱乐类节目自电视事业诞生起就存在，是我国最主要的电视节目类型。②

---

①　陆晔、赵民：《当代广播电视概论》，复旦大学出版社 2010 年版，第 247 页。
②　陆晔、赵民：《当代广播电视概论》，复旦大学出版社 2010 年版，第 250 页。

这类节目突出地体现了“电视天生为娱乐”的特质，以其多元化的节目形式吸引了大量忠实观众。与此同时，随着电视文艺娱乐节目的发展，越来越多的观众走入节目之中，成为节目的参与者甚至是主角，为节目提供了大量内容。

在以上六类电视文艺娱乐类节目中，以观众主演为代表的观众生产内容的形式在综艺节目、游戏节目和真人秀节目中表现得尤为突出。音乐节目、戏曲曲艺类节目、电视剧和电影三类节目因其内容的专业性给予观众参与内容生产的机会较少。尤其是以演唱会和音乐电视为主要表现形式的音乐节目，其内容生产者为专业歌手；观众以接收信息为主，不参与内容生产。与之类似，戏曲曲艺类节目也以专业表演为主，只有以河南电视台《梨园春》栏目为代表的少数栏目设置了让戏迷参加的擂台赛环节。此类观众生产内容的表现形式与竞技类真人秀中的表现形式类似，本节不单独论述。在电视剧和电影中，观众生产内容的形式主要表现为撰写剧本向电视台投稿。20 世纪 80 年代，河南电视台播出的电视剧《周总理的一天》就是根据观众投稿的剧本《周总理》改编的。宁夏电视台录制的电视剧《妈妈，莫流泪……》《喜从何来》《购气红了的时候》也是由观众提供的剧本。①

为展现电视文艺娱乐类节目中观众生产内容的独特形式，笔者将选择代表性的节目作为案例，论述观众是如何通过主演的方式在综艺节目、游戏类节目、真人秀节中进行内容生产的，而不再对音乐节目、戏曲曲艺类节目、电视剧和电影三类节目中仅有的几个观众生产内容的个案单独论述。

（一）综艺节目中的观众点播与竞演

电视综艺节目“是对各种既有的文艺形式通过电视的传播手段进行的二度创作，综合了音乐舞蹈、戏曲曲艺、小品短剧、杂技魔术等

---

① 《当代中国》丛书编辑部：《当代中国的广播电视（下）》，中国社会科学出版社 1987 年版，第 160 页。

多种表演形式；主要包括在各种节庆、纪念日等特别制作的大型综艺晚会和在固定时段常规播出的综艺栏目两类节目形式”①。综艺节目也是我国电视事业诞生以来最早出现的电视文艺娱乐节目类型。

中国的文艺节目自1958年出现后，受技术条件限制，以直播和舞台艺术转播为主。1960年，北京电视台新建了600平方米的演播室，并于当年播出了第一台在演播室录制的春节联欢晚会。晚会内容有诗朗诵、相声、歌舞等。这场晚会是我国电视综艺晚会的开端。此后，电视台又相继录制或转播了一些春节联欢晚会和题为《笑的晚会》的专题文艺晚会。1983年，中央电视台第一次以现场直播的形式制作春节联欢晚会，并在晚会现场设置观众热线电话点播环节，让观众选择喜欢的节目播出。直至今日，央视的联欢晚会是我国综艺晚会的核心和代表。每年一次的春节联欢晚会通过直播的形式增强现场感，并通过现场观众互动、热线电话和短信、场外观众互动等形式让观众参与到春晚的内容生产中来。

2010年，中央电视台综艺频道推出春晚的延伸节目《我要上春晚》。该节目贯彻“开门办春晚”的宗旨，为普通百姓提供展示才艺的舞台，通过才艺比拼的方式为春晚甄选优秀演员、输送精品节目。该节目在网上设置专区，让网民为参赛的选手投票，由网民决定最终的选拔结果。自节目开播以来以“旭日阳刚”“西单女孩”“深圳民工歌舞团”“大衣哥朱之文”为代表的人气演员相继走上了春晚的舞台表演节目。除央视春晚外，各省市电视台举办的春节联欢晚会以及跨年晚会等综艺晚会也都加入了观众点播、观众连线、观众网络投票等互动形式，让观众的意见以及观众的选择成为综艺晚会内容生产中的一部分。

20世纪80年代以来，我国电视节目开始朝着栏目化的方向发展。电视文艺节目也逐渐向栏目化转型。1979年1月，我国第一个文艺栏目《外国文艺》在中央电视台播出。该栏目以介绍外国优秀

① 陆晔、赵民：《当代广播电视概论》，复旦大学出版社2010年版，第250页。

图 2－9　“旭日阳刚”、朱之文分别参演 2011 年、2012 年央视春节联欢晚会的画面

的文艺节目为主要内容，具有较高的专业性。1981 年，广东电视台先后创办文艺栏目《万紫千红》和《百花园》。节目内容开始具有娱乐意识和平民视角，通过文艺晚会、娱乐节目、喜剧小品等形式反映和丰富市民生活。自此，我国电视文艺栏目生产开始重视观众的需求和观众的参与性。1990 年 3 月 14 日，我国第一个完全意义上的综艺栏目《综艺大观》开播。该栏目将音乐、舞蹈、相声、小品、魔术、杂技等多种艺术形式囊括其中，融娱乐性、知识性和参与性为一体，设置《综艺快车》《送你一支歌》《请你参加》等板块，让观众通过热线电话或寻呼的方式参与节目。

1990 年 4 月 21 日，中央电视台又推出一档娱乐互动知识性综艺栏目《正大综艺》。该栏目以介绍世界自然知识和文化为主要内容，将知识传播和游戏互动相结合，“是国内第一个观众可以实时参与节目内容的互动性栏目”①。栏目不仅邀请普通观众作为现场嘉宾参加节目中的游戏和竞赛，还邀请场外观众通过热线电话、手机短信等方式参与竞猜。此外，《正大综艺》还曾在春节特别节目中播放观众的旅游自拍短片进行评比。② 多种形式相结合的互动使观众逐渐成为该节目的主角，在游戏互动中为节目生产了内容。

综艺晚会和综艺栏目作为我国早期电视文艺娱乐节目的表现形

① 胡智锋：《中国名牌电视栏目解析》，学苑出版社 2006 年版，第 456 页。

② 胡智锋：《中国名牌电视栏目解析》，学苑出版社 2006 年版，第 456 页。

图 2－10　《正大综艺》栏目中观众参与竞赛的画面

式，逐渐将观众参与的理念引入内容生产，促使观众生产内容的形式日益多元化和深入化。时至今日，各省市电视台创办了一系列有代表性的综艺节目，并将观众作为节目的重要组成部分，从观众的角度出发设置节目内容，通过多种渠道让观众走入节目，共同完成内容生产。

（二）游戏类节目中的观众竞赛

“电视游戏节目是指大众广泛参与的、按照一定规则进行游戏、竞赛、表演的节目形态。”① 我国的游戏类节目在 20 世纪 90 年代后期兴起，包括以知识竞赛为主的益智游戏节目。与综艺节目相比，游戏类节目以娱乐互动为核心，将观众参与作为重要的元素。游戏的规则和形式是吸引观众参与节目互动，进行内容生产的决定性因素。

1996 年，新创办的湖南经济电视台打破了以综艺晚会和综艺栏目为主的电视文艺娱乐节目的传统，创办了以《幸运 3721》为代表

① 孙宝国：《中国电视娱乐节目形态学》，新华出版社 2009 年版，第 118 页。

的《幸运》系列节目。该系列节目“以游戏和娱乐为主线，以奖品为辅助，以大众参与为激励”①，开创了我国电视游戏节目的先河。1997 年 7 月 11 日，湖南卫视借鉴《幸运》系列节目的经验，开办了游戏娱乐类栏目《快乐大本营》，自此拉开了我国电视游戏节目大发展的序幕。该栏目以游戏为主，其中穿插文艺表演，邀请明星嘉宾与现场观众共同参与栏目中的游戏。以“快乐传真”“萝卜蹲”“谁是卧底”为代表的经典游戏也被观众广泛应用到现实生活中。此外，该栏目还曾举办“闪亮新主播”主持人选拔赛，从参赛观众中挑选出杜海涛和吴昕加入栏目的主持人团队，成为专业的内容生产者。

图 2 - 11　第一期《快乐大本营》中观众和嘉宾参与“快乐传真”游戏的画面

继《快乐大本营》之后，全国掀起了一场以“快乐”和“欢乐”为主题的综合性游戏节目的创办浪潮。受其影响，东南卫视的《开心 100》、浙江卫视的《假日总动员》、天津电视台都市频道的《欢乐总动员》等一系列颇具影响力的游戏节目相继诞生。在以

① 鞠侃彬：《改革中国电视》，中国工商出版社 2002 年版，第 72 页。

《快乐大本营》为代表的综合性游戏节目中，观众是节目的重要组成部分，但不是主角。他们与明星嘉宾共同参与游戏，合作完成此类节目的内容生产。而以《奥运向前冲》为代表的户外大型体育游戏节目则将普通观众作为节目的主角。观众通过参与游戏竞技完成节目录制，成为节目的主要内容生产者。

2008 年 6 月 2 日，湖南卫视配合北京奥运会的主旋律开播了一档平民竞技类游戏栏目《奥运向前冲》。栏目面向普通民众招募参赛选手；选手在节目组设置的户外游戏场景中进行四关挑战，决出优胜者。同年 9 月，湖南卫视又推出了同类型栏目《智勇大冲关》。此后，江苏卫视、浙江卫视、安徽卫视也相继推出了以观众为主角的体育竞技类游戏栏目《爱拼才会赢》《冲关我最棒》《男生女生向前冲》。随着这类节目形态的出现和发展，游戏节目逐渐将视角转向普通观众，让观众通过竞赛的方式成为内容生产的核心。

图 2－12　观众参加《智勇大冲关》竞赛的画面

与体育竞技类游戏节目类似，电视益智节目也将观众视为主角，以智力竞赛为主要形式，邀请普通民众参加并给予相应的奖励。我国电视益智节目的前身可以追溯到 20 世纪八九十年代的各类知识竞赛节目。1981 年 7 月，中央电视台制作并播出了第一档知识竞赛节目《北京市中学生智力竞赛》。1985 年，北京电视台创办的《家庭百秒知识竞赛》节目设置了奖品，推动电视益智节目初具雏形。1991 年以后，各电视台的竞赛节目开始被设置为固定栏目，作为子栏目播出。例如《人民子弟兵》栏目举办的《国防知识竞赛》、《社会经纬》栏目举办的《人民调解知识竞赛》、《文化生活》栏目举办的《全国电视书法大赛》等。①

1994 年 6 月 20 日，上海卫视创办了中国第一档真正意义上的电视益智栏目《智力大冲关》。栏目将观众参与融入其中，以益智竞赛为特色，在上海地区产生了较大影响。② 1998 年 11 月 22 日，中央电视台经济频道借鉴英国广播公司《GO BINGO》节目的形态，推出了益智节目《幸运 52》，迅速掀起了我国电视益智节目的浪潮。栏目以智力竞猜和趣味竞赛的方式进行比拼，邀请普通观众担任选手，并为优胜选手提供丰厚的奖品。此外，栏目还设置场外观众竞赛环节，邀请场外观众通过热线电话的方式进行竞猜，赢取奖品。自 2001 年以来，《幸运 52》推出高考状元系列节目，以蒋昕杰、张晓冬、张晓楠为代表的各省市高考状元相继走入节目，参与竞赛。

2000 年 7 月 7 日，中央电视经济频道又推出一档电视益智栏目《开心辞典》。该栏目以美国广播公司制作的《百万富翁》栏目为原型，提出“家庭梦想”的理念，定期推出不同的文化主题，面向以家庭为单位的观众群体招募参赛选手，参与节目录制。与此同时，节目还设置现场观众求助和场外亲友求助等环节，让除参赛选手以外的更多观众参与到节目的制作中来。此外，自 2013 年以来，中央电视台科教频道相继推出了以中华文化为主题的专题式竞赛类益智节目《中国汉字听写大会》《中国成语大会》《中国谜语大会》《中国诗词大会》，在社会上产生了强烈反响。以上四挡栏目均面向普通

① 孙宝国：《中国电视娱乐节目形态学》，新华出版社 2009 年版，第 128 页。

② 孙宝国：《中国电视娱乐节目形态学》，新华出版社 2009 年版，第 128 页。

图 2－13　观众参加《幸运 52》竞赛的画面

民众招募选手，部分栏目采用现场观众和选手共同答题的竞赛方式，并邀请嘉宾进行专业点评。观众作为这些栏目的核心，在以参赛的方式为栏目提供内容的同时，也带动了场外观众学习中国传统文化的热情。

图 2－14　观众参加《中国诗词大会》竞赛的画面

除中央电视台创办的各档益智栏目外，各省市电视台也制作了一批有代表性的益智栏目。例如，北京电视台的《SK 状元榜》、广东电视台的《赢遍天下》、湖南电视台的《超级英雄》、河北卫视的《猜中彩》、江苏卫视的《一站到底》等。电视益智节目以其竞争的激烈性、博彩的刺激性、内容的知识性等特色吸引了大批观众参与其中，并通过让观众参与办节目的方式发挥了文化普及的作用。

（三）真人秀节目中的观众狂欢

“真人秀作为一种电视节目，是对自愿参与者在规定情境中，为了预先给定的目的，按照规定的规则所进行的竞争行为的记录和加工。”① 节目将真实与虚构融合在一起，在规则的指导下对参与者的表现进行加工创作，成为 20 世纪末以来备受欢迎的一类电视节目。中国的电视真人秀节目以 2000 年 8 月中央电视台《地球故事》栏目播出美国哥伦比亚广播公司制作的《幸存者》节目为开端，② 逐步建构起包括室内真人秀、野外生存类、表演选秀类、竞技类、身份互换类、婚恋类等在内的多元化的节目体系。③ 在不同类型的真人秀节目中，参与者是节目的核心，他们在规则下的表现是节目展现的主要内容。将普通民众作为节目的核心参与者和表现对象是真人秀节目的一大特色，而由此引发的全民狂欢也将观众生产内容的范围和程度发展到了最大化。

2000 年 6 月，广东电视台推出了我国首个独立制作的野外生存类真人秀栏目《生存大挑战》。栏目从应征者中选出了三位分别来自湖北、新加坡和北京的挑战者吕岛、王樱、张钧，要求他们在 6 个月时间内依靠有限的物资完成 8 个省、自治区的旅途。三个普通人通过节目中的挑战迅速被全国观众认识，其参加的旅途挑战也成为观众们热议的话题。④ 此后，《生存大挑战》还制作了以重走长征路为主题的节目，引入竞争机制，让参加挑战的 20 位选手在接受挑战

---

① 尹鸿：《解读电视真人秀》，《今传媒》2005 年第 7 期。

② 孙宝国：《中国电视娱乐节目形态学》，新华出版社 2009 年版，第 145 页。

③ 陆晔、赵民：《当代广播电视概论》，复旦大学出版社 2010 年版，第 265 页。

④ 孙宝国：《中国电视娱乐节目形态学》，新华出版社 2009 年版，第 146 页。

的同时进行竞赛，增强了节目的刺激性。除《生存大挑战》之外，四川电视台也推出了与之类似的野外生存类真人秀栏目《走入香格里拉》；贵州卫视也于 2003 年创办了《峡谷生存营》栏目，获得了不错的反响。

图 2-15　观众参加《生存大挑战》栏目的画面

2002 年，湖南经济电视台制作并播出了我国第一档室内真人秀栏目《完美假期》。该栏目以法国真人秀栏目《阁楼故事》为原型，挑选 12 名男女选手，让他们在位于长沙的某别墅内共同生活 70 天，真实展现人与人之间生活、交往的状态。栏目采用淘汰机制，通过选手互投和观众投票的方式决定选手的去留。① 参与节目录制的选手均为普通人，包括宠物店主陈安娜、乡村教师汤禹、白领青年龚克、家庭主妇吴静等。普通人在节目中展现的真实生活状态也引发了许多观众的共鸣。

真正引爆真人秀节目浪潮的是湖南卫视 2004 年推出的表演选秀类真人秀节目《超级女声》。该节目借鉴美国选秀节目《美国偶像》的模式，设置五大唱区，面向全国招募热爱唱歌的普通女性参与竞赛。节目倡导“想唱就唱”的理念，不限定选手的年龄、相貌、地

① 孙宝国：《中国电视娱乐节目形态学》，新华出版社 2009 年版，第 149 页。

域，给予每一个参赛者平等的机会展示自己的歌唱技能。在选拔机制上，节目通过现场大众评审投票和场外观众短信投票的方式决定选手的去留。据统计，在 2005 年《超级女声》的总决赛中，冠军李宇春共获得 352 万观众的短信投票支持。周笔畅和张靓颖也分别以 327 万票和 135 万票的成绩获得亚军和季军。三位从这档选秀节目走出的选手也成为目前歌坛颇具人气的明星。

图 2－16　2005 年《超级女声》总决赛观众投票结果揭晓画面

在《超级女声》节目中，原本是电视观众的普通人按照节目指定的规则参与竞赛，构成节目的主要内容，而节目的观众也通过投票的方式选拔、塑造出了自己喜欢的“平民偶像”。这种由普通观众提供内容并决定内容走向的生产模式给予了观众前所未有的表现空间和决定权，让观众成为电视内容生产中的重要组成部分。自《超级女声》之后，表演选秀类真人秀节目在我国掀起强势发展的浪潮。中央电视台的《星光大道》、东方卫视的《中国达人秀》、浙江卫视的《中国好声音》以及湖南卫视后续创办的《快乐男声》等一系列选秀节目直至今日仍是电视真人秀节目中的主力军。

与表演选秀类节目类似，竞技类真人秀节目也以技能竞赛为主要形式，选拔具有某项技能特长的选手参与竞赛；选手在竞争的同时也向观众传达了相关的技能知识。代表性的以普通人为主体的竞技类真人秀节目有东方卫视推出的青年创业竞技类真人秀节目《创智赢家》、美食才艺竞技类真人秀节目《顶级厨师》以及安徽卫视推出的语言竞技类真人秀节目《超级演说家》等。身份互换类真人秀节目则与以真实场景为依托、以展现真实生活为主旨的室内真人秀节目有一定的共通之处。此类节目以"换位思考"为理念，通过角色互换的方式让主人公体验对方的生活，并获得一定的感受和体悟。湖南卫视2006年推出的《变形记》就是这类真人秀节目的代表。节目通过城市孩子与农村孩子互换生活的方式，让城市中的问题少年反思自己的生活，也给农村少年一个开阔眼界的机会。

以婚恋为主题的电视节目作为我国电视节目的一种传统类型，可以追溯到1998年湖南卫视创办的《玫瑰之约》。2010年1月15日，由江苏卫视制作并播出的以婚恋交友为主题的节目《非诚勿扰》再次引发了婚恋类真人秀节目在我国的创办热潮。节目以24位来自各行各业的单身女嘉宾为主角，通过不同的环节帮助女嘉宾认识并挑选心仪的对象。而参与节目的男嘉宾也是通过报名选拔而来的普通人。这档节目以"婚恋"这一社会热点话题为主要内容，以普通人为核心对象，通过节目展现和传达的婚恋观，对观众的现实生活发挥一定的指导作用。而婚恋类真人秀节目也推动了电视节目内容与日常生活的高度融合，促使观众的参与和表演更加真实化、生活化。

除以上六类真人秀节目外，我国电视真人秀节目还在朝着不同的主题内容不断扩展，并邀请越来越多的普通观众参与其中。2015年7月22日，国家新闻出版广电总局也发布了《关于加强真人秀节目管理的通知》，要求"提高普通群众参与真人秀节目的人数比例"①。当电视文艺娱乐节目发展到真人秀阶段的时候，观众真

---

①　国家新闻出版广电总局：《关于加强真人秀节目管理的通知》，http：//www.sarft.gov.cn/art/2015/7/22/art_113_27532.html，2018年4月20日。

图 2－17 观众参加《非诚勿扰》节目的画面

正成为节目的主演，并通过主演的方式主导着内容生产。这场由真人秀引发的全民狂欢，让观众全方位、多渠道、形象化地加入电视的制作与生产。观众也在参与过程中逐渐扭转了被动接收信息的受众身份，成为推动电视内容多样化的重要助力者。

在各类电视节目中，观众通过担任通讯员、撰稿人、播讲人、主演等角色出现在电视屏幕中并日益成为主角。电视的形象化传播特色让观众在参与其内容生产的过程中拥有了自己的舞台。较之报纸中以读者来信为主的读者生产内容方式以及广播中以热线电话为主的听众生产内容方式，电视中的观众生产内容方式让观众在电视传播中的主人翁意识日益凸显，其生产的主动性和专业化水平也不断提高。此外，除了在具体的节目生产中发挥作用以外，观众在电视内容评奖中也担任着评委的角色。1983 年，由中国文学艺术界联合会和中国电视艺术家协会主办的全国性电视艺术综合奖中国电视金鹰奖，采用以观众投票为主的方式产生评选结果。金鹰奖作为我国电视节目中的重要奖项，将观众作为主角，参与奖项评定，也是观众生产内容的一种突出的表现形式。

本章，笔者根据电子媒体在我国的发展脉络，分别梳理了广播中听众生产内容的表现形式以及电视中观众生产内容的表现形式。因两种媒体均以电子技术为基础，其节目样态以及受众参与内容生产的方式具有一定的共性，都主要表现为担任通讯员、参与演出、拨打热线电话、撰写来信等。但又因二者传播信息所依赖的符号不同而导致以上形式在不同媒体中表现各异。与纸质媒体中的读者生产内容相比，电子媒体中听众和观众参与内容生产的人数显著增加，范围不断扩大，方式也更加多元化、形象化。尤其是在电视媒体中，观众通过主演的方式在内容生产中发挥了核心作用。

需要说明的是，本章笔者参照既有研究成果中广播节目和电视节目的分类展开论述，选择各类节目中具有代表性的个案切入。由于节目的分类方式尚存在争议，研究在节目类型和个案选择上无法做到全面。但在论述中，笔者以受众生产内容的方式为核心展开，尽量涵盖所有表现形式，并对具有共性形式的节目有所选择地进行分析。此外，受互联网技术的影响，目前许多广播电视节目都增设了网络渠道让受众参与内容生产。为了与网络媒体中用户生产内容的方式有效区分，笔者在本章没有对电子媒体中受众通过网络进行内容生产的方式进行论述。

第三章

分享与创作：网络媒体中用户的自主式内容生产

“网络媒体是借助国际互联网以电脑、电视机以及移动电话等为终端，以文字、声音、图像等形式来传播信息的一种数字化、多媒体的传播媒介。”① 自20世纪70年代以来，随着数字技术、计算机技术和多媒体技术的飞速发展，以及计算机、手机等终端设备的普及，互联网逐渐突破军事和学术领域的限制进入日常生活，实现了应用的大众化，并凭借信息海量、形式多元、传递快捷、范围全域、动态交互等特性逐渐取代传统媒体的优势地位，成为深刻变革社会生活的第四媒介。

互联网诞生后，在技术的推动下，以终端连接为起点，逐渐实现了内容连接、关系连接以及服务连接，并经历着由 Web 1.0 到 Web 2.0，再向 Web 3.0 迈进的发展历程。20世纪90年代，“互联网之父”蒂姆伯纳斯·李提出万维网（WWW）思想，以“超链接”为核心理念的 Web 1.0 时代就此开启。这一阶段，互联网以“聚合、联合、搜索”为特色，将巨量、芜杂的网络信息有机连接，构建了海量、多样的内容网络，有效地满足了用户的多样化信息需求。此外，在实现内容聚合的同时，互联网也以其多媒体的信息呈现优势，将报纸、广播、电

① 童兵、陈绚：《新闻传播学大辞典》，中国大百科全书出版社 2014 年版，第 1226 页。

视等传统媒体形态融于其中，成为具有多元融合性的“元媒体”。

2004 年 3 月，欧雷利媒体公司副总裁戴尔·多尔蒂（Dale Dougherty）将互联网出现的新动向定义为“Web 2.0”,[①] 标志着互联网开始由 Web 1.0 向 Web 2.0 转变。“Web 2.0 是以 Flicker、Craislist、Linkedin、Tribes、Ryze、Friendster、Del. icio. us、43Things. com 等网站为代表，以 Blog、TAG、SNS、RSS、Wiki 等社会软件的应用为核心，依据六度分隔、xml、ajax 等新理论和技术实现的互联网新一代模式。”[②] 这一阶段，互联网以个性化、去中心化和自主权为特征，将重心从内容向“人”迁移，强调关系网络，在参与、分享、展示、信息互动等方面展现优势。以上变迁和发展，促使互联网中普通用户的地位和内容生产能力被重视，越来越多的用户有平台、有意识、有能力参与互联网海量信息的生产，有效地丰富了互联网的内容。

时至今日，Web 3.0 的概念在学界和业界得到广泛热议，但仍未达成共识。当这个以“移动、沉浸、泛在、智能”为特征的互联网发展新阶段仍在探索之时，由电子商务引发的后“Web 2.0”时代及其构建的服务网络，正在推动着网络媒体的应用范围由信息传播向社会生活扩展。与报纸、广播、电视等传统媒体不同，网络媒体凭借其海量丰富的内容网络、关系网络以及服务网络，正在成为社会生活的背景，成为改变人类生活方式的媒体样态，而不再仅仅是一种信息传播中介。也正是这种改变，让互联网的使用者不再被称为以信息接收为主要角色的受众，而被定义为具有选择权和创造力，其喜好和需求应被重视的用户。

我国于 1994 年全面接入互联网，并以 1995 年《神州学人》杂志在互联网的发行为开端，进入传媒发展的互联网时代。在 Web 1.0 时代，我国网络媒体以网站为主要表现形态。传统媒体办网站和各大门户网站的兴起构建了一个以专业传播为特征的门户时代。这一

---

① 喻国明：《关注 Web 2.0 新传播时代的实践图景》，《新闻与写作》2007 年第 1 期。

② 喻国明：《关注 Web 2.0 新传播时代的实践图景》，《新闻与写作》2007 年第 1 期。

时期，网站的内容生产者以传统媒体中的专业内容生产人员和门户网站中的专业内容生产人员为主。用户参与内容生产的形式仅表现为网站上可见的即时评论。但这种评论性内容大多为用户针对网站内容给予的回复，内容生产缺乏自主性，在网络媒体的 UGC 表现形式中不具有代表性。整体而言，Web 1.0 时代，用户的角色以信息接收者为主，其生产内容的可能性、自主性及创新性表现得都不突出。

2004 年以后，我国网络媒体在日益兴起的博客浪潮中逐渐迈入 Web 2.0 时代。在这个以用户参与为特色的发展阶段，以社交媒体、网络社区、视频直播平台、电商平台等为代表的应用掀起了网络媒体中用户生产内容的高潮。与传统媒体中的受众生产内容不同，这一时期的用户生产内容，以网络媒体提供平台，用户高度自主生产、自由传播为特色。用户前所未有的生产自由和创造能力也推动着 UGC 作为一种新兴的内容生产模式在网络传播中被广泛应用。本章，笔者将借鉴赵宇翔等对 UGC 内容的分类方式①，结合用户在 UGC 应用平台中的内容生产实践，从社交型、舆论型、文娱型、知识型、商业型五个方面入手，选择每类内容中代表性的应用作为个案，对网络媒体中用户生产内容的表现样态进行系统分析。需要说明的是，受网络媒体功能融合性和内容综合性发展趋势的影响，上述五类内容广泛分布于各类应用之中。本书的分类方式以 UGC 应用初创阶段的核心内容定位为划分标准，围绕用户在各类内容中的生产实践展开针对性分析，力求全方位呈现用户在不同内容生产中的差异化生产力。

第一节　社交型 UGC 应用中的用户生产形象与关系

社交型 UGC 应用是以“用户进行自我展示和建立个体间相互关

---

① 赵宇翔、范哲、朱庆华：《用户生成内容（UGC）概念解析及研究进展》，《中国图书馆学报》2012 年第 5 期。

系为特征的平台”[①]。这类应用中的传播内容以私人性的交往信息为主，传播类型以人际传播和群体传播为核心，最突出的表现就是社交媒体。社交媒体，又称社会化媒体，“是建立在 Web 2.0 技术和思维模式基础上，依托于多种网络应用和平台的，由用户自己进行内容生产与交流的虚拟空间”[②]。作为 Web 2.0 时代核心的网络媒体应用，社交媒体集中体现了以个体、连接和分享为主的传播特性，[③] 并因给予用户自主生产和分享信息的权利，而成为 Web 2.0 时代突出展现用户生产内容的网络平台，推动着 UGC 这一内容生产模式日益主流化。

在社交媒体中，用户借助论坛、博客、社交网站、微博、微信等平台进行着个性化展示、自主化交流，以及综合性的内容生产与传播。根据社交媒体的功能设置和内容呈现，笔者将用户在其中生产的内容分为自我展示类、即时通讯类、社会公共类三种。通过以上三种内容的生产与传播，用户与网络媒体中的海量虚拟用户建立了联系，进行着基于或超越现实关系圈层的社交。其中，因社会公共类内容广泛涉及新闻与舆论、文化与知识、娱乐与商业等多个领域，本书将不在社交型 UGC 应用中对这类内容进行论述，而选择在其他类型的 UGC 内容生产中进行针对性分析。本节，笔者将围绕社交媒体中个体用户和群体用户以社交为目的进行的私人性内容生产进行重点论述。

一　用户生产自我展示类内容

自我展示类内容是用户以社交媒体为平台，采用文字、图片、

---

① 朱庆华、赵宇翔、谈晓洁、张薇薇等：《新一代互联网环境下用户生成内容的研究与应用》，科学出版社 2014 年版，第 8 页。

② 王秀丽、赵雯雯、袁天：《社会化媒体效果测量与评估指标研究综述》，《国际新闻界》2017 年第 4 期。

③ 彭兰：《“连接”的演进——互联网进化的基本逻辑》，《国际新闻界》2013 年第 12 期。

视频等形式生产的一类以展示生活、记录心情为主的私人性内容。这类内容不仅是用户在社交媒体中生产的核心内容，也集中体现了社交媒体作为 Web 2.0 时代的自媒体，供用户进行自主内容生产和自由发声的革新性。以博客、微博、社交网站、微信朋友圈为代表的社交媒体，为用户提供了各具特色的平台进行自我展示，并促使用户通过这类原创性的内容生产与其他用户建立社交联系，从而不断构建和拓展网络化的社交关系。

“博客是一种采用简便的软件生成个人主页、能够按照时间顺序不断更新、实现个人信息历时积累和传播的互联网个人出版方式。”① 在博客的内容生产中，用户作为核心生产者，以图文的形式撰写私人化的内容，在自我展示的同时，也通过评论功能与其他用户实现交流和互动。此外，在社交圈层的构建方面，博客通过对标签技术和 RSS 工具的应用，帮助用户有效地筛选和查找博客内容，实现了与不同博主间的精准联系。与此同时，博客的首页链接目录通过向用户推荐其他博客主页，将互不相识的用户群体以博主为中介联系在一起。它具有的引用通告功能也能让博主清楚知晓引用者信息，巩固和加深用户之间的多元联系。

2002 年 8 月，方兴东创办的“博客中国”网站开启了我国博客发展的序幕。创办初期的博客，用户群体以知识分子为主，内容的严肃性和公共性较强，处于小众化传播阶段。2003 年 6 月，博客“木子美”在中国博客网上发布的性爱日记引发了广泛关注和热议，并推动以中国博客网为代表的、兼具公共性和私密性的博客网站开始进入公众视野。博客开始在全国扩展，并逐渐成为用户进行自我展示类内容生产的日常化大众平台。② 在博客的用户中，明星作为一类特殊的用户，凭借超高的人气获得了堪比专业大众媒体的关注度、阅读量和评论量。其中，最具代表性的就是博客

① 刘津：《博客传播》，清华大学出版社 2008 年版，第 5 页。

② 刘津：《博客传播》，清华大学出版社 2008 年版，第 44—49 页。

女王徐静蕾。2006 年，徐静蕾开通新浪博客记录生活细节和感悟，并在开通的第 112 天获得了上千万的点击量，在第 630 天实现了点击量破亿。[①]

与博客为用户提供日志式内容撰写平台类似，“微博即微型博客，是基于有线和无线互联网终端发布精短信息供其他网友共享的即时信息网络”[②]。开设之初，它以 140 字的形式为特色，兼具图片、视频等传播形式，供用户自主发布信息。作为囊括草根用户、明星用户在内的多元化社交媒体平台，用户在其个人主页中生产的内容包括自我展示与生活分享等私人性内容，并通过转发或评论其他用户发布的信息实现信息的再传播和评论式内容生产。此外，微博的关注功能也能将志趣相投的用户连接在一起，形成以内容为媒介的社交，在提升用户信息生产与传播的精准性的同时，组建起更有针对性的社交圈层。

我国的微博应用始于 2007 年 5 月由王兴创建的饭否网。此后叽歪网、腾讯滔滔、嘀咕网等也相继推出了微博应用。2009 年 8 月，新浪微博的上线拉开了我国微博强势发展的序幕，并与网易微博、搜狐微博、腾讯微博等门户网站创办的微博合力形成了“我国微博绑定资讯网站的发展特色”[③]。根据第 41 次《中国互联网络发展状况统计报告》显示，“截至 2017 年 12 月，微博用户使用率达 40.7%”[④]，超过四成的网民活跃在微博平台中进行着交互式内容生产与信息传授。撰写微博已经成为海量用户广泛应用的一种生活方式。其中，以姚晨为代表的明星用户在微博平台中生产的自我展示类内

---

① 节选自网易新闻：http：//news.163.com/16/0418/02/BKTCHBAJ00014AED.html，2018 年 5 月 2 日。

② 喻国明、欧亚、张佰明、王斌：《微博：一种新传播形态的考察　影响力模型和社会性应用》，人民日报出版社 2011 年版，第 1 页。

③ 梁晓涛：《微博》，武汉大学出版社 2013 年版，第 4 页。

④ 中国互联网络信息中心：第 41 次《中国互联网络发展状况统计报告》，http：//cnnic.cn/hlwfzyj/hlwxzbg/hlwtjbg/201801/P020180131509544165973.pdf，2018 年 5 月 4 日。

容依旧获得了超高的关注度和点击量。而以“衣食住行”“悲欢离合”等为主题的各类日常生活中的私人内容也被越来越多的用户在微博平台中展示出来，其中具有特色的内容还因被大量转发和评论而成为公众话题，引发了网络传播中私人信息公共化的发展趋势。

与博客和微博为海量虚拟用户搭建社交平台不同，社交网站（又称社会性网络服务）“是在六度分隔理论和 150 法则基础上建立的，旨在帮助人们建立社会性网络的互联网应用服务”①。该类平台以现实的社会关系为基础，以用户生产的内容为媒介，重建或拓展现实社会的人际关系，并通过群体间的互联互通，搭建起更为庞大的社会网络图谱。受突出的社交属性影响，社交网站大多针对在地区、年龄、职业、兴趣爱好等方面具有共性的某一类用户提供服务，以用户在个人主页中生产的个性化信息为主要内容，并通过设置评论功能实现用户间的信息交流。

2005 年 12 月，受风靡全球的 Facebook 网站的启发和影响，王兴、王慧文、赖斌强等几位大学生合作创办了我国首个面向大学生群体的社交网站校内网。② 该网站采用实名认证的方式，提供给用户自由设计、编辑个人主页，并在其中发布状态、照片、故事等内容的服务。在用户连接方面，校内网一方面以学校为群落，向用户推荐其小学同学、中学同学和大学同学；另一方面也会根据用户的身份定位向其推荐在地缘上或兴趣上具有相关性的好友，在用户之间搭建更为广阔的连接渠道。以校内网为代表的社交网站大多以现实的社交圈层为基础和纽带，通过“熟人的熟人”的连接方式，让用户在书写内容的同时，也在网络媒体中生产着关系。

与校内网类似，2008 年 2 月，程炳皓创办了面向都市白领群体

---

① 宫承波：《新媒体概论》（第二版），中国广播电视出版社 2009 年版，第 111 页。

② 百度百科：“校内网” 词条，https：//baike. baidu. com/item/% E4% BA% BA% E4% BA% BA% E7% BD% 91/7914975? fr = aladdin&fromid = 4389568&fromtitle = % E6% A0% A1% E5% 86% 85% E7% BD% 91，2018 年 5 月 4 日。

的社交网站开心网。① 此外，以腾讯的 QQ 校友、搜狐的白社会、雅虎的关系为代表的由各大门户网站创建的社交网站也陆续上线。除了面向熟人群体的社交网站外，我国还陆续出现了“娱乐类社交网站 51. com、开心 001 等；婚恋类社交网站世纪佳缘、百合网等以及商务应用类社交网站联络家、海内等”②。这些社交网站突破了现实社交圈层，以娱乐、婚恋、商务为媒介，面向各类线上用户提供自我展示的平台，建立起基于网络媒体的新型社交关系。而社交网站作为首类专注社会交往与社会关系构建的社交媒体，也在用户的互动中将网络传播的触角逐渐向现实生活延伸。

除上述四类以个人主页为主要功能的社交媒体外，微信基于即时通信功能扩展的朋友圈功能，也为用户提供了向线上、线下社交圈进行个性化展示的平台。作为即时通信平台有机延伸的朋友圈平台，也以人际沟通、拓展社交为主旨，供用户以文字、图片、视频等形式记录生活、展示自我，并通过便捷的评论与回复功能巩固现实社交关系。此外，论坛匿名化的传播特性也使越来越多的用户将私人信息在论坛中展示，与其他用户进行交流。2006 年 4 月 12 日，热门网游《魔兽世界》的玩家“锋刃透骨寒”在猫扑论坛中发帖，揭发妻子“幽月儿”与游戏公会会长“铜须”的婚外情。帖子一经发出就获得了数十万的点击和回复，并引发了网友的人肉搜索行为。最终，“幽月儿”和“铜须”的真实身份被曝光，并受到网友一致的声讨和指责。③

整体而言，用户在社交媒体中进行的自我展示类内容生产，推

---

① 百度百科：“开心网”词条，https：//baike. baidu. com/item/% E5% BC% 80% E5% BF% 83% E7% BD% 91/2992974？ fr = aladdin，2018 年 5 月 4 日。

② 宫承波：《新媒体概论》（第二版），中国广播电视出版社 2009 年版，第 113—114 页。

③ 百度百科：“铜须门事件”词条，https：//baike. baidu. com/item/% E9% 93% 9C% E9% A1% BB% E9% 97% A8% E4% BA% 8B% E4% BB% B6/6790920？ fr = aladdin，2018 年 5 月 4 日。

动了网络媒体内容生产的日常化和个性化。与传统媒体中的 UGC 表现形式相比，用户在社交媒体中进行的自我展示呈现了其在内容生产中的主导权和创造力。以社交媒体为起点，用户在内容生产中的辅助角色逐渐开始向协作者转变。

二 用户生产即时通信类内容

即时通信类信息是用户以社交媒体为平台生产的一类与日常生活息息相关，旨在与他人进行沟通、交流、拓展社交关系的私人化信息。这类内容作为用户在社交媒体中生产的一类具有较强时效性的信息，以现实的社交关系为基础，不断朝着在线虚拟社交关系拓展。其中，最具代表性的是用户在微信和钉钉等社交媒体平台中进行的内容生产。

“微信是腾讯公司于 2011 年 1 月 21 日推出的一款通过网络快速发送语音短信、视频、图片和文字，并支持多人群聊的手机聊天软件。”① 作为一款以即时通讯为主要功能的社交软件，微信独特的语音交流方式，较之 1999 年以来我国陆续出现的 OICQ、QQ 等即时通信工具，实现了重大变革。在微信的即时通讯平台中，用户以真实身份入驻，以现实的社交圈层为起点，进行信息的交流与互动。用户在微信中生产的内容与现实生活高度相关，具有突出的私人性和群体化特征。与此同时，用户也借助即时通讯类内容的人际传播和群体传播，构建着更为便捷和多元的网络社交关系。

除微信这类面向各类用户的即时通讯平台外，2014 年由阿里巴巴公司推出的应用“钉钉”则面向企业用户提供即时通讯服务，供用户通过文字、语音、图片、视频等方式生产与工作相关的内容，并通过一对一、一对多的方式进行传播，从而在不同用户间构建起以工作为纽带的社交连接。此外，2011 年 3 月，唐岩等创办并推出

① 谭天：《新媒体新论》，暨南大学出版社 2016 年版，第 38 页。

了一款基于地理位置的移动社交工具“陌陌”。[1] 这一应用打破了微信、钉钉等以现实社交为基础的传播模式，旨在以地理位置为依托，通过陌生用户间的即时通讯类信息交流，实现更为广泛的在线社交。

在以即时通讯为主要功能的社交媒体之外，微博、社交网站等社交媒体平台也在核心功能之外增设了即时通讯功能，方便海量虚拟用户在不同平台中以内容为基础，自主、便捷地生产各类即时通讯类信息，实现更为广泛的线上社交连接。此外，在基于地域因素建立起来的论坛中，用户间突出的地缘接近性优势，可以促使其就现实生活中的事务进行便捷、快速的沟通。以寻物、招聘、租赁、售卖等实用信息为主的专区就成为版主与用户之间、用户彼此之间进行实用信息生产与交流的平台，具有一定的即时通讯属性。其中代表性的有以“水木清华”（清华大学）、“珞珈山水”（武汉大学）为代表的校园论坛中的实用信息专区和以“北京论坛”“上海论坛”为代表的城市论坛中的实用信息专区。

综合来看，用户在社交媒体中进行的即时通讯类内容生产进一步提高了网络媒体中 UGC 应用的日常化和普及度，并通过即时通讯类信息的传播，将线下与线上的社交关系有机连接，构建起更为庞大、多元、复杂的社交网络。与此同时，随着社交媒体对社会生活的深度嵌入，由专业媒体建构的传播网络也开始与社交媒体实现对接与融合。专业媒体不仅将内容生产体系向社交媒体延伸，也在信息传播渠道中不断增加社交媒体通路，推动专业的新闻类、文娱类、知识类、商务类信息生产也呈现出突出的社交属性，囊括了更为多样化的用户生产内容。此外，社交媒体自我展示、自由交流的功能设置和传播优势，也为用户生产新闻类、文娱类、知识类、商业类等公共性信息提供了平台。在以下四类内容的 UGC 应用中，社交媒体成为专门性的 UGC 应用之外的综合性 UGC 应用。

---

① 百度百科：“陌陌”词条，https：//baike. baidu. com/item/%E9%99%8C%E9%99%8C/7079670? fr = aladdin，2018 年 5 月 4 日。

第二节　舆论型 UGC 应用中的用户生产新闻与评论

舆论型 UGC 应用是指“用户对社会新闻、突发事件、舆情等方面进行报道和评论的平台”①。在我国网络媒体中，以新闻舆论为主要内容的应用包括由传统媒体创办的网站、开设的微博账号、微信公众号和 App 应用以及原生性的新闻网站、新闻类 App 及其微博账号、微信公众号等。此外，各类社交媒体平台因囊括大量由用户提供的新闻舆论类信息，也具有一定的舆论型 UGC 应用的属性。传统媒体时代，读者、听众和观众通过来信、热线电话、拍摄 DV 等方式为报纸、广播、电视提供新闻线索或新闻稿。互联网时代，新闻舆论类信息海量、高速、全域的传播需求给专业内容生产者带来了前所未有的压力，推动着由用户参与并主导生产的“公民新闻”成为一种具有时代必然性的发展趋势。

“公民新闻也称公民共享新闻，就是指来自公民的非专业新闻报道，即公民个体或群体搜集、报道、分析和散布新闻或信息的行为，旨在提供一个民主社会需要的独立、可信、准确、广泛及其他相关信息。”② 公民新闻的出现有效地改善了有限的专业新闻生产者与海量的用户新闻信息需求之间的矛盾，推动着新闻生产实现高效、快捷、多元化的转变。与传统媒体时代受众参与新闻生产的表现样态类似，网络媒体中用户实践公民新闻的表现样态也以爆料、报道新闻、发表评论三种为主，但呈现出表现形式更多样、参与人数更庞大、创造力更丰富的发展趋势。此外，以韩国的 OMN 网站和美国的 iBrarrleboro 网站为代表的专门性的公民新闻网因在我国的实践案例

---

① 朱庆华、赵宇翔、谈晓洁、张薇薇等：《新一代互联网环境下用户生成内容的研究与应用》，科学出版社 2014 年版，第 8 页。

② 赵俊峰、张羽：《公民新闻的发展与传媒生态的再建构》，《国际新闻界》2012 年第 6 期。

较少，笔者将不单独对其展开论述。

一　用户爆料新闻线索

爆料是用户向新闻媒体提供新闻线索或补充、跟进媒体新闻报道的一种方式。与传统媒体时代用户通过写信或拨打热线电话的方式爆料不同，互联网时代用户通过文字、图片或视频等方式在论坛、博客、微博、微信等社交媒体平台直接发布新闻信息或向新闻网站、新闻 App 等媒体平台提供新闻线索。

（一）社交媒体中的用户爆料

以论坛、博客、微博、微信为代表的社交类自媒体平台因聚集了大量用户，且传播的信息多与现实生活息息相关并成为各类新闻的重要来源。大量专业的网络新闻媒体也开始改变传统的新闻采访方式，把社交媒体中的信息作为重要的新闻线索来源重点关注。尤其在突发事件的报道中，事件当事人、现场目击者、事件知情者等在社交媒体中发布的信息能够第一时间将第一手资料向公众传播，较之专业新闻媒体的事后采访报道不仅在时效性上抢占先机，在新闻的真实性、贴近性和独家性上也更具优势。

1. 论坛爆料

论坛又称电子公告板，源自 1978 年克瑞森（Krison）和苏斯（Russ Lane）创办的“计算机公告牌系统”，[①] 后由具有基本的信息公告与交流功能扩展为囊括用户发帖、提供信息、发表观点、展开讨论等多种功能的网络虚拟社区。[②] 作为 Web 2.0 时代之前出现的，用户能够自主发布内容、进行信息互动的社交平台，网络论坛中设置的“爆料”专区，成为网络媒体中新闻线索的重要来源。例如，天涯论坛中的“娱乐八卦专区”以及百度贴吧中的“爆料吧”都是

---

① 杜骏飞：《网络传播概论》（第三版），福建人民出版社 2009 年版，第 61 页。

② 闵大洪：《中国网络媒体 20 年：1994—2014》，电子工业出版社 2016 年版，第 45 页。

参与人数众多的文娱信息和社会信息的爆料论坛。两个论坛的用户大多以行业内部人士或当地人、当事人的身份发布鲜为人知的或新近发生的具有新闻价值的图文或视频信息，进而引发其他用户的关注、热议以及专业新闻媒体的追踪报道。尤其是在百度贴吧的“爆料吧”中，与维权、执法、环境污染等社会问题相关的利益诉求帖广泛存在。

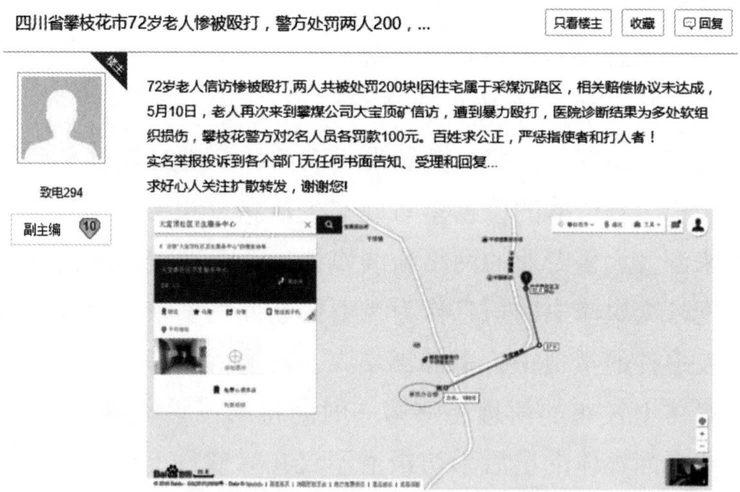

图 3－1　2017 年 1 月 26 日，网友“致电 294”发布在百度贴吧“爆料吧”中的爆料帖

此外，除了通过论坛发帖提供新闻线索外，用户也借助论坛便捷的信息发布功能和即时评论功能，共同合作为热点事件补充信息、探索真相。2007 年 10 月 12 日，新华网陕西频道发布新闻，报道了陕西村民周正龙拍摄到野生华南虎照片的事件。此后多家新闻媒体相继转载，引发社会广泛关注。10 月 15 日，网友“党指挥枪”在天涯社区发表题为《陕西华南虎又是假新闻》的帖子，提出了对照片真实性的六点质疑。随着帖子的热度不断增加，众多网友和华南虎专家、中科院专家等专业人士也相继加入关于照片真伪的辩论之中。最终，在网民的信息搜集、补充和追问下，陕西省政府最终判定此事件为假新闻。以该案例为代表的用户借助论坛爆料提供新闻线索、补充新闻信息的事件在论坛传播中广泛存在。

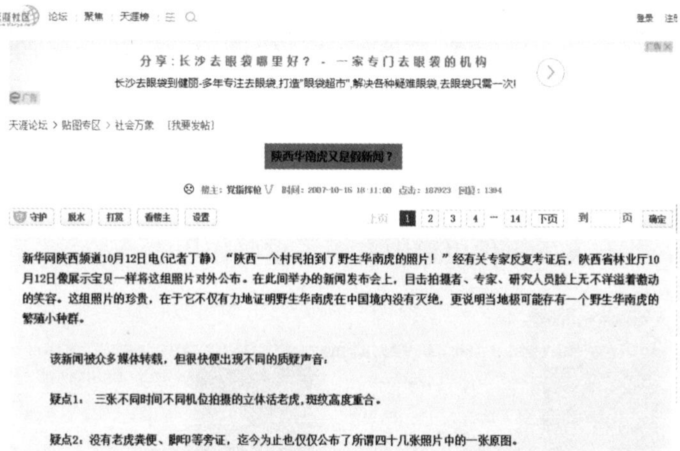

图 3－2　网友“党指挥枪”在天涯社区发表的题为《陕西华南虎又是假新闻》的帖子

2. 博客爆料

作为 Web 2.0 时代起步最早的社交媒体，博客在给予用户自由创作、自我展现平台的同时，也集纳了大量有价值的由用户提供的新闻信息。信息内容包括突发事件的播报、社会新闻的发布以及热点事件的追踪等。2005 年 11 月 26 日 8 时 49 分，江西九江、瑞昌间发生 5.7 级地震。武汉博客“寻找东海岸”在博客网上第一时间发布了“武汉地震了”的消息。[①] 各家传统媒体及网络新闻媒体在此之后陆续进行了相关报道。这是我国网友第一次借助博客平台爆料突发事件类信息。

汶川地震期间，受灾区实际情况影响，媒体的采访报道大规模受限。新浪、搜狐、网易等门户网站都在其博客专区设置以“汶川地震”为主题的专版，让灾区网友通过撰写博文的方式展现灾区实

① 刘津：《博客传播》，清华大学出版社 2008 年版，第 26 页。

况，并对灾情进行实时播报。以网易在汶川地震期间开设的“地震无情　博友有爱”专题网页为例，该主页主要由“博客们在四川看到的一切”和“最新动态”两个板块组成。博客用户通过图文并茂的方式将亲历的灾区实况和最新灾情传播出去，有效地弥补了专业媒体的采写局限，为突发灾难时期处于信息焦虑状态下的公众提供了大量有价值的新闻信息。与网友在论坛中的爆料行为相比，博客因以用户的自我书写、自我展示为特色，推动用户的爆料行为更加自主化，并在突发事件报道中发挥了重要作用。

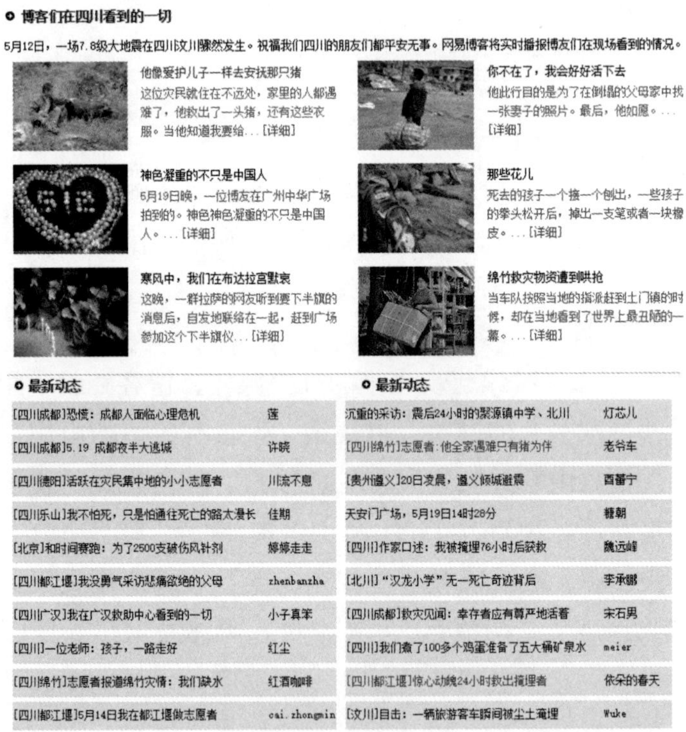

图 3 - 3　汶川地震期间，网易“地震无情　博友有爱”专题网页中的用户爆料

3. 微博爆料

时至 2010 年，微博成为我国用户在网络媒体中的主要应用，用户借助140字的精简文本格式和文字、图片、视频兼备的呈现方式，进行着更加便捷、流畅的信息发布。受此影响，用户爆料行为在微博上也表现得更加日常化、显著化和多样化。以“网友爆料”为开头的微博新闻文体开始在各类专业媒体的微博新闻报道中出现。此外，用户借助微博展开的实时图文直播也在突发事件报道中缓解了专业媒体在时效性上的滞后问题，在专业媒体跟进报道之前向网友提供了第一手的事件现场信息。

2012年8月26日，陕西延安发生特大交通事故，造成36人死亡。事故发生后，各大媒体相继对此事件进行了报道。网友“Jade-Cong”在网易新闻发布的相关图片中捕捉到事故现场某官员面露微笑的细节，并于当日16点35分将图片发在自己的微博主页中，配文：“事故现场官员满面笑容，情绪稳定——延安市境内的包茂高速公路发生卧铺客车与罐车追尾事故，致36人死亡。”该微博一经发布，就引来5985条转发和1592条评论。当晚19时53分，网友“百姓大于天”在微博中爆料该官员系陕西省安监局局长杨达才。此后，网友“卫庄”和渤海论坛、第五大道奢侈品网首席运营官孙多菲相继在微博中爆料了杨达才佩戴巨额名表的事实。面对网友的质疑，杨达才于8月29日在新浪四川针对事故现场微笑和戴名表的事情做出了回复。但网友持续的关注和信息挖掘行为，让杨达才的其他名表陆续在微博中曝光。最终，在微博网友的信息爆料中，该官员的违纪行为被曝光，受到了法律的制裁。

2010年9月，江西省抚州市宜黄县的钟如奎一家因拆迁矛盾与拆迁人员发生冲突。之后，钟家两姐妹就拆迁问题赴北京参与凤凰卫视节目录制的途中，被宜黄县政府人员围堵在机场厕所，进行了长时间的拉锯战。① 此事发生后，《凤凰周刊》记者邓飞通过汇聚各

① 凤凰网：《江西宜黄自焚者家属被劫访　副市长出面保证》，http://news.ifeng.com/society/special/yihuangzifen/content-2/detail_2010_09/20/2561719_0.shtml，2018年5月20日。

图3-4　“表哥杨达才”事件中网友JadeCong和孙多菲的爆料帖

方网友提供的线索在微博中进行直播。这是专业媒体人利用网友爆料，进行微博实时报道的典型案例。此外，2011年2月28日凌晨，云南省丽江市玉龙纳西族自治县黄山镇发生森林大火。网友“丽江洛洛”自28日晚18时17分开始，在微博上连续发布30条信息，直播丽江森林大火的火势蔓延情况以及救援情况，引发了网友的关注和众多媒体的跟进报道。以上两个案例是网友借助微博进行突发事件直播的代表。虽然网友发布的实时图文信息汇聚在一起发挥了一定的新闻报道作用，但这种简短的碎片化信息仍处于爆料阶段，还需专业媒体跟进报道才能为用户提供更为全面的事件信息。

网友微博爆料除了在反腐、社会动员、突发事件直播中发挥重要的作用外，在日常新闻报道中也成为专业媒体新闻生产的信息来

图 3-5　网友“丽江洛洛”微博直播丽江森林大火的博文节选

源。在以《人民日报》、央视新闻、《新京报》为代表的传统新闻媒体微博中以及以新浪新闻、澎湃新闻、今日头条为代表的网络新闻媒体微博中都出现了大量由网友爆料的信息编辑撰写而成的微博新闻。以《楚天新闻报》的微博为例，2017 年 9 月 8 日，该报记者刘毅以网友“欧欧 2011011”发布的微博为线索，撰写了题为《暖心！老人快餐店内乞讨，店员将其请出店后送上一份快餐》的新闻报道，发布在其微博主页上，并被大量专业媒体的微博账号转发。由此可见，微博在社交媒体的优势之上实现了向信息媒介平台的转化，在众多用户的信息传播中成为新闻信息的重要集散地。

4. 微信爆料

与微博日益增强的媒体化趋势相比，占有高比例用户的微信虽然也在不断拓展其信息传播功能，却仍以社交属性为主。因此，受传播的圈层影响，微信中信息传播的公开性相对较弱，能被新闻媒体利用的用户爆料信息多来自转发量较大的朋友圈信息或公众号文章。

2016 年 11 月 26 日，罗尔在其微信公众号中发布了题为《罗一笑，你给我站住》的文章，求助网友通过朋友圈转发文章的方式为自己身患重病的女儿捐款。文章一经发出就瞬间刷爆朋友圈，获得了超过百万的阅读量和点赞量，以及高达 252 万元的捐款。但就在当天，网友就发文指出此事件系罗尔与深圳某营销公司策划的营销事件。罗尔已有三套房产，有能力支付医疗费用，并不需要通过募捐的方式筹集医疗费。此事件在短时间内的热议和舆论反转引来了《新京报》等传统新闻媒体和搜狐新闻等网络新闻媒体的跟踪报道以及深圳市卫计委的调查。最终，罗尔将当日募捐的全部善款原路退回，并将其与营销公司合作募捐的事情做了澄清。这件始于微信公众号的私人事件因传播范围广、参与人数多而演化成网友及专业媒体共同关注的新闻事件，并在网友的质疑和爆料声中真相大白。

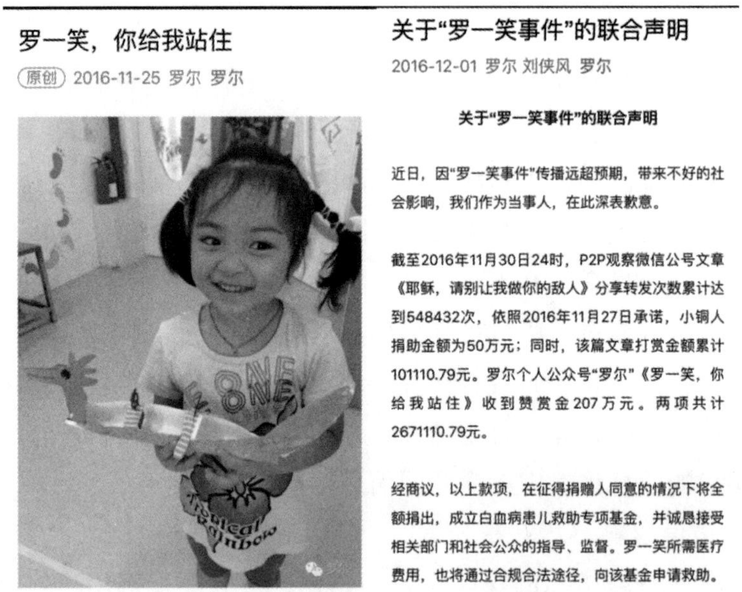
罗一笑，你给我站住

原创 2016-11-25 罗尔 罗尔

关于"罗一笑事件"的联合声明

2016-12-01 罗尔 刘侠风 罗尔

关于"罗一笑事件"的联合声明

近日，因"罗一笑事件"传播远超预期，带来不好的社会影响，我们作为当事人，在此深表歉意。

截至2016年11月30日24时，P2P观察微信公号文章《耶稣，请别让我做你的敌人》分享转发次数累计达到548432次，依照2016年11月27日承诺，小铜人捐助金额为50万元；同时，该篇文章打赏金额累计101110.79元。罗尔个人公众号"罗尔"《罗一笑，你给我站住》收到赞赏金207万元。两项共计2671110.79元。

经商议，以上款项，在征得捐赠人同意的情况下将全额捐出，成立白血病患儿救助专项基金，并诚恳接受相关部门和社会公众的指导、监督。罗一笑所需医疗费用，也将通过合规合法途径，向该基金申请救助。

图 3－6　"罗一笑事件"中罗尔在微信公众号中发布的相关文章

以上四类社交媒体中的用户爆料类内容生产，是社交平台媒体化发展趋势下，用户借助自媒体提供新闻线索、补充新闻新闻信息的表现。当专业的新闻媒体将用户在社交媒体中的爆料作为重要的新闻来源之时，传统的新闻采访报道方式也发生了巨大改变。与此同时，当异常性、服务性、娱乐性等新的新闻价值要素被强调，新闻的范畴在人们信息需求日益多样化的同时也变得更加宽泛。

（二）网络新闻媒体中的用户爆料

在传统新闻媒体的内容生产中，设置专门的爆料渠道动员读者、听众、观众提供新闻线索是一种拓展新闻采访渠道、丰富新闻内容的传承性做法。互联网时代，随着网络终端日益普及、用户的信息搜集和传播能力不断提升，网络新闻媒体也开设爆料专区面向全体用户征集新闻线索或新闻信息。在以传统新闻媒体的网络平台和原生性网络新闻媒体为主的网络新闻媒体系统中，新闻生产呈现出传统媒体主导、网络媒体转载、再加工的运作模式。

2017 年 5 月 2 日颁布的《互联网新闻信息服务管理规定》显示，“申请互联网新闻信息采编发布服务许可的，应当是新闻单位（含其控股的单位）或新闻宣传部门主管的单位。其中新闻单位，是指依法设立的报刊社、广播电台、电视台、通讯社和新闻电影制片厂”①。由此可见，传统媒体创办的网络平台在新闻采访权上具有绝对优势，其新闻生产依赖传统媒体的采写渠道进行，涉及的用户爆料也通过传统媒体中读者、听众或观众的爆料渠道实现。而以商业性门户网站和新闻客户端为代表的原生性网络新闻媒体大多以转载的形式进行新闻报道。受此影响，商业性门户网站在新闻频道中大多不设置用户爆料渠道。由传统媒体集团创办的新闻客户端，因可借助传统媒体的采访权，也设置了爆料平台供用户提供新闻线索。此外，部分原生性网络新闻客户端也开设了爆料平台，供用户提供文娱类、社会类的软新闻线索。

“澎湃新闻”是由上海报业集团创办的，以专注时政与思想为特色的互联网平台。该客户端于 2014 年 7 月 22 日正式上线，设置“视频”“时事”“财经”“思想”“生活”“问吧”六个频道进行新闻报道和评论。为扩展新闻渠道，该客户端在个人专区设置“爆料”功能，供用户上传 400 字以内的文字图片类新闻线索，或拨打爆料热线提供新闻线索。与之类似的还有南方报业集团创办的“南方 +”新闻客户端，也为用户提供了图文爆料专区。另一个网络原生性新

① 国家互联网信息办公室：《互联网新闻信息服务管理规定》，http://www.cac.gov.cn/2017-05/02/c_1120902760.htm，2018 年 5 月 20 日。

闻客户端“今日头条”创办于 2012 年 3 月。该客户端以大数据技术为基础，根据用户的年龄、身份、地域、兴趣等个人信息精准推送新闻。在新闻生产方面，“今日头条”因没有新闻采访权，其中的热点新闻报道以转载为主。而其在个人主页中设置的“我要爆料”功能，则供用户以图文的方式分享身边的新鲜事，提供突发事件或社会热点的线索。被采纳的内容将被推荐到“本地频道”进行报道。

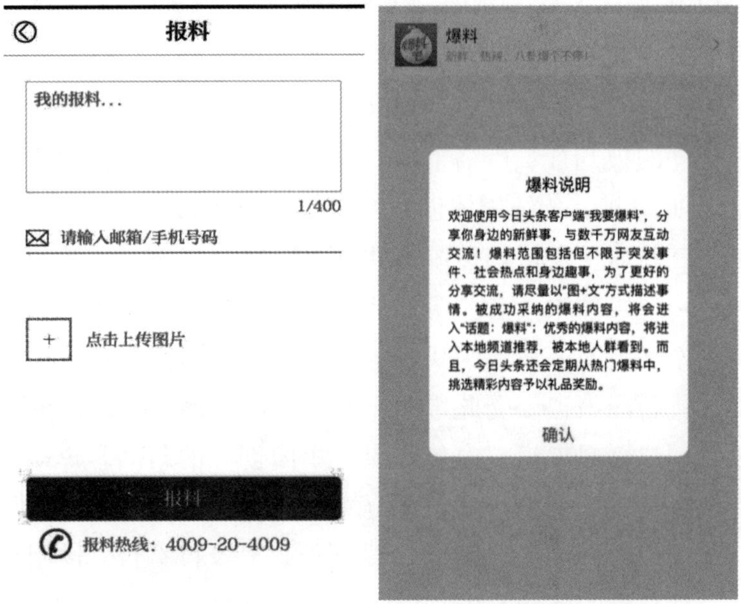

图 3－7　“澎湃新闻”和“今日头条”设置的爆料专区

通过对以上两类网络媒体中用户代表性爆料行为的分析，笔者认为受网络媒体新闻信息服务许可权的限制，用户的新闻爆料仍面向传统媒体运营的网络平台。另一方面，随着社交媒体深入社会生活，成为网络用户的一种生活方式，网络新闻生产也开始变革传统模式，与社交媒体实现对接，将用户的社交媒体书写纳入网络新闻生产的体系中，推动社交媒体中用户常态化、规模化的爆料式内容生产成为网络媒体获取新闻线索的主要渠道，从而有效地提升了用户在网络新闻生产中的地位和作用。

二　用户短视频报道新闻

传统媒体时代，各级报纸、广播、电视构建了庞大的通讯员系统，将读者、听众、观众中有一定新闻采写能力的人士纳入新闻生产中，把新闻报道的触角延伸到各行业、各地区，以确保新闻信息的全面性和多样化。互联网时代，受有限的新闻采访权影响，传统的通讯员队伍在网络媒体中逐渐式微，以短视频为特色的用户参与新闻报道的新方式开始发挥重要作用。

移动数字技术的发展以及移动终端设备的普及推动着以时间短、形象化、社交化为特色的短视频成为新闻报道的新型样态。这些时间控制在 3 分钟以内的视频类内容，迎合了移动互联时代用户碎片化的信息接收习惯，被众多网络新闻媒体应用到新闻生产中来。2016 年 11 月 3 日上线的梨视频就是以短视频的形式进行资讯传播的互联网平台。该平台设置娱乐、社会、美食、高校、世界、科技、体育等多个频道，邀请用户担任拍客拍摄并上传不同题材的短视频内容与其他用户分享。用户上传的短视频将根据点击数据和社会效应获得相应的报酬。其中，梨视频创办的“一手 Vedio”栏目就是以社会新闻资讯现场播报为特色的版块。该版块征集由拍客拍摄的大量社会资讯类内容，审核编辑后予以公开发布，并被多家专业网络新闻媒体转载，成为其新闻报道的重要素材。

2017 年 9 月 10 日，拍客“时光”在梨视频“一手 Vedio”栏目上传了其拍摄的题为《山东蝗虫漫天啃庄稼，吃货全力捕捉》的短视频，被人民网微博账号、《新京报》微博账号、《河北日报》微博账号、新民晚报新民网、封面新闻等多家网络新闻媒体转载并配文进行报道。由梨视频的拍客拍摄的短视频因具有较高的新闻价值，被专业新闻媒体作为新闻报道中的视频性内容进行传播，是用户通过拍摄短视频参与新闻报道的一种表现。而梨视频作为短视频资源平台，则成为专业性网络新闻媒体的视频内容供应中心。该中心集纳的 3000 余名拍客与电视民生新闻时代的 DV 通讯员类似，借助手中的移动设备，搜集并拍摄视频内容上传到媒体平台进行传播。但不同的是，互联网时代的短视频拍客与媒体之间没有一定的隶属关系，其拍摄行为大多是兴趣所致，没有强烈的为新闻媒体提供报道素材的意愿和动机。

图 3-8　《新京报》微博账号采用梨视频拍客拍摄的短视频制作相关新闻报道

除了以梨视频为代表的专门性的短视频资讯平台外，今日头条设置的"视频"频道、中国网络电视台设置的"爱西柚"频道也是以用户上传的短视频为主要内容的平台。其中部分社会类短视频内容成为具有一定新闻价值的报道。此外，用户利用秒拍等短视频软件上传到社交平台的一些短视频内容，也因具有新闻价值而被网络新闻媒体采纳、编辑制作成新闻报道。与用户简短或片段式的图文爆料内容相比，短视频类内容汇聚了用户搜集、拍摄、编辑等一系列生产行为，并最终作为专业媒体新闻报道的核心内容或重要组成部分进行传播。虽然拍客不像传统通讯员一样与媒体具有一定的隶属关系，但他们客观地参与了新闻报道的生产过程，促使短视频报道成为互联网时代用户深入参与新闻生产的重要体现。

三　用户评论热点事件

新闻评论作为一类兼具新闻性、政治性、思想性、科学性的言论性内容，是表达媒体的意见立场、引导公众舆论的重要内容。传统媒体时代，因新闻评论的重要性和专业性，其内容生产主要由专业评论员完成。受众针对热点社会现象和问题发表的言论多在读者来信版块中有所体现，或以广播中的听众来电、电视中的观众发言等形式出现。但此类言论多是受众个人意见的表达，参与人数有限，不能产生新闻评论所具有的思想指导性作用。互联网时代，网络媒体的即时评论功能让用户针对新闻事件发表的意见与新闻报道同时出现在界面中，成为网络新闻传播中的有机组成部分。与传统媒体时代有限的受众意见表达不同，网友的即时评论不仅提供了与新闻事件相关的信息或有价值的言论，也在聚集过程中形成强势的网络舆论，影响公众态度或事件的走向。

因此，当网友的评论性内容变成与新闻报道配套出现的有价值内容之时，网络新闻媒体开始重视评论专区的内容建设，关注舆论走向。部分媒体还设置了专门的评论频道，编辑、策划网友的评论性内容进行传播。网易新闻就在其客户端设置了“跟帖”频道，引导用户针对社会热点问题发表评论。该频道下设“跟帖策划”和“今日排行”两个栏目。其中，“今日排行”栏目是根据用户对新闻事件的跟帖评论数量制作的排行榜。排行榜中只展示新闻标题和网友的跟帖评论，是一个以网友评论为核心内容的栏目。“跟帖策划”栏目则由客户端的专业内容生产者策划热点专题，动员用户针对不同的专题发表评论、进行互动。其中根据热点新闻事件策划的专题占了很大比重。例如，2017 年 9 月 7 日，该栏目就围绕“榆林产妇跳楼”事件策划了题为“剖腹被阻者亲属：婆家以字丑为由不让丈夫签字”的跟帖专题，得到 4445 名网友跟帖评论。

除了网络新闻媒体注重用户评论外，各类社交媒体平台也成为

图 3－9 2017 年 9 月 13 日，网易新闻客户端“跟帖”频道的“今日排行”栏目内容列表

网络用户针对新闻热点事件发表评论的聚集区。社交媒体便捷的评论功能促使更多用户参与到热点新闻事件的转发、点赞、评论中来。用户在微信朋友圈中对热点新闻报道进行的评论式转发能够促使该报道形成新的再传播轨迹，并在不同的社交圈层中引发互动式评论。在微博中获得高转发量、高评论量的新闻报道将被列入微博热搜榜引导其他用户的持续关注和热议。而有特色、有观点的评论也会被网络新闻媒体作为素材写进新闻报道中，成为网络新闻报道的重要组成部分。例如，2017 年9 月 4 日，封面新闻在其微博账号发布的关于“南通某学校有 37 对双胞胎”事件的报道中，就引用了网友评论“心疼学校的老师”作为标题，并在正文中引用了网友的另一番言论“感觉学校老师要崩溃了”。此外，网络论坛和博客的聚合力量，也使得大量用户通过发帖或撰写博文等形式，围绕热点新闻事件发起讨论，与其他用户实现观点的互动。

由此可见，随着网络媒体的传播权下移，新闻评论的内容生产也逐渐跳出专业生产者主导的模式，呈现出海量用户共同参与、形成强势舆论的态势。与此同时，网络媒体多元丰富的信息传播平台也促使用户参与新闻评论的方式更加多样化。除了新闻网站的即时评论、新闻客户端的跟帖评论、论坛中的发帖互动之外，用户在社交媒体中因参与评论而产生的热度数据也是一种新型的评论性内容。这些数据不仅是新闻报道传播效果的体现，更是呈现在网络媒体的显要位置，引导其他用户关注热点新闻报道的提示性内容。

综合以上三类网络媒体中用户参与新闻生产的表现样态，笔者发现用户借助网络媒体门类多样的应用平台，广泛、深入地参与到从搜集线索、制作报道到撰写评论等一系列新闻生产流程中来，并借助社交媒体便捷的信息发布渠道和多元融合的表现形式推动着用户生产新闻呈现出社交性、日常化、规模化的发展趋势。与传统媒体时代的受众参与新闻生产不同，互联网时代的用户生产新闻不再作为专业新闻生产的补充，而是处在与其同等重要的地位相互助力，合作构建多元共生的网络新闻生产体系。

第三节 文娱型 UGC 应用中的用户生产文艺与趣味

文娱型 UGC 应用是指“以大众娱乐、消遣为主旨的用户创作平台，其内容主要包括原创搞笑视频、微小说、网络原创音乐等。”① 这类由用户生产的文娱类内容广泛存在于综合性网络媒体的部分版块中，以及主要依靠用户生产内容的网络媒体中。其中，具有代表性的应用包括以文字为主要表现形式的网络文学创作平台，以音频为主要表现形式的播客平台以及以视频为主要表现形式的短视频平台、弹幕视频平台、网络直播平台。这三类应用根据形式的不同，提供给用户的娱乐、消遣内容也各具特色，进而导致用户参与内容生产的方式也有所不同。

一　用户创作网络文学作品

“网络文学是一种用电脑创作、在互联网上传播、供网络用户浏览或参与的新型文学样式，主要包括三种形态：一是传统媒介文本电子化后上网传播的作品；二是电脑创作、在网上首发的原创性文字作品；三是利用多媒体电脑技术和 Internet 交互作用创作的超文本、多媒体作品以及借助特定软件自动生成的‘机器之作’”。② 在以上三类网络文学形态中，第一类网络文学作品只是传统文学作品传播介质的转换，其生产主体仍为专业作家。第二类、第三类在网络媒体中原生、原创的文学形态，则汇聚了众多草根用户创作的优质作品，作品体裁包括小说、散文、诗歌、剧本等多种类型。

受文学作品内容专业性的影响，传统媒体时代的文学作品多由专业作者撰写，且需要遵循严格的内容审核机制和出版流程才能进入大众传播的视野。普通读者大多只能通过向报纸副刊或杂志投稿的方式发表自己的文学作品。互联网时代，网络媒体以开放、包容的特性吸纳了多种文学作品，为众多草根用户提供了文学创作和作品发表的平台。这些平台包括专门性的网络文学网站、门户网站中

① 朱庆华、赵宇翔、谈晓洁、张薇薇等：《新一代互联网环境下用户生成内容的研究与应用》，科学出版社 2014 年版，第 8 页。

② 欧阳友权：《网络文学本体论》，中国文联出版社 2004 年版，第 17 页。

的文学专区以及以论坛、博客、微博为代表的社交媒体中的文学版块。众多擅长写作的用户通过发表优质的网络文学作品获得了网民的高度认可，而成为知名的网络写手。

1991 年 4 月 5 日，美国留学生王笑飞在美国创办的汉语网络文学杂志《华夏文摘》，开启了我国网络文学发展的序幕。① 此后，《联谊通讯》《橄榄树》《北极光》等汉语网络文学杂志相继诞生。这些杂志大都以留学生撰写的文学作品为主要内容，是用户参与网络文学生产最早的表现形式。此外，众多留学生也借由网络新闻组或电子邮件发表自己撰写的文学作品，表达思乡之情。这一时期，代表性的网络写手有擅长小说写作的图雅（社会学博士）、少君（经济学博士），擅长诗歌写作的诗阳（法学博士）、方舟子（生物学博士）以及擅长散文、杂文写作的张朗朗（美术设计家）等。

1994 年后，随着我国正式加入国际互联网，我国的网络文学也开始了国内发展之路。1995 年，清华大学"水木清华"论坛设立的原创武侠版块率先为国内用户提供了发表文学作品的平台。② 1997 年，我国第一家中文原创文学网站"榕树下"成立。网站设立投稿专区，供用户上传发表原创作品，并打出宣传语"在这里，种下一颗创作的种子，在这里，成为一名著名的作家，在榕树，扬帆起航从这里开始"，鼓励用户积极利用该平台进行创作。1998 年，台湾成功大学水利研究所博士生蔡智恒（笔名"痞子蔡"）撰写的网络小说《第一次的亲密接触》开始在论坛中连载，受到热烈追捧，后被改编为影视作品广为传播。③ 受此影响，大陆地区也陆续出现了一批以李寻欢、安妮宝贝、邢玉森、宁财神为代表的知名网络写手。

① 欧阳友权、袁星洁：《中国网络文学编年史》，中国文联出版社 2015 年版，第 1 页。

② 欧阳友权：《网络文学发展史：汉语网络文学调查纪实》，中国广播电视出版社 2008 年版，第 353 页。

③ 欧阳友权：《网络文学发展史：汉语网络文学调查纪实》，中国广播电视出版社 2008 年版，第 355 页。

他们大都以网络文学为跳板，从网络写手转为线下知名作家或编剧。

2000年以后，我国又陆续创办了一系列知名的网络文学网站，例如起点中文网、幻剑书盟、红袖添香、晋江文学网等。与此同时，随着门户网站和社交媒体的兴起，各大门户网站的文学专区以及论坛、博客、微博等也成为网络文学创作的重要平台。例如，知名网络写手今何在（游戏策划）的代表作品《悟空传》就是在新浪网的“金庸客栈”论坛撰写并发表的。[①] 这里容纳了众多网络武侠小说写手，汇聚了众多由用户撰写的网络小说作品。而以微博为载体产生的网络文学新文体——微小说，也成为网络用户参与文学创作的重要形式。新浪微博举办的“微小说大赛”、腾讯微博举办的“春运微小说大赛”、“奥运微小说大赛”等都吸引了众多用户的参与。

此外，网络媒体特有的超文本结构形态，也促使网络文学出现了一类特殊的超文本文学类型。网络超文本文学运用互联网的“超链接”方式，以开放、自主、互动为特色，为用户提供了更多阅读的选择和参与文学创作的机会。常见的超文本作品包括“超文本小说、互动小说、接龙小说、动态交互诗”四类。[②] 其中，互动小说和接龙小说是由专业作家与网络用户合作完成的作品形式，是用户参与文学创作的重要表现。以互动小说《风中玫瑰》为例，该小说以论坛为创作平台，通过作者与用户的跟帖互动合作完成。1999年，在新浪网上由多位青年作家与网友接龙续写的小说《网上跑过斑点狗》则是接龙小说的代表。[③]

时至今日，以《鬼吹灯》《盗墓笔记》《何以笙箫默》为代表的大量优秀的网络文学作品在线下出版，并被制作成影视作品进行新形式的演绎与传播。而以南派三叔、天下霸唱、顾漫为代表的新一代网络写手也成为当代颇具影响力的知名作家。这种由线上向线下

① 欧阳友权：《网络文学本体论》，中国文联出版社2004年版，第21页。

② 欧阳友权：《网络文学发展史：汉语网络文学调查纪实》，中国广播电视出版社2008年版，第186—187页。

③ 欧阳友权：《网络文学本体论》，中国文联出版社2004年版，第146—147页。

的发展之路成为网络文学特有的传播模式。得益于网络媒体自主、开放的参与和创作平台，众多非专业的网络写手可以将网络文学作为起点展开创作，并在专业文学体系之外形成了一派形式多样、风格多元、体裁独特的文学类别，为网络用户提供了更加丰富的文学选择。

二　用户录制播客类音频

"播客（Podcast），源自于苹果电脑的'ipod'与广播（broadcast）的合成词，出现初期借助苹果公司的'ipod'软件和一些便携播放器，可以将互联网上的音乐、广播等音频文件下载到用户自己的播放器中随身携带收听，同时也可以将自己制作的音频文件上传到个人网络空间，如博客或者专业音频、视频网站，供其他网友收听、收看和分享。"① 创办初期的播客，因与博客采用相同 RSS 技术，允许用户自主订阅内容和自由发布信息，而被视为博客功能的延伸。但与博客不同的是，播客以音频为主要表现形式，其内容生产需要具有一定的设备基础和操作技能。此外，与博客突出的个人日志属性相比，播客中由用户生产的公共性内容因声音的感染力和伴随性对各类用户具有普遍的吸引力，成为其传播的重点和核心。

2005 年初，播客应用在我国起步。发展初期的播客以个人主办的播客站点为主要表现形式。由电台主播"平客"和记者"飞猪"运营的播客站点"反波"以及由草根爱播者"胖大海"录制并推出的播客站点"有一说二"都是这一时期备受欢迎的音频播客。② 随着音频传播的日益多元化，2011 年以来蜻蜓 FM、喜马拉雅等音频分享平台相继上线。平台内设置了播客专区为用户提供创作、发布、分享音频作品的空间。用户可以利用平台提供的录音软件，在其中生产包括人文艺术、影视娱乐、生活方式等在内的文娱内容。音频内容发布界面中设置的评论、点赞、分享专区也为内容创作者与听

---

① 宫承波：《新媒体概论》（第二版），中国广播电视出版社 2009 年版，第 151 页。
② 王长潇：《新媒体论纲》，中山大学出版社 2009 年版，第 146 页。

众搭建了沟通的桥梁，成为音频内容扩展、再传播的重要通道。传统的个人站点式播客在专门化的音频平台中形成了合力，与专业媒体生产的文娱类音频内容具有了同时呈现在听众面前的机会和可能性，展示了用户在音频内容生产中的创造力。

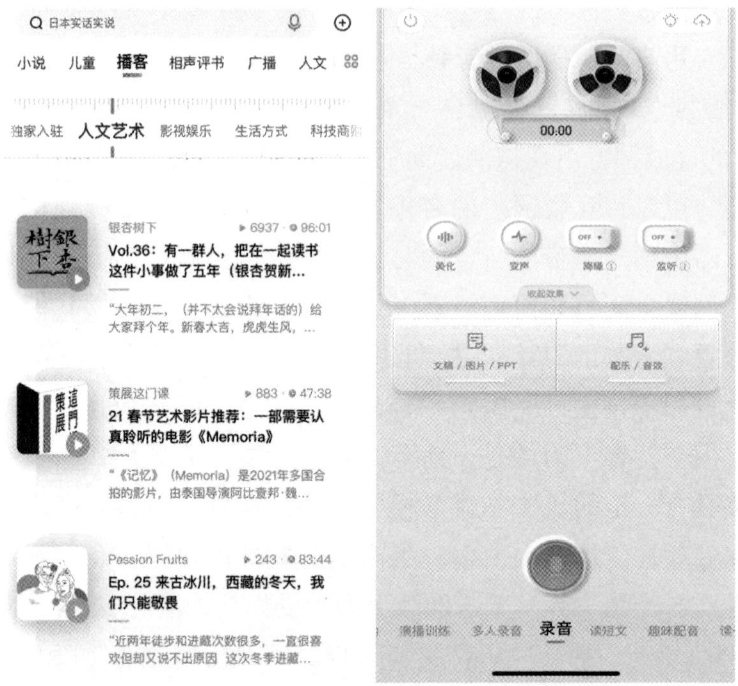

图 3－10　喜马拉雅 App 中的播客专区以及用户录制音频内容的界面

除了个人站点、音频分享平台这两类播客应用平台外，以语音传播为特色的微信也为播客提供了新的发展机遇。以“逻辑思维”“为你读诗”为代表的微信公众号以原创音频作品为主要内容，是播客在微信中的特色应用形式。“逻辑思维”公众号是由传统媒体人罗振宇及其团队制作的知识类脱口秀产品。公众号每天发布由罗振宇主讲的六十秒语音内容，对时事热点、各类知识进行解读。与传统媒体庞大的体系化生产模式不同，“逻辑思维”公众号虽由专业媒体人罗振宇及其团队运营，但这种小规模团队式的内容生产是自媒体中用户生产内容的一种表现。此外，“为你读诗”是由专业传播公司运营的文化类公众号产品。每天邀请一位知名人士作为特约嘉宾为用户朗读诗歌。公众号同时开通用户参与平台，征集用户的声音作品，遴选具有优秀朗读能力的用户参与公众号的日播节目录制。

从个人站点到音频平台再到微信语音，播客在不同时期的应用形式不断变化，并随着用户参与人数的增多，日益深入社会生活的方方面面。在这个专业生产者与草根用户汇聚的平台中，众多草根用户生产的音视频内容正以有限的专业用户无法比拟的多元性和创造力为网友的文娱生活提供着更为丰富的选择。

三　用户拍摄原创短视频

随着移动传播技术的发展和社交媒体的普及，原创短视频成为网络视频领域新的应用形式。“短视频指一种视频长度以秒计数，一般在五分钟以内，主要依托于移动智能终端实现快速拍摄和美化编辑，可在社交媒体平台上实现分享和无缝对接的一种新型视频形式。”① 得益于时间短、拍摄门槛低以及移动终端设备普及率高的传播优势，短视频被越来越多的普通用户应用到日常生活中记录生活或创意表演，成为用户生产文娱类内容的重要表现。自 2013 年以来，新浪秒拍、腾讯微视、美拍、快手、抖音等短视频平台相继上线，汇聚了众多由用户自主拍摄、上传的短视频内容，并凭借富有创意、声画兼备的特色成为移动互联时代公众新的娱乐互动方式。

在各类短视频平台中，快手和抖音作为时下最热门的代表，主打短视频社交，为用户提供各类模板和拍摄素材供其创作文娱类短视频作品，并通过大数据技术向用户推送感兴趣的短视频内容，激发用户创作、分享的意愿。大量搞笑段子、鬼畜、社会摇等恶搞短视频在用户的分享下成为社会热点。根据《2020 抖音创作者生态报

---

① 司若、许婉钰、刘鸿彦：《短视频产业研究》，中国传媒大学出版社 2018 年版，第 105 页。

告》显示，“2020 年以来抖音中新成长为百万粉丝的作者中，有 85% 是从普通人成长起来的”①。在众多普通用户创作者中，温州农

图 3－11　小英夫妻在抖音平台创作、发布的舞蹈作品

① 巨量算术：《2020 抖音创作者生态报告》，http：//www.100ec.cn/detail－6574942.html，2021 年 10 月 28 日。

民夫妇范得多和妻子彭小英（抖音号："小英夫妻：温州一家人"）凭借其在抖音上发布的跳舞视频获得了全国网友的关注。视频以他们生活的乡村为背景，以彭小英带着患有抑郁症的丈夫表演欢快的舞蹈为内容。他们用舞步展现了田间地头劳作、老奶奶梳头等乡村生活的画面，向社会传递着积极面对生活的乐观心态。视频一经发出就获得了200余万次点赞，被网友留言超过10万条，还获得了央视的关注和报道。目前，夫妻俩在抖音拥有近700万粉丝，拍摄作品1600余条，是具有突出短视频生产力的草根用户代表。

除短视频平台外，社交媒体也是短视频自兴起之时就已经被率先应用的重要平台。其中，中央戏剧学院导演系毕业生Papi酱拍摄、发布的短视频内容就是用户在微博创作原创短视频的代表。2015年起，Papi酱开始在微博中发布自己拍摄的恶搞短视频，因形式夸张、内容幽默而迅速走红网络。以《男性生存法则第一弹》为代表的短视频作品曾获得2万多次的转发量和3万多次的点赞量。此后，她又开创性地运用变音器制作短视频内容，获得了2498万粉丝的关注，成为知名的原创短视频网络红人。时至今日，短视频已经成为各类媒体平台中社交、互动的主要媒介语言，是移动互联时代普通用户展现内容生产力和创造力的核心样态。

四　用户编制弹幕视频

在播客的引领和推动之下，我国网络视频的形式和类别不断丰富，并开始应用于新闻传播、文化娱乐、电子商务等多个领域，尤其在网络娱乐传播中居于突出地位。除综合性视频分享网站以及门户网站创建的综合性视频网站外，网络视频传播也开始注重用户细分，逐渐产生了一批以弹幕视频网站为代表的针对某类用户群体个性化娱乐需求的视频网站。

"弹幕原指在较短时间内用大量火炮提供密集炮击的战术，形态上近似'幕布'；之后从军事用语中派生出来，用以表示射击游戏中敌人子弹多、火力强的状态。”① 2006 年底，日本动画视频分享网站 Niconico 创新性地为用户提供能够直接在视频上显现的留言字幕功能。因大量评论汇聚在屏幕上的效果很像弹幕射击游戏中的子弹飞行轨迹，这种功能被形象地称为弹幕。受 Niconico 网站的影响，我国也于 2007 年 6 月出现了第一家以动漫游戏为主题的弹幕视频网站 AcFun。2009 年 6 月 26 日，我国最具影响力的弹幕视频网站哔哩哔哩也强势上线。本节笔者将以哔哩哔哩网站为例，介绍这类以动漫和游戏内容以及弹幕功能为特色的视频网站为用户提供的多种参与内容生产的方式。

哔哩哔哩网站在创办之初以为动漫爱好者提供丰富的动漫视频资源为特色，并通过弹幕功能增强用户的参与和互动。为了与传统的即时评论相区分，哔哩哔哩网站隐藏了视频下方的评论区，引导用户通过弹幕进行交流。与传统的即时评论功能相比，弹幕不再作为视频之外的一种观点互动，而是与视频内容一同呈现的，包括评论、恶搞、改编等多种内容在内的创意性文本。当大量的弹幕评论一同出现在视频之中时，视频本身的内容不再重要，众多用户合作生产的弹幕文字则成为更具吸引力的内容。这种创意性文本就是由用户合作生产的伴随类视频内容。与此同时，生产弹幕的用户也借由视频内容聚集在一起，形成虚拟的趣缘社群，进行着一定程度的社交互动。随着弹幕这一新颖的评论形式吸引了越来越多用户的关注和参与，优酷、爱奇艺、搜狐视频、腾讯视频等综合性视频网站也纷纷增设了弹幕功能。2015 年 7 月，哔哩哔哩网站还与电影《大圣归来》合作在上海开展弹幕首映专场活动。自此，弹幕实现了从线上到线下的功能转移。用户可以生产弹幕类内容的平台也越来越多样化。

在视频内容方面，哔哩哔哩网站以动漫、游戏为核心逐渐拓展，设置了动画、番剧、音乐、舞蹈、游戏、鬼畜、时尚、娱乐、影视

① 丁依宁：《受众的表演与想象：弹幕使用族群研究》，《新闻春秋》2015 年第 4 期。

等11大版块。其中最具代表性的是与动漫、游戏相关的动画区、番剧区、鬼畜区。此外，除影视版块外，该网站在其他版块都设置了原创区，为众多UP主（上传音频、视频内容的用户）提供原创视频展示平台。与此同时，哔哩哔哩网站于2015年增设了直播版块，集纳了由众多用户生产的以动漫、游戏、御宅文化为主，涉及生活、娱乐、音乐、舞蹈、绘画等多元门类的直播内容。此外，哔哩哔哩网站作为以ACG（Animation、Comic、Game）为主题的娱乐站点，旨在为ACG文化爱好者提供有针对性的娱乐内容服务。因此，网站设立了等级分明的会员准入制度和会员权限制度。根据网站规定：用户只有通过专业的弹幕礼仪测试才能加入会员；会员根据不同的活跃程度获得相应的等级；而只有LV1及以上级别的用户才能发送弹幕和参与视频投稿；普通用户只能享有观看视频和弹幕的权利。通过这种系统的规则设置，哔哩哔哩网站在为ACG文化趣缘群体提供特色化服务的同时，也兼顾了普通用户的观看需求，推动了此类文化的推广。

除了各大版块中呈现的由用户生产的音频、视频外，哔哩哔哩网站每年一次的拜年祭活动则是集中体现用户在视频和弹幕领域综合生产力的盛典。拜年祭在每年的除夕夜举办，是专属于哔哩哔哩网的新年贺岁视频。在拜年祭活动中，网站与众多UP主一起，聚集每一年的创作能量和潮流精华，共同创作分段视频，再结合众多友人发来的贺电，形成联动型贺岁视频。经过七年的传承与发展，拜年祭已成为网站和年轻人最为期待的年度文化事件和年末狂欢。随着活动的日渐成熟化，越来越多的UP主参与到拜年祭活动中，与网站合作创作出一系列优秀作品。

五　用户主演视频直播

直播是我国广播电视媒介中一项传统的节目制作与播出形式。与录播节目相比，直播能够有效地增强节目内容的时效性、真实性和现场感，主要包括演播室直播、栏目现场直播报道、大型事件或

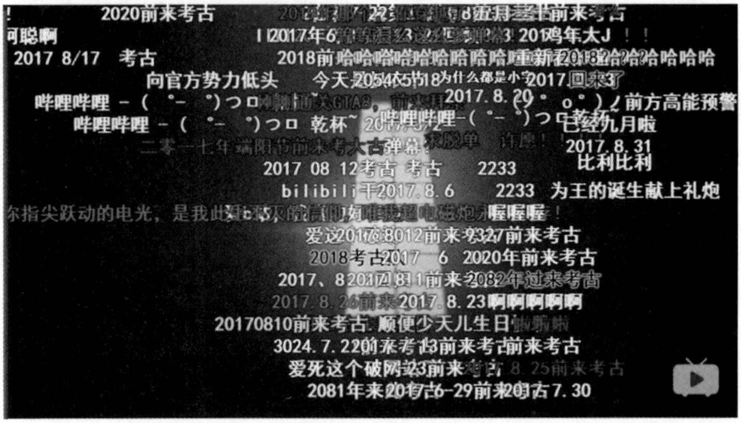

图 3-12　2017 年哔哩哔哩网站拜年祭视频画面

活动直播三类。互联网时代，网络媒体即时迅捷的信息传播速度更是将直播的理念充分发挥，不仅继承了视频直播的传统，还借助社交媒体的便捷信息发布渠道拓展了全新的图文直播形式。而在应用范围方面，网络直播除了继续在新闻、体育赛事、重大活动等领域的报道中发挥作用外，还借助移动互联技术的发展以及移动终端设备的普及，逐渐发展成为以视频传播为主、以娱乐内容为核心、普通用户皆可主播的自媒体应用。

“网络直播主要是指基于网页浏览器或者客户端程序提供实时视频、实时评论并具有社交功能的互联网应用”①；“其平台按出品的内容来说主要分为以下几类：游戏直播平台、娱乐秀场直播、音乐秀场直播、户外直播、电商直播等”②。我国娱乐类网络直播的奠基者可以追溯到 2008 年由语音聊天软件转型而成的 YY 直播。该直播平台以音乐秀场直播起步，2012 年又借助其游戏资源优势推出游戏

---

① 苏俊斌：《理解网络直播——历史趋势、媒介特性及其启示》，《青年记者》2016 年第 34 期。

② 张旻：《热闹的“网红”：网络直播平台发展中的问题及对策》，《中国记者》2016 年第 5 期。

直播业务，成为我国首家开设游戏直播的平台。与之类似还有 2006 年上线的视频分享网站“六间房”。该网站以视频聊天模式为基础，以歌舞类秀场直播为主打，向网络直播转型。

此后，我国网络直播不断发展，涌现了一批以花椒直播、一直播、YY 直播为代表的综合性网络直播平台以及以虎牙直播、斗鱼 TV、战旗 TV 为代表的游戏直播平台。截至 2015 年底，我国网络直播平台数量接近 200 家，网络直播平台用户数量达到 2 亿，实现了井喷式增长。[①] 在综合性网络直播平台中，普通用户借助便捷的移动终端设备，以主播的身份进行音乐、舞蹈、饮食、游戏、户外、脱口秀、美妆等多种内容的直播。其中，部分草根用户通过直播获得了大量粉丝的关注，成为网络红人。而众多明星用户更是凭借超高人气占领了各大主播平台。与此同时，在主播直播的过程中，用户还可以通过点赞、发弹幕、打赏等方式与主播实现互动。点赞、弹幕、打赏的内容与主播的表演一同呈献在屏幕中供网友观看，是用户除担任主播之外，另一种参与网络直播内容生产的方式。

图 3－13　花椒直播中音乐类直播画面，主播身份：自由职业者

① 艾媒咨询：《2016 年中国在线直播/网红行业专题研究报告》，http：//www.imxdata.com/archives/7699，2018 年 5 月 30 日。

此外，在游戏直播平台中，玩家个人化的娱乐行为也被搬上屏幕，成为用户观看的娱乐内容。游戏作为一种传统的娱乐方式，在网络媒体多媒体、沉浸化的传播优势的推动下，吸引了越来越多的用户参与其中。职业玩家的玩法、竞技类游戏比赛、游戏的娱乐式表演等成为对众多玩家具有指导意义和观赏价值的娱乐内容呈现在直播平台中。在游戏直播中，玩家作为内容生产者为用户提供了观看类的游戏内容，形成了一种全新的游戏类娱乐方式。而用户在观看游戏直播的同时，也可以通过弹幕的方式与其他用户实现互动。通过观看游戏直播，用户聚集在一起形成虚拟游戏趣缘社区，并在发布弹幕的同时，生产着与游戏直播内容相匹配的交流类内容。

图 3-14　虎牙直播中“王者荣耀”游戏的直播画面

综合以上五种用户生产文娱类内容的表现形式，并对比传统媒体时期用户在此类内容生产中发挥的作用，笔者认为网络媒体真正为用户提供了高度自主化的创作空间和表现舞台。用户可以最大限度地突破专业媒体的内容生产框架，以自己为主导运用文字、声音、视频等多媒体形式进行内容生产，与专业媒体展开激烈竞争。而由用户生产的内容也成为网络文娱内容体系中重要的组成部分，与专业媒体生产的内容一同接受网友关注度和点击量的检验，展现了 UGC 在网络媒体时代日益独立化的发展趋势。

第四节　知识型UGC应用中的用户生产资讯与技能

知识型UGC应用是“以爱好交流、兴趣小组、信息/知识共享为特征的用户生产内容的平台”①。与其他几类应用相比，用户在此类UGC应用中生产的内容具有突出的价值性，生产行为也呈现出极强的社群性和共享性。以公共性信息和知识为主要内容的维客就是此类UGC应用的集中体现。“维客是一种基于互联网新技术，充分利用互联网的超文本特性，允许多人协同写作完成某一文本内容。作为一种新技术，它既是一种支持多人合作写作的工具，也是一种全新的信息传播媒体。”② 王京山“根据目前维客网站发展的实际，将其分为维基型百科网站、主题性维基社区、问答性维基社区和维基新闻网站四类”③。由于维基新闻网站在我国的应用较少，笔者将参照此分类标注，对前三类应用中用户协同生产知识的表现形式进行系统分析。

一　维基型百科网站中的用户编写词条

2001年1月投入运行的维基百科是世界上最大的维客系统。该系统为来自各行各业的用户提供自主撰写、编辑、修改词条的平台，并通过世界各地网络用户的协同写作完成一部国际性的百科全书。截至目前，维基百科已经在世界范围内拓展了280余种语言的独立运行版本。英文维基百科的词条数已经超过547万。中文维基百科也于2002年10月24日上线，并与新浪网合作推出了“网同万家姓维客计划”。该计划动员世界各地的华人用户参与编写、修订中华姓

① 朱庆华、赵宇翔、谈晓洁、张薇薇等：《新一代互联网环境下用户生成内容的研究与应用》，科学出版社2014年版，第8页。

② 宫承波：《新媒体概论》，中国广播电视出版社2007年版，第124页。

③ 王京山：《维客：多人协同的奇迹》，中央编译出版社2013年版，第31页。

氏大全，是我国用户参与维客书写的典型案例。[①] 2003 年，随着我国第一个维客网站网络天书上线，我国陆续出现了以维基百科为原型的一系列维基型百科网站，代表性的有维库、互动百科、中华维客、百度百科、新浪地产百科等。

互动百科创立于 2005 年 7 月 18 日，是目前全球最大的中文百科网站。该网站于 2016 年开发出第一款中文维客建站系统 HDWiki，为推动我国维基型百科网站的本土化发展奠定了基础。[②] 互动百科设有百科图片、百科视频、百科 IN 词、微百科、行业百科、企业百科、百科解密等频道，内容涉及自然、文化、人物、历史、生活、社会、艺术、经济、科学、体育、技术、地理等 14 个大类。网站通过词条、文章、图片、视频等形式进行知识类信息的编写与呈现。在词条生产方面，注册用户可以创建新词条或者对已有词条进行修改和完善。词条编撰的内容包括摘要、信息模块、正文、参考资料、扩展阅读和修改理由等类目。网站设有清晰的词条编写指南和词条编写规范供用户参考，还在用户自我把关和相互把关之外设置了人工审核机制，以确保用户生产内容的规范性和科学性。[③]

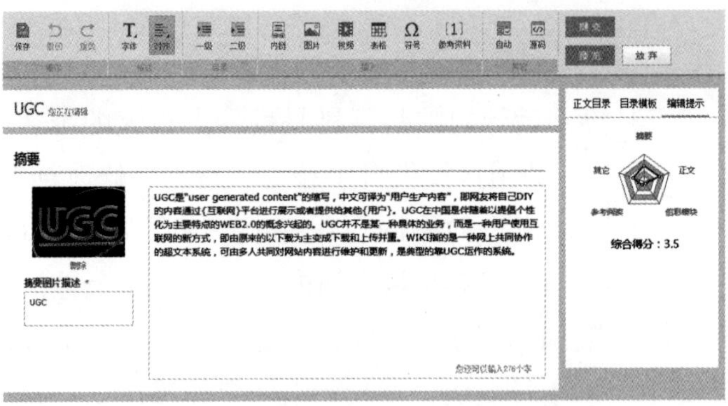

图 3－15　互动百科中词条的摘要编辑区

① 王长潇：《新媒体论纲》，中山大学出版社 2009 年版，第 193 页。
② 王京山：《维客：多人协同的奇迹》，中央编译出版社 2013 年版，第 100—101 页。
③ 王京山：《维客：多人协同的奇迹》，中央编译出版社 2013 年版，第 128 页。

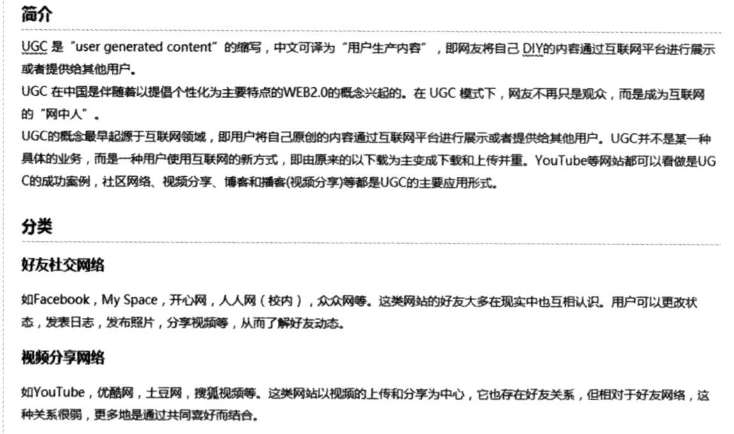

图3－16　互动百科中词条的正文编辑区

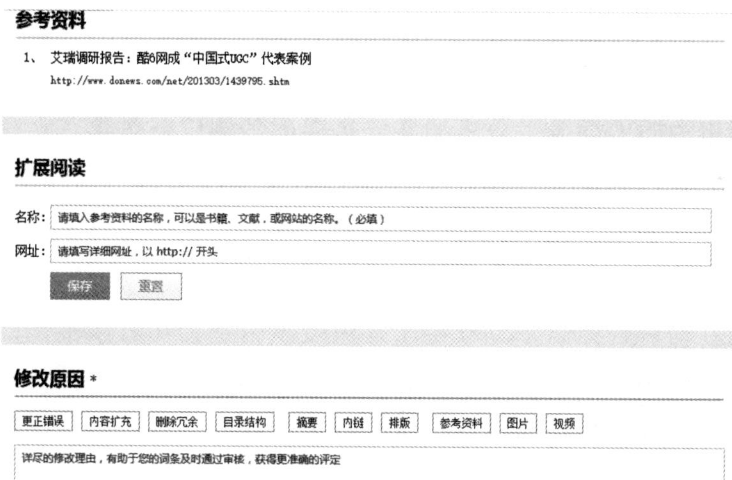

图3－17　互动百科中词条的参考文献、扩展阅读、修改原因编辑区

此外，在百科图片和百科视频频道中，用户需要创建或协作30个版本才具有内容生产资格。其中组图不能少于3张，图像的质量以及组图的标题等都有严格的规范。而用户在视频生产中只能引用优酷和酷6网的视频资源，并对引用的视频添加标题、进行分类后才能上传。在百度解密环节中，用户通过撰写文章或上传视频的方式进行内容生产。内容包括人物、科技、军事、历史等类别。网站对解密文章的格式和内容做出了具体的规定，但未对用户的资格进行限制。

为了增强百科内容的真实性和科学性，网站对在某领域具有一定专业知识并对百科做出一定贡献的用户进行加 V 认证，赋予他们对部分专业领域词条进行权威评审的权利；同时聘任各知识领域的权威专家对内容建设方面给予指导，对学术争议问题提供权威、专业的判定。[①] 这两类具有专业知识背景的用户是网站用户中的意见领袖，在内容生产中发挥着引领作用。此外，为了增强用户之间的互动，强化内容生产的协作性，互动百科还设置了以专业用户为主体，兼具论坛和社交网站功能的"新知社"社区。在"新知社"中，用户可以根据兴趣加入不同的小组，通过发帖、回帖的方式与其他用户进行交流；或通过在主页中发布新鲜事、关注他人主页新鲜事的方式，与其他用户就不同问题进行针对性探讨。此外，用户还可以在新鲜事中插入词条、分享词条，实现词条的广泛传播。在这种以知识为主题的互动中，用户不仅贡献了颇具社交特色的知识内容，还通过互动获得了新知、修正了问题，进而为提升百科主站内容的真实性和科学性发挥了积极作用。

与互动百科类似，2006 年 4 月由搜索引擎公司百度推出的百度百科也是供用户进行知识编撰和贴吧互动的维基型百科网站。维基型百科网站通过为普通用户提供具有公共性、开放性、易操作性和平等性的知识书写平台，与用户合作完成了一部庞大的百科全书系统，为网络媒体中的知识传播提供了丰富的内容。用户在内容生产中不仅收获了共享知识的乐趣，也可以通过完成有奖任务获得网站提供的相应报酬。而用户与用户之间的协作式互动、修正与更新，也促使维基型百科网站的内容生产形成了一个动态有序的自组织系

---

① 百度百科：新知社词条，https：//baike. baidu. com/item/% E6% 96% B0% E7% 9F% A5% E7% A4% BE/1808308？fr = aladdin，2018 年 5 月 30 日。

统，实现了科学、良性的运转。

二　主题性维基社区中的用户分享喜好与技能

“主题性维基社区是属于大众社区层次的维客应用。”① 此类应用以某种或某几种内容为主题，将拥有相同兴趣爱好的用户聚集在一起，为用户提供信息分享与技巧传授的互动平台。与囊括各类知识的维基型百科网站相比，主题性维基社区的内容具有较强的实用性和指导性，且内容的生产与传播对社区中的社交关系具有高度依赖性。我国代表性的主题性维基社区有豆瓣网、聚好吃网、马蜂窝自由行网等。

豆瓣网于2005年3月6日由杨勃创建，为用户提供以图书、音乐、电影为主题的分享、评价、交友平台。网站旨在“帮助你通过你喜爱的东西找到志同道合者，然后通过他们找到更多的好东西”②。网站设有读书、电影、音乐、同城、小组、阅读、FM、时间、东西、市集等多个频道。用户可以通过撰写笔记、书评、影评、乐评的方式推荐自己喜欢的书籍、电影或音乐，为其他用户提供阅读和视听指南。被大量用户关注和评价的书籍、电影和音乐将被列入相应频道的热门榜单，引导用户的阅读和视听选择。而用户撰写的评论也会根据其他用户的阅读反馈进行效果排行，呈现在相应频道的“最受欢迎评论”专栏中予以展示。

以图书、电影、音乐等内容为纽带，众多志趣相投的用户实现了连接，并组成以兴趣为纽带的小组。在不同的小组中，用户可以通过贴新闻或发言的方式发布与小组主题相关的内容，或者通过回应、推荐到豆瓣、点击喜欢的方式评论其他用户发布的内容。此外，在豆瓣的话题广场中，用户还可以通过写新日记、添加已有日记、发#话题#广播的方式参与不同话题的互动。话题的内容涉及生活、

① 王京山：《维客：多人协同的奇迹》，中央编译出版社2013年版，第32页。

② 豆瓣：《关于豆瓣》，https：//www. douban. com/about，2018年6月2日。

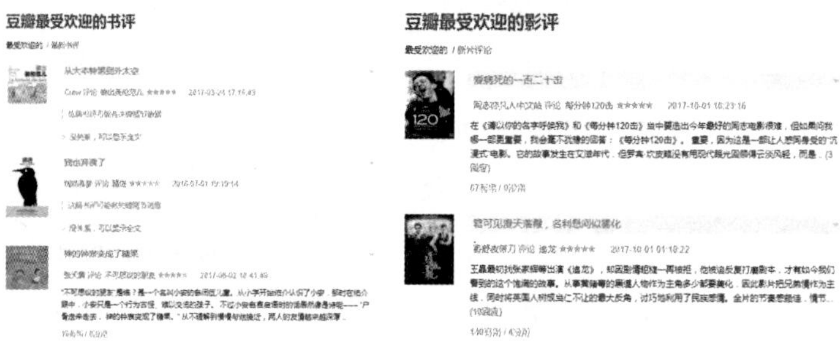

图 3－18　豆瓣中由用户撰写的最受欢迎的书评、影评

旅行、影视、运动、人文、美食、音乐、读书、时尚、科技等多个领域。与小组中的互动类似，在话题广场中用户同样可以将自己喜欢的内容推荐到豆瓣主站中。通过用户个人化的评论与推荐以及小组化、话题式的交流与互动，众多用户不仅在豆瓣网中搭建了以内容为纽带的关系网，还在相互交织的关系网中不断发现新的有价值的内容。豆瓣网以用户间协作化的分享与推荐模式，构建了互联网中的虚拟兴趣社区，并通过同城活动将这种虚拟社交向线下发展。需要说明的是，虽然用户在以豆瓣网为代表的文化类维基社区中生产的内容也具有突出的文娱性，但与文娱型 UGC 应用中的用户生产内容相比，前者是针对他人生产的成型的文娱作品展开点评和分享，而后者则是以用户为主体创作文娱内容，差异明显。

除了以豆瓣网为代表的文化类维基社区外，2005 年底上线的聚好吃网则以美食为主题，为用户提供厨艺分享平台。① 与之类似的还有近年来兴起的以“下厨房”为代表的美食菜谱网。这类网站汇聚了由用户撰写的菜谱、菜单、美食作品，为需求各异的网友提供了门类丰富的烹饪指南。此外，以马蜂窝为代表的旅游类维基社区也为众多爱好旅游的用户提供了游记撰写与分享平台。主题性维基社区以普通用户为内容生产主体，以用户基于兴趣进行的信息、技能

① 王京山：《维客：多人协同的奇迹》，中央编译出版社 2013 年版，第 32 页。

分享为主要生产模式，在用户自主交流与互动的同时，与相关商家合作开展基于社区的电商业务，为用户提供更加多元的服务。

在主题性维基社区之外，论坛、微信、微博等社交媒体也在内容综合性发展趋势的影响下成为志趣相投的用户生产并分享知识类信息的重要平台。论坛作为具有突出社区属性的社交媒体，其传播的内容自诞生之初就具有突出的公共性。在以天涯论坛为代表的综合性论坛中，用户可在时尚、旅行、读书、饮食等专区中围绕相关话题发布帖子，将自己在相关领域里的经验或见解分享给其他用户，并通过其他用户的回复实现进一步的探讨和互动。此外，以上述兴趣话题为核心内容的专题性论坛更是有效聚集了相关用户，方便他们围绕某一话题生产有价值的内容。众多网友发布的帖子聚集在一起，呈现出主题性维基社区中的内容生产样态，为具有相关信息需求的用户提供了参考。

在注重构建内容垂直生态系统的微信公众号平台中，大量个体和组织用户根据个人取向和组织定位进行着不同种类的公共性内容生产。与论坛中的兴趣专题类似，众多个人或组织用户也在微信公众号中撰写以时尚美妆、旅行游记、医疗健康等为主题的文章，为关注其公众号的用户提供相关的知识和技能。以知名时尚类微信公众号“黎贝卡的异想世界”为例，该公众号由黎贝卡（原《南方都市报》的首席记者）于 2014 年 10 月 25 日创办，用于发表并推广自己撰写的时尚文章，为用户提供时尚方面的指导和建议。目前，该公众号已经获得超过 45 万粉丝的订阅量；文章的阅读量也高达 10 万 +，并带动了大量粉丝的实际购买行为。在微信公众号构建的内容垂直生态系统中，大量由用户撰写的时尚类文章与黎贝卡撰写的时尚类文章汇聚在一起，形成庞大的时尚分享类内容体系，供海量用户阅读和参考。

受微信公众号构建内容垂直生态系统发展方向的影响，微博也逐渐向内容垂直化方向发展。一方面，微博借助圈子功能搭建在线虚拟兴趣社区，为志趣相投的用户构建生产兴趣类专题内容的平台，从而在基础社交型内容之外拓展兴趣型公共性内容的生产与传播。另一方面，微博也注重对类型化博主的认证与推广。近年来，新浪微博在身份认证之外又推出了兴趣认证功能，对在不同内容领域进行持续性内容生产并具有一定知名度和影响力的博主进行身份认证。根据新浪微博的规定："用户在微博认可的内容范围内，持续30天发布超过30条相关内容的微博，并获得超过1万的阅读量就能获得兴趣认证；月阅读量大于100万时，用户就可获得'知名领域博主'称号。"① 通过这一认证功能，新浪微博将在不同兴趣专题中具有内容生产能力和影响力的用户聚集在一起，构建起以兴趣为主题的内容网络，方便其他用户根据兴趣认证身份，有针对性地选择历史类、健康类、时尚类等内容进行关注。

三　问答性维基社区中的用户解答问题

问答性维基社区是由用户根据需求提出问题，由参与者自愿提供答案，并设有相应奖励机制的社区类问答平台。这类应用模式也被称为威客，于2005年由刘峰提出，是指"将人的知识、智慧、经验、技能通过互联网转换成实际收益的互联网新模式"②。目前，代表性的问答性维基社区有百度知道、新浪爱问、知乎等。在问答性维基社区中，用户的收益以积分为主，商业属性不突出，用户的答题行为多受兴趣驱动。此外，以K68、猪八戒为代表的网站也采用威客模式，以现金结算为主，为企业和个人提供包括平面设计、LOGO设计、创意、文案、营销策划等多种服务在内的需求和供应平台。因为此类平台的商业属性突出，与维客模式存在一定的差距，笔者将不对此类平台中用户生产内容的表现形式进行论述。

2005年6月，搜索引擎公司百度推出了一款基于搜索的互动

---

① 节选自新浪微博认证首页：http：//verified. weibo. com/verify/pc/interest/interestverify，2018年6月10日。

② 史新、邹一秀：《威客模式研究述评》，《图书与情报》2009年第1期。

式问答平台"百度知道"。该平台以用户为内容生产主体，以用户间的协作式问答为主要的内容生产模式，为用户搭建了以问题为纽带的交流与互动平台。在"百度知道"中，注册用户可以在提问页面的标题栏中撰写49字以内的问题，或在补充问题框中进行补充说明，并通过图片、标签等形式来丰富问题的信息。在回答方面，用户可以进入问题页面，从新提问、高悬赏、热门提问和神讨论栏目中选择自己感兴趣的问题进行回答，或者通过网页中的"我的兴趣"功能添加领域检索词搜索自己感兴趣领域的问题进行针对性回答。用户在"百度知道"中的回答和提问一经提交，便成为百度的默认资源，并作为检索结果呈现在搜索引擎的界面中。这也是百度知道用户参与搜索引擎内容生产的一种表现。此外，由于"百度知道"中进行的问答涉及社会生活的方方面面，为保障用户的隐私，网站专门设置了匿名提问和隐藏回答的功能，促使用户之间的问答互动更加自由。

图3－19　百度知道的提问界面

图 3-20　百度知道问题界面

网站以积分的形式对用户进行奖励，积分分为经验值和财富值两部分。用户登录、回答或回答被采用将获得不同分值的经验值；用户的等级也会随着经验值的增加而相应地提升。用户的财富值则主要通过回答被采用的途径获得。用户获得的积分可以用于提问时设置悬赏分、进行追问或在百度商城中兑换物品。在百度知道的用户中，具有专业背景、从业经验和知识储备的用户可以申请实名认证的行业专家。作为行业专家的用户不仅可以以百度知道为平台进行个人推广，还能帮助其他用户从更为专业的角度解答问题。此外，热心用户还可以申请担任“芝麻将”，在百度知道官方工作人员的指导下完成社区管理工作。与此同时，为了加强用户间的协作性，网站还设置了团队答题功能。具有一定等级的活跃用户可以组建答题团队，并吸纳优秀的答题用户进入团队进行协作式答题，从而大幅度提升了答案的专业性和采纳率。

百度知道以自由开放的平台、灵活多元的奖励制度，促成了用户间的问答式互动生产。与之类似的还有新浪网于 2005 年 6 月推出的新浪爱问。以上两类问答性维基社区以搜索引擎网站或门户网站强大的用户群为基础进行业务拓展，又以社区中用户生产的内容服务主站的信息生产，从而构建起系统的传播网络。除以上两类代表性的问答性维基社区外，2010 年 12 月上线的独立的问答性维基社区知乎则呈现出突出的社交属性和个性化的内容风格。知乎以话题为导向，将用户的问答进行系统分类，并引导用户在答疑解惑之余表达发散性的思考和观点，允许用户开设专栏或撰写文章进行信息分享，呈现出一定的论坛属性。与此同时，知乎中的“人”即具有特色的活跃用户，也是其他用户查看知乎内容的重要导向。用户通过知乎平台上的关注与互动，也搭建起以问答内容为纽带的新型的虚拟社交关系。此外，知乎还设置了与维基型百科网站类似的功能，允许用户对问题、话题、问题的补充说明、话题描述等进行编辑和修正，以提高问答质量，减少同质性内容。

知乎以其综合性的功能设置和个性化的内容风格成为近年来备受欢迎的问答社区，代表着问题性维基社区向功能多元化、内容特色化方向发展的新趋势。2010 年上线的泛科技社区果壳网集兴趣分享、问题解答、社交互动于一体，也是问题性维基社区向新趋势发展的代表。问答性维基社区从用户的需求出发，为用户有针对性地提供问题的解答方案，实现了网络知识的精准化传播。而这种由用户解答用户问题的应用模式，凭借其便捷性、互动性、内容丰富等方面的优势也开始在网络教育中推广，成为用户解答问题、获取新知、发散思维的新途径。

整体而言，知识型 UGC 应用将普通用户在知识、技能方面的生产力汇聚在一起，通过用户间协同互助的生产模式，让聚合性的内容生产体系全面、系统、有针对性地为海量用户的多样化知识、技能需求服务，发挥了堪比专业知识传播的影响力，实现了网络媒体中知识生产的长尾效应。而普通用户也以网络媒体为平台，开始突破娱乐类、生活类内容的生产体系，通过编撰、分享、解答等生产行为，涉足并逐渐深入参与专业内容的生产。

第五节　商业型 UGC 应用中的用户生产口碑与商讯

商业型 UGC 应用是用户在电子商务领域进行内容生产的表现，

具体指“可供用户生产与社会化商务相关的内容的平台”[①]。“社会化商务指的是社会化媒体中受个体社会化网络影响的交易活动，这些活动引发交易活动的需求认知、购买决策、购买和购后各个阶段。”[②] 社会化商务伴随着 2005 年社交媒体的兴起而出现，是电子商务借助社交媒体进行营销的新模式。各类电商平台不仅引入社交媒体应用来辅助营销，还将营销业务植入社交媒体中拓展市场。受此影响，原本作为消费者的用户也有机会借助社交媒体在内容生产与关系构建中的作用，参与到社会化商务的传播体系中来，通过生产相关信息推动营销的进行。综合来看，用户进行的与社会化商务相关的内容生产主要包括以购物推荐和评论为主的口碑生产和以售卖信息为主的商讯生产。

一　用户生成口碑

“口碑是消费者与消费者之间关于产品或服务的特性、使用经验及提供商等信息的交换与沟通”[③]，是市场营销的重要手段。传统的口碑传播大多以现实的社交关系为基础，集中表现为亲朋好友之间的口口相传。互联网时代，以社交媒体为代表的网络媒体应用不断拓展用户的虚拟社交圈子，推动着口碑传播开始在陌生人之间展开，并实现了病毒式的扩散和蔓延。作为电子商务的关键一环，由用户生产的网络口碑不仅在电子商务平台中发挥着重要的作用，而且在各类社交媒体或维基社区中也扮演着营销推手的角色。

（一）电商平台中的用户参考性评价

2003 年 5 月，由阿里巴巴公司创立的淘宝网是我国电商平台的领导者。该平台为用户提供门类丰富的商品，并将用户的购后评价

① 朱庆华、赵宇翔、谈晓洁、张薇薇等：《新一代互联网环境下用户生成内容的研究与应用》，科学出版社 2014 年版，第 8 页。

② 童泽林、王钦：《社会化商务：内涵、价值与驱动因素》，《国外社会科学》2015 年第 3 期。

③ 陈明亮：《在线口碑传播原理》，浙江大学出版社 2009 年版，第 4 页。

作为用户购物流程的必要环节纳入整个售卖体系之中。淘宝网的评价系统包括宝贝与描述相符、卖家服务态度、卖家发货速度、物流公司服务四个部分。每位用户在收到货品后，可根据购物体验和对物品的满意度做出匿名或实名评价。评价的方式包括打分和以文字、图片或视频的方式撰写具体的评价信息。所有用户的评价都将根据时间先后呈现在每个商品的购物页面中以供其他用户参考。网站还将用户的评价分为有图、追评、好评类评价和差评类评价等类型，方便用户有针对性地查看对自己有用的评价。与此同时，用户的综合评价结果将直接影响淘宝卖家的信用等级和商品在检索页面的排序，进而影响其他用户的购物选择。

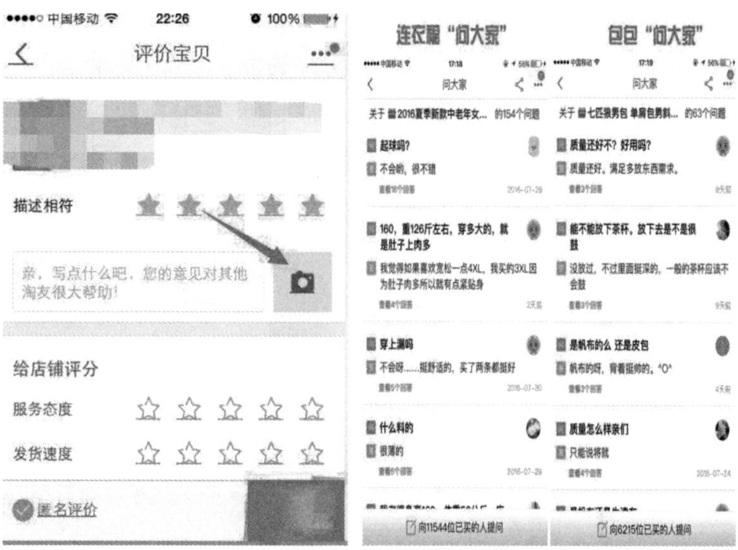

图 3－21　淘宝网的用户评论界面和“问大家”界面

与此同时，为了增强用户之间的交流和互动，淘宝还设置了问大家功能和圈子社区。问大家功能置于每个商品的购物页面之中，允许用户向已购商品的用户进行咨询。淘宝网在已购商品的用户中随机挑选 1—20 位发送回答邀请。圈子是淘宝网为用户设置的交流社区。用户可以加入不同的圈子，并以图文的形式创建话题，与其他兴趣相投的用户分享货品或购物经验。在这以消费者为主体的社区中，用户在自我展示、交流互动的同时，也将商品信息以一种非营销的方式进行了推广。由此可见，淘宝网综合运用社交媒体的多种功能，构建了一个以用户为主体、以用户评价为主要内容的营销体系。这种由用户生产评价、由用户引导用户的口碑营销方式也广泛应用于京东、亚马逊、网易考拉海购等各类综合性电商购物平台中。

在综合性电商平台中，用户不仅可以通过撰写评价或发帖分享等方式生产内容，还可以通过购物行为生产数据化信息。亚马逊网站利用大数据技术，将用户的购买行为作为数据进行统计、分析，并向具有相同商品喜好的用户进行智能化推荐。网站在每个商品的购物界面中设置"购买此商品的顾客也同时购买"、"看过此商品后顾客买的其他商品"以及"您最近查看的商品和相关推荐"三个推荐专区，引导用户在关注此商品的同时能够关注其他更多的商品信息。而用户也在非自觉的状态下以行动的方式生产着口碑类的营销信息，并对其他用户的购买行为产生了影响。

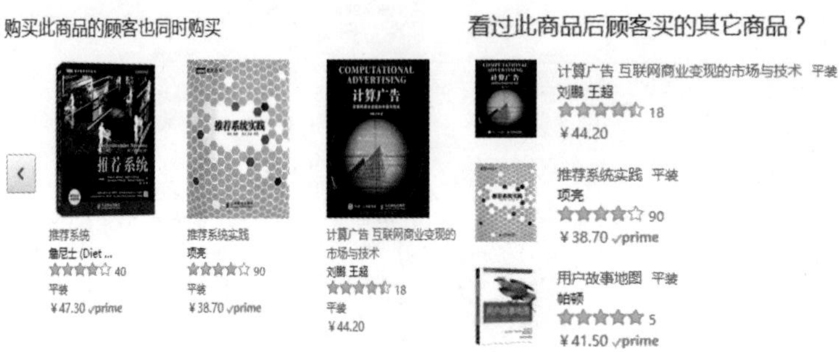

图 3－22　亚马逊网站根据用户购买数据设置的智能推荐专栏

此外，与综合性电商平台类似的第三方点评类消费平台，也以用户点评为主要服务内容，实现商家与用户间的精准营销。2003 年 4 月上线的大众点评网，作为连接用户与商家的第三方消费平台，以用户点评的方式向其他用户提供饮食、娱乐、生活服务等方面的消费指南。注册用户可在商家页面中以文字、图片、视频等形式撰写评价并对其各项服务指标进行打分，同时将推荐菜品、技师、影片等提供给其他用户引导其选择。用户的综合评价结果和推荐次数将影响商家或产品的曝光率和搜索排位。与此同时，为了增强点评的影响力，大众点评网还为用户提供了添加通讯录、微信、QQ 好友的功能，定期推送好友点评过的商家信息供用户参考。通过线上陌生用户与线下好友的点评与推荐，用户在大众点评网中获得了具有针对性、可信性的消费指南。而商家也在大众点评网中获得了以口碑营销为主的营销平台。

（二）网络社区中的用户分享式导购

2009 年 11 月，以白领女性为主要用户群体的时尚导购社区类网站美丽说上线。该网站为用户提供时尚穿搭分享平台，并在用户推荐的内容中置入商品链接，是社会化商务模式的引领者。在美丽说网站中，用户既可以展示自己的搭配作品，也可以撰写自己的穿搭技巧与其他用户进行交流。而作为信息接收者的用户在向各类美妆达人、服饰搭配达人学习时尚技巧的同时可以更有针对性地选择自己需要的时尚类商品。2013 年，美丽说转型为电子商务平台，消费社区的属性逐渐弱化。

与美丽说类似，2013 年上线的小红书也是一个以购物分享社区为特色的消费平台。小红书主营跨境电商业务，“深耕 UGC 购物分享社区，短短 4 年成长为全球最大的消费类口碑库和社区电商平台”①。该网站为用户提供笔记功能，供用户以图文或小视频的形式分享自己在时尚、美妆、美食、运动、影音、旅行、居家、母婴、读书、数码等领域的购物经验或穿搭技巧。用户通过阅读其他用户撰写的笔记或拍摄的视频获得购物指南后再通过小红书的购物平台进行购买，获得了方便、快捷、有指导的购物体验。而小红书电商平台的产品营销也经由用户撰写的口碑类内容得到了优化。此外，以豆瓣、马蜂窝为代表的主题性维基社区，也以社区分享平台为基

---

① 节选自小红书网站：http：//www.xiaohongshu.com/join，2018 年 6 月 10 日。

础拓展了相关的电商业务。用户在维基社区中撰写的评论、推文、游记成为引导其他用户做出购物选择的重要参考，发挥着口碑营销的作用，是用户生产与社会化商务相关内容的一种表现。

图 3－23　小红书首页精选的用户撰写的分享类笔记

除上述社区类消费平台外，论坛、博客、社交网站、微博、微信等社交媒体也是用户生产口碑类内容的重要平台。在各类社交媒体中，用户以兴趣或利益为驱动，进行着包括汽车、时尚、美食、旅行等各类涉及商品信息的展示、分享和推荐。小米论坛中的交流帖、网易博客汽车频道中的博文、“黎贝卡的异想世界”微信公众号中的时尚文章以及“日食记”微博中的美食视频等都是由用户生产的生活服务、技能分享类内容。此外，即使是社交网站上的一条新鲜事、微信朋友圈中的一条状态，在用户展示生活的同时，也可能包含消费建议。以上这些与日常生活息息相关的内容，因对其他用户的消费行为具有引导作用，也是用户在社交媒体中进行口碑营销的一种表现。

2007 年 8 月 13 日，导演冯小刚受演员张歆艺所托在其微博为即将上映的电影《二十二》进行推荐，介绍了这部以“慰安妇”为主题的电影在拍摄过程中以及上映排片中遇到的困难。这条微博一经发出就得到了近 13 万次的转发和 20 多万次的点赞，并在微信朋友圈等社交媒体中不断扩散。最终，该影片在名人的推荐下，在普通用户的关注、评论与转发中，获得了更多的排片量和超过 1 亿元的票房。这个案例只是社交媒体进行病毒式营销的一个代表，却展现了海量用户生产的口碑类内容的影响力。综合来看，社交媒体自由表达与分享的功能以及关系连接、聚合的作用，使得用户以社交互动的形式生产的口碑类内容在社交媒体多元、庞大的关系网中层层扩散，并对其他用户的实际购买行为产生了堪比人际传播的影响力。

二　用户展演售卖信息

以互联网技术为基础的电子商务平台不仅通过网络口碑营销的方式将作为消费者的用户群体纳入整个营销体系，还通过为个体用户提供更为便捷、灵活的开店渠道的方式让用户参与到电子商务的运作体系中来，成为生产售卖信息的卖家。在以淘宝为代表的大型综合性电商平台中，个人用户可以通过注册、实名认证、资格审核的方式免费开设店铺，对店铺进行自主设计和运营。此外，在以“闲鱼”“转转”为代表的二手货交易平台中，用户只需进行注册和实名认证，就可发布闲置物品的图文信息进行售卖。

2018 年由网络红人李佳琦掀起的直播带货浪潮也成为当前广大用户生产售卖信息的热门方式。根据第 48 次《中国互联网络发展状况统计报告》显示，“截至 2021 年 6 月，我国电商直播用户规模为 3.84 亿”①，在各类直播用户中占比最高。用户依托淘宝直播、快手直播等平台开设自己的直播间，由自己担任主播亲身体验、展示、讲述产品信息，通过与消费者互动的方式激发消费者的购物热情，实现产品的推广和售卖。而借由直播方式生产的更加直观、形象的

① 中国互联网络信息中心：第 48 次《中国互联网络发展状况统计报告》，http：//www.cnnic.net.cn/hlwfzyj/hlwxzbg/hlwtjbg/202109/P020210915523670981527.pdf，2021 年 12 月 20 日。

图 3－24　闲鱼平台中用户生产售卖信息的界面以及用户发布的售卖信息

售卖信息有效地减轻了消费者对网购产品与实物差距大的担忧，对电子商务营销有突出的改善作用。据统计，2021 年“双十一”期间李佳琦直播间预售当天的成交额就高达 106.5 亿元。[①] 作为行业中的头部主播，李佳琦的成长轨迹集中呈现了个体用户通过在直播中展演售卖信息逐渐积累并达成的堪比专业品牌的售卖影响力。

与此同时，微信、微博这两类聚集了庞大用户群体的社交媒体也为用户提供了电子商务平台。微信的微店平台供用户进行简单的注册和实名认证后开店运营。用户可以自主装修微店、撰写店长笔记、管理售卖、营销等一系列商务活动。微店的优势在于用户可以借助微信朋友圈的关系网开展营销，并运用口碑营销的影响力进行业务拓展。与之类似，微博的微博橱窗功能则以用户的微博账号为

① 界面新闻：《双 11 首日直播战绩出炉：李佳琦销售额破百亿再创纪录，薇娅第二》，https：//baijiahao. baidu. com/s？ id = 1714199058023951034&wfr = spider&for = pc，2022 年 1 月 3 日。

基础，供用户进行更加简便的图文售卖信息生产与发布。此外，用户还可以将微博橱窗与电商平台中的店铺绑定，将微博橱窗作为营销平台，在微博粉丝圈中进行推广，为电商平台中的店铺商务服务。

个体用户借助电子商务平台或社交媒体中低成本、易操作的开店服务实现了由消费者向卖家的转变，生产着各类商品信息供其他用户选择，打破了由企业主导的传统商务运作模式。这种人人有机会开店的电子商务模式体现了互联网开放的精神，而用户基于社交媒体展开的电商业务也体现了商务活动社会化的发展趋势。

在商业型 UGC 应用中，用户的角色无论是作为消费者还是口碑营销的内容生产者都发挥着积极的能动作用，是电子商务体系中具有选择权、决定权和影响力的关键性角色。以社交媒体为基础展开的社会化商务，将用户纳入商家或营销系统中来，打破了传统的以企业为主导的单向营销模式，注重利用关系与用户进行对话和沟通，在关系中拓展商务、进行营销。而用户通过参与口碑类内容和售卖类内容的生产，也组建起有机的互动社区，在分享的同时不断优化着自己的购物体验、拓展着商务运营。

综合以上五类网络媒体 UGC 应用中用户生产内容的表现形式，笔者认为社交媒体的诞生为用户经营自媒体、参与专业网络媒体的内容生产提供了前提和基础。而各类网络媒体也将社交媒体的功能引入其中，为用户提供内容生产的平台，增强其互动性和参与性。与此同时，受网络媒体信息海量性、应用形式多样性的影响，各类 UGC 应用在功能上不断融合，综合提供社交类、舆论类、文娱类、知识类、商业类等多种服务的发展趋势日益明显。与传统媒体相比，网络媒体呈现出突出的平台属性，供用户自主进行信息生产与传播，而不受专业生产者的影响和束缚。随着用户的内容生产能力不断增强，其在新闻传播、文化娱乐、知识技能、商业营销等多个领域进行的内容生产不仅弥补了专业媒体有限的生产能力，还凭借聚合性的创造力为网络媒体提供了更为丰富的内容。

受网络媒体类型多样、内容交叉融合的影响，笔者在本章的论述中未以网络媒体的类型为分类标准，而根据 UGC 内容的分类方式对用户在网络媒体中生产内容的表现形式进行了系统分析。与传统媒体时代的读者、听众、观众生产内容相比，互联网时代的用户不仅综合运用文字、图片、音频、视频等多种形式进行内容生产，而且逐渐由辅助专业生产者进行内容生产的角色转变为与专业生产者合作进行内容生产的角色，甚至在社交媒体中实现了主导式的内容生产角色。与此同时，随着网络媒体日益深入社会生活的方方面面，进行内容生产的用户群体不断壮大，用户的生产行为也逐渐日常化。互联网时代，用户生产内容的作用和影响力强势凸显，成为被关注和发展的重点。

此外，在网络媒体的不断冲击下，传统媒体也开始向网络媒体转向，在网站、社交媒体、App 应用等多种平台中进行业务拓展。作为由传统媒体运营的网络媒体，传统媒体的网络平台不仅可以利用线下的内容生产体系进行内容生产，还建立起网络媒体中的内容生产体系进行融合式生产。因此，在此类特殊的网络媒体中，用户进行内容生产的形式既包括网络媒体 UGC 应用中的多种生产形式也包括传统媒体中受众参与内容生产的各类形式。另外，当社交媒体逐渐成为人际沟通、交流的主要方式之时，传统媒体中读者、听众、观众通过来信、来电参与内容生产的方式也逐渐网络化。受众可以通过发送电子邮件、微博留言、微信公众号互动等方式参与互联网时代传统媒体的线下内容生产。

第四章

从受众到用户:UGC 生产者角色的变迁与形塑

在前面三章中，笔者系统地梳理了我国纸质媒体、电子媒体、网络媒体中读者、听众、观众、用户生产内容的表现形式。综合来看，受各类媒体不同传播模式的影响，受众、用户参与内容生产的主体、形式、领域各有不同。而在 UGC 的概念中，生产者仅指 Web 2.0 时代非专业的用户，并不包括 Web 1.0 时代的用户和传统媒体时代的受众。结合前文的论述，读者、听众、观众能否被视为生产者？UGC 概念中的生产者角色是否应该被扩展？如果可以扩展，内容生产者的角色该如何界定？本章，笔者将针对以上三个问题，从受众角色的历史演进出发，围绕 UGC 内容生产方式中的生产者一环进行理论和实践层面的辩证分析。

第一节　从魔弹论到用户观:受众角色的演变与发展

“在广义层面上讲，受众（audience）是指大众传播所面对发言的无名个体与群体"[①]，它作为对"'接收者'的总体指称"[②]，是传播的关键要素之一，也是进行传播效果研究的重要切入点。丹尼斯·麦奎尔（Denis McQuail）将媒介受众的起源追溯到"古希腊罗马时期竞技场中观看体育比赛的观众以及剧院中观看公共戏剧与音乐表演的观众"[③]。早期的受众根据自己的选择在规定的时间聚集在特定的场所观看专业化的世俗表演，并能与其他受众进行交流，向表演者做出直接的反馈。[④] 15 世纪中叶，古登堡发明的活字印刷术推动了印刷媒体的诞生，并催生了以"贵族"和"知识分子"为主的"阅读公众"出现。[⑤] 与早期的受众类似，阅读公众也呈现出突出的群体性和身份、兴趣的一致性。

随着印刷媒体市场化的发展以及"电影的发明和影院放映方式的出现，第一个社会科学意义上的受众概念诞生"[⑥]。自此，受众这一被指称为"接收者"的概念逐渐成为传播学、社会学、心理学、政治经济学、语义学等多个学科研究的重点，并在传播媒介发展的不同阶段呈现出差异化的角色特征。整体来看，西方的受众研究主要包括"消极的受众观"和"积极的受众观"两个分支。中国的受众研究起步较晚，受西方受众研究的影响较大，也主要以这两大分支为框架进行了一系列研究。本节，笔者将对中西方受众研究中展现的各种受众角色进行系统分析，并从理论层面对读者、听众、观

① ［英］罗杰·迪金森、拉马斯瓦米·哈林德拉纳特、奥尔加·林耐：《受众研究读本》，单波译，华夏出版社 2006 年版，第 1 页。

② ［英］丹尼斯·麦奎尔：《受众分析》，刘燕南、李颖、杨振荣译，中国人民大学出版社 2006 年版，第 2 页。

③ ［英］丹尼斯·麦奎尔：《受众分析》，刘燕南、李颖、杨振荣译，中国人民大学出版社 2006 年版，第 3 页。

④ ［英］丹尼斯·麦奎尔：《受众分析》，刘燕南、李颖、杨振荣译，中国人民大学出版社 2006 年版，第 3—4 页。

⑤ ［英］丹尼斯·麦奎尔：《受众分析》，刘燕南、李颖、杨振荣译，中国人民大学出版社 2006 年版，第 4 页。

⑥ ［英］丹尼斯·麦奎尔：《受众分析》，刘燕南、李颖、杨振荣译，中国人民大学出版社 2006 年版，第 6 页。

众成为生产者的可能性进行探讨。

结合本书采用的媒介技术研究视角和历时性研究思路，笔者以受众研究在时间上的发展脉络为主线，根据受众在不同媒介生态中的态度和行为，将受众的角色划分为受动型和能动型两类。其中，受动型角色展现了受众在信息传受过程中被动的态度和受控的地位，可细分为作为“靶子”的受众、作为“单向度的人”的受众、作为“拟态环境中的原子”的受众、作为“被驯化的消费者”的受众四种；能动型角色展现了受众在信息传受过程中主动的态度和多样化的参与行为，可细分为作为选择主体的受众、作为需求主体的受众、作为解码主体的受众、作为生产者的受众或用户。综合来看，受众的受动型角色和能动型角色存在时间上的继承关系和角色积极性上的发展关系。

一　作为对象的受动型角色

18 世纪以来，在工业革命的影响下，人类社会的工业化、城市化和现代化进程不断加快，与传统的群体性农耕社会相异的“大众社会”逐渐形成。在“大众社会”中，以农耕为基础的聚落被打破，不同的社会成员在机器化大生产的引导下聚集在一起形成新的异质化的社会架构。受此影响，“大众社会”中社会成员的人际关系、交往方式也不断变化，朝着个人化的方向发展。此外，日益市场化的印刷媒体和电子媒体在社会中不断普及，并促使社会成员个体化的媒介使用行为成为主流。① 基于此，在“大众社会”中主要依赖“大众媒体”获取信息的“大众”并被界定为具有匿名性、分散性和异质性的受众。受众研究就在这一背景下，于 20 世纪二三十年代产生。

---

① ［美］希伦·A. 洛厄里、梅尔文·L. 德弗勒：《大众传播效果研究的里程碑》，刘海龙等译，中国人民大学出版社 2009 年版，第 4—8 页。文中《空中水印剧场》应为《空中水星剧场》，原文为误译。

在西方受众研究中，受众作为“靶子”、作为“单向度的人”、作为“拟态环境中的原子”、作为“被驯化的消费者”的受动角色分别对应的是 20 世纪 30—40 年代经验学派研究视野下的受众、20 世纪 50—60 年代中期批判学派研究视野下的受众、20 世纪 60 年代后期—80 年代经验学派和批判学派研究视野下的受众、20 世纪 60 年代后期—80 年代政治经济学派和批判学派研究视野下的受众。不同的研究视角展现了受众在不同层面扮演的受动角色。

（一）作为“靶子”的受众

“西方的受众研究最初起源于对广播听众的调查，但作为一个专门的理论领域和研究方向，是从世界大战中对战争宣传的研究开始的。”① 这一时期，对战争宣传展开的政治学研究，被后人总结为最早的传播效果理论假说“魔弹论”。“魔弹论认为受众是靶子，毫无抵抗力，而媒介所传播的内容则是魔弹，传媒需要的只是对着靶子射击。只要传播者射中了靶子，受众就会受到媒介的摆布和控制。”② 魔弹论以“大众社会”个体间的疏离现状以及心理学的“刺激—反应”模式为基础提出，将受众视为被动接受传媒信息并能根据传媒预想的结果做出反应的孤立的个体。该理论开启了受众受动型角色研究的序幕，并被后续进行受众研究的学者贯彻、发展。

1938 年 10 月 30 日，美国哥伦比亚广播公司《空中水银剧场》播放的广播剧采用新闻播报的方式，让众多听众认为火星人入侵地球的悲剧发生，导致了多个城市的听众大逃亡。③ 针对这一由广播引发的突发事件，普林斯顿大学广播研究室进行了以“大众传播造成

---

① 臧海群、张晨阳：《受众学说：多维学术视野的观照与启迪》，复旦大学出版社 2007 年版，第 6 页。

② 胡翼青：《对魔弹论的再思考》，《国际新闻界》2009 年第 8 期。

③ ［美］希伦·A. 洛厄里、梅尔文·L. 德弗勒：《大众传播效果研究的里程碑》，刘海龙等译，中国人民大学出版社 2009 年版，第 29 页。

的恐慌行为”为主题的调查研究。[①] 研究发现，“至少有 600 万人收听了这个节目，并且至少有 100 万人受到了严重的惊吓或者惊慌失措”[②]。广播作为当时的主要大众媒体，是人们接收信息的主要途径。社会环境、受众的个人人格以及收听情境都是导致受众恐慌行为的原因。这一事件被作为广播具有强大影响力的代表性案例，更凸显了受众作为传播对象受动、易受影响的形象。

1948 年，传播学奠基人哈罗德·拉斯韦尔（Harold Lasswell）在其撰写的论文《社会传播的结构与功能》中提出了经典的“5W”模式。“5W”模式将传播过程描述为“谁（who），说什么（say what），通过什么渠道（in which channel），对谁说（to whom），取得什么效果（with which effect）”[③] 五个环节。这一模式将受众分析确立为传播学的五大研究分支之一，但也因缺乏反馈一环而被诟病，并被批判是“魔弹论”的贯彻者。胡翼青更是指出：“基于拉斯韦尔 5W 模式之上的主流传播学仅仅是一种功能主义意识形态而并非学术，我们这么多年来所研究的传播理论在很大程度上只是美国的一种社会控制的意识形态思想。”[④] 由此可见，作为传播学经典模式之一的“5W”模式，是拉斯韦尔在以服务政治宣传为目的的研究中提出的，具有突出的传者中心论色彩，旨在将受众视为受动的个体实现有效控制。此外，笔者认为“5W”模式缺乏反馈一环的缺陷也在一定程度上体现了在报纸、广播、电视等大众媒体的传播中受众及时反馈的不便性和滞后性。

---

① ［美］希伦·A. 洛厄里、梅尔文·L. 德弗勒：《大众传播效果研究的里程碑》，刘海龙等译，中国人民大学出版社 2009 年版，第 34 页。

② ［美］希伦·A. 洛厄里、梅尔文·L. 德弗勒：《大众传播效果研究的里程碑》，刘海龙等译，中国人民大学出版社 2009 年版，第 41 页。

③ ［美］哈罗德·拉斯韦尔：《社会传播的结构与功能》，何道宽译，中国传媒大学出版社 2013 年版，第 35 页。

④ 胡翼青：《导读》，载［美］哈罗德·拉斯韦尔《社会传播的结构与功能》，何道宽译，中国传媒大学出版社 2013 年版，第 9 页。

（二）作为“单向度的人”的受众

1923 年，德国法兰克福学大学的“社会研究所”成立。该研究所汇聚了马克斯·霍克海默（Max Horkheimer）、西奥多·阿多诺（Theodor Adorno）、瓦尔特·本迪克斯·舍恩弗利斯·本雅明（Walter Bendix Schoenflies Benjamin）、赫伯特·马尔库塞（Herbert Marcuse）等学者，采用社会哲学的视角，对文化与意识形态问题进行了批判式研究，并于 20 世纪 50 年代形成了“用以表征正统马克思主义与自由民主主义的批判者形象的法兰克福学派”①。法兰克福学派以现实的社会问题为基础，围绕“异化”“理性”等问题展开讨论，对工具理性、实证研究和启蒙运动进行了批判，② 认为“媒介成了被工具的主观的理性纳入技术统治下而被操纵的典范”③，而作为媒介传播对象的受众则成为被异化、被“工具性理性”支配和操纵的缺乏批判能力的“单向度的人”。

1947 年，法兰克福学派学者霍克海默和阿多诺撰写的著作《启蒙时期辩证法》出版。阿多诺在其中提出了“文化工业”的概念，用来指称“与产生于民众的文化不同的商业文化”④。阿多诺认为文化工业具有“商品性、标准性和批发性”⑤ 的特征，是通过批量复制生产的标准化商品。这些文化商品内含了资本主义体制的政治、经济意图，以伪个性化的形式不断创造着社会成员同质化的需求，将社会成员纳入社会主流意识形态之中，逐渐丧失了文化应有的批判否定功能。大众传播媒体作为文化工业生产与传播的有力工具，提升了文化商品的普及率和影响力；媒体中大量

① 欧力同、张伟：《法兰克福学派研究》，重庆出版社 1990 年版，第 10 页。

② 刘海龙：《大众传播理论：范式与流派》，中国人民大学出版社 2008 年版，第 300 页。

③ 石义彬：《单向度、超真实、内爆：批判视野中的当代西方传播思想研究》，武汉大学出版社 2003 年版，第 10 页。

④ 刘海龙：《大众传播理论：范式与流派》，中国人民大学出版社 2008 年版，第 304 页。

⑤ 石义彬：《批判视野下的西方传播思想》，商务印书馆 2014 年版，第 23 页。

传播的同质化内容也成为文化工业的一种表现。而受众在接收报纸、广播、电视等大众媒体传播给他们的文化工业产品时，不可避免地被社会主流意识形态“收编”，形成一致的以消费为导向的认知、需求与取向，逐渐丧失了“主观创作能力、想象力和自发性”①。

1964 年，法兰克福学派的另一位代表性学者马尔库塞在“文化工业”的基础之上又提出了“单向度”的思想。马尔库塞认为技术成为发达资本主义社会实现极权主义的新动力。发达资本主义社会通过新闻媒介等手段强化着主流秩序，在政治、经济、文化、生活等方面实现了一致化。而与主流秩序相异的理性反思、创造性的质疑力量都被视为越轨的行为加以斥责；以高雅艺术为代表的具有否定力量的文化甚至也被主流意识形态“收编”，呈现出“文化工业”的商品化样态。受此影响，被大众媒体深入影响的受众的“反对现状的思想能够深植于其中的‘内心’向度被削弱了。这种内心向度本是否定性思考的力量，也即理性的批判力量的家园，它的丧失是发达工业社会压制和调和对立面的物质过程在思想意识上的反应”②。而这种丧失“否定性、批判性和超越性”的受众就被定义为“单向度的人”。马尔库塞的“单向度”的思想与阿多诺“文化工业”的概念都将大众传播媒体视为“对人的精神奴役和全面控制”③，认为受众在媒体的信息灌输中逐渐失去了批判性和创造力，并将媒体灌输的思想作为生活方式加以应用，从而维持了主流秩序的正当性和统治性。

除以上两个将受众视为“单向度的人”的理论外，法兰克福学派第二代学者哈贝马斯提出的“公共领域转型”的思想也表达了类

① 石义彬：《批判视野下的西方传播思想》，商务印书馆 2014 年版，第 28 页。

② ［美］马尔库塞：《单向度的人：发达工业社会意识形态研究》，刘继译，上海译文出版社 2006 年版，第 11 页。

③ 石义彬：《单向度、超真实、内爆：批判视野中的当代西方传播思想研究》，武汉大学出版社 2003 年版，第 24 页。

似的观点。所谓公共领域就是“由私人集合而成的”[①] 独立于国家和社会之外的，允许社会成员围绕“基本上已经属于私人，但仍具有商品交换和社会劳动领域的一般交换规则等问题”[②]，进行自由、理性讨论的空间。大众媒体突出的言论性和公开性使其“既是公共领域的组成部分，也是公共领域一种内在的机制”[③]。但哈贝马斯认为，受“市场的垄断和国家职能扩大两个因素”[④] 的影响，政治权利逐渐深入私人领域进行干预，而私人领域也呈现出突出的公共性。原本独立于国家和社会之外的公共领域逐渐消失。作为公共领域的大众媒体也在经济因素的影响下不断商业化；新闻故事化、娱乐化的倾向尤为突出。而原本依赖媒体这一公共领域展开理性讨论的受众也在媒体的影响下逐渐丧失了思辨性和批判性，“成为了文化的消费者”[⑤]。

（三）作为“拟态环境中的原子”的受众

西方的社会学、心理学学者也曾对媒介传播中的受众认知问题进行了针对性研究，并从社会学、心理学的角度解读了受众受动认知的角色。1922 年，沃尔特·李普曼（Walter Lippmann）在其著作《舆论学》中，开篇就讨论了“现实世界与我们的想象”的问题。李普曼认为：“我们的认识是何等的间接；我们总是把我们自己认为的真实的情况当做现实环境本身”[⑥]，“人的行为是对于虚假环境的

① ［德］尤尔根·哈贝马斯：《公共领域的结构转型》，曹卫东译，学林出版社 1999 年版，第 33 页。

② ［德］尤尔根·哈贝马斯：《公共领域的结构转型》，曹卫东译，学林出版社 1999 年版，第 35 页。

③ 石义彬：《批判视野下的西方传播思想》，商务印书馆 2014 年版，第 69 页。

④ 刘海龙：《大众传播理论：范式与流派》，中国人民大学出版社 2008 年版，第 309 页。

⑤ 刘海龙：《大众传播理论：范式与流派》，中国人民大学出版社 2008 年版，第 309 页。

⑥ ［美］沃尔特·李普曼：《舆论学》，林珊译，华夏出版社 1989 年版，第 2 页。

一种反应，其后果就是在发生行动的真实环境中起作用”①。在李普曼看来，“报刊是接触超越视野以外的环境的主要工具”②，即大众媒体营造了供人们认知的“虚假环境”，又被称为“拟态环境”。人的认知与行为都是这一“拟态环境”做出的反应。而大众媒体营造的“拟态环境”也不是对社会现实环境“镜子式”的反应，而是经过选择、加工的结果。李普曼关于两个环境的论述展现了受众在大众媒体营造的“拟态环境”中进行认知、发起行动的现状，是受众作为对象的受动型角色的一种体现。

受李普曼观点的启发，麦克斯韦尔·麦库姆斯（Maxwell McCombs）和唐纳德·肖（Donald Shaw）于 1968 年提出了“议程设置假说”。该假说认为：“媒介也许在告诉人们‘怎么想’方面都不太成功，但在告诉人们‘想什么’方面却惊人地成功。”③ 此后，麦库姆斯和肖又于 1972 年以美国北卡罗来纳州的夏洛特为研究地点，对总统选举中新闻媒体议程与受众议程的相关性进行了系统分析，进一步证明了新闻媒体对于议程的重要性排序会影响受众对于议程的重要性排序。④ 随着“议程设置假说”的研究不断深入，麦库姆斯和肖又提出了“议程设置的第二层即属性议程的设置”，即媒介在向受众传递议程的同时也将议程的属性一同传递给受众。⑤ 媒介的属性议程设置进一步证实了媒介不仅能影响受众想什么，还能影响受众怎么想，进而对受众的行为产生影响。

除了以“议程设置”为代表的媒体影响受众认知的研究外，乔治·格伯纳（George Gerbner）在 1976 年提出的培养理论也从宏观

---

① ［美］沃尔特·李普曼：《舆论学》，林珊译，华夏出版社 1989 年版，第 9 页。

② ［美］沃尔特·李普曼：《舆论学》，林珊译，华夏出版社 1989 年版，第 9 页。

③ ［美］希伦·A. 洛厄里、梅尔文·L. 德弗勒：《大众传播效果研究的里程碑》，刘海龙等译，中国人民大学出版社 2009 年版，第 168 页。

④ ［美］希伦·A. 洛厄里、梅尔文·L. 德弗勒：《大众传播效果研究的里程碑》，刘海龙等译，中国人民大学出版社 2009 年版，第 170—181 页。

⑤ 刘海龙：《大众传播理论：范式与流派》，中国人民大学出版社 2008 年版，第 230 页。

角度分析了电视对受众认知长期的潜移默化的影响。[①] 20 世纪 60 年代，格伯纳参与了美国暴力原因与防范国家委员会关于电视暴力的研究项目，通过对黄金时段电视娱乐节目的暴力内容进行分析，得出“暴力是电视节目所表现的生活的最主要特征”[②] 的结论。以此研究为起点，格伯纳又进行了一系列与电视讯息系统相关的研究，并发现“所有电视讯息在一段时期内重复的、稳定的、居主导地位的讯息系统对受众产生了长期影响”[③]；不同观看程度的受众受电视讯息系统的影响不同。20 世纪 80 年代以后，培养分析的研究重点转向批判性的电视“主流化”研究。“主流化”作为一种由电视传播引发的控制过程，将受众受控的现实描述为“电视模糊了由于文化、政治、社会、地区和阶层等产生的差异，使人们的态度混同于电视的主流，并且使主流屈服于电视的政治和经济任务及其服务的体制”[④]。这一论断与法兰克福学派的批判理论具有一致性。

此外，随着媒介影像日益丰富多元，居伊·德波（Guy Debord）还将媒介塑造的环境界定为“景观社会”。德波认为：“在现代生产条件无所不在的社会，生活本身展现为景观的庞大堆聚。直接存在的一切全部转化为一个表象”[⑤]；其中“景观意指一种主体性的、有意识的表演和作秀”[⑥]，“是影像为中介的人们之间的关系”[⑦]。在德波的论述中，媒介就是制造社会景观的主要工具；媒介制造的景观

---

① 刘海龙：《大众传播理论：范式与流派》，中国人民大学出版社 2008 年版，第 244 页。

② ［美］希伦·A. 洛厄里、梅尔文·L. 德弗勒：《大众传播效果研究的里程碑》，刘海龙等译，中国人民大学出版社 2009 年版，第 191 页。

③ 刘海龙：《大众传播理论：范式与流派》，中国人民大学出版社 2008 年版，第 251 页。

④ 刘海龙：《大众传播理论：范式与流派》，中国人民大学出版社 2008 年版，第 258 页。

⑤ ［法］居伊·德波：《景观社会》，王昭凤译，南京大学出版社 2007 年版，第 3 页。

⑥ ［法］居伊·德波：《景观社会》，王昭凤译，南京大学出版社 2007 年版，第 10 页。

⑦ ［法］居伊·德波：《景观社会》，王昭凤译，南京大学出版社 2007 年版，第 3 页。

受到资本、政治力量的操纵和影响，并逐渐对“社会本真存在造成遮蔽”①。受众通过媒介制造的景观认识世界，进而根据景观形成认知、采取行动；媒介景观逐渐取代社会现实，变得比现实更重要。而受众也在对媒介营造的景观社会痴迷地观看过程中接受着资本或意识形态的统治，逐渐变得“默从、分离和孤独”②。

在“景观社会”的基础上，让·鲍德里亚（Jean Baudrillard）进一步提出“仿真与拟象”的概念，用来指称电子媒介不再以现实为基础制造影像，而依照“模型”仿真出拟象传播给受众的生产过程。在受众的眼中这种与现实毫无关系的“拟象”变为比真实更加真实的“超真实”。于是，真实变得不再重要；受众与真实彻底脱离，生活在以符号为主导的“超真实”环境中逐渐迷失。当媒介技术发展到互联网阶段，社交媒体的兴起更是将受众列入“超真实”生产者的序列之中，从而推动“后真相”时代的到来。“所谓后真相被用来描画客观事实在形成舆论方面影响较小，而诉诸情感和个人信仰会产生更大影响的情形。”③ 该术语作为牛津词典评选的 2016 年度热词，呈现了信息海量、信息生产者多元、信息渠道多样的互联网传播环境的复杂性。在网络媒体中，受众的认知不再以客观事实为标准，而是以情绪和利益诉求为主导。社交媒体中的人际关系更是影响受众评判真相的关键。当真相不再重要，网络传播环境在谎言、情绪化信息中变得混乱、无序，而受众也在情绪的驱动下不断产生信任危机，变为“缺乏主体性思考和自我判断能力的情绪的奴隶”④。

综合以上六个将受众视为媒介环境中受控原子的理论研究，笔者认

① ［法］居伊·德波：《景观社会》，王昭凤译，南京大学出版社 2007 年版，第 11 页。

② ［法］居伊·德波：《景观社会》，王昭凤译，南京大学出版社 2007 年版，第 11 页。

③ 胡泳：《后真相与政治的未来》，《新闻与传播研究》2017 年第 4 期。

④ 金燕：《“后真相时代”社交网络的信任异化现象研究》，《南京社会科学》2017 年第 7 期。

为“拟态环境理论”、“议程设置理论”与“培养理论”具有继承性和贯通性。“拟态环境理论”提出了受众依赖媒介制造的环境进行认知和行动的前提，而“议程设置理论”和“培养理论”则以这一理论为基础，进一步深入地呈现了媒介如何在其制造的拟态环境中影响受众的认知。此外，三个理论还从不同角度印证了政治和经济的力量会对媒介制造的“拟态环境”产生影响，进而达到影响受众认知和行为的目的。而“景观社会”“超真实”“后真相”三个概念则具有强烈的“后现代”色彩，将媒介的影响扩展到整个社会价值体系的范畴，认为媒介逐渐取代现实环境成为受众赖以生存的新环境，从“媒介化生存”的角度表现出对受众受控、被动和缺乏理智等角色的忧虑。

（四）作为“被驯化的消费者”的受众

在麦奎尔划分的受众研究的三种类型中，结构性分析作为最早的一类受众研究，将受众视为量化统计的对象，以数据的形式描述其媒介使用行为从而为媒介经营和广告运作服务。[①] 在结构性分析中，受众是媒介信息的消费者，构成了媒介营销的市场；媒介则根据受众的统计结果调整其传播方向和经营策略。受众与媒介的关系表现为经济学的买卖关系。以结构性分析为起点，达拉斯·斯迈兹（Dallas Smythe）又从政治经济学的角度批判性地提出了“受众商品论”。该理论认为：“受众不再是单纯的媒介消费者，其真实的身份是商品阅听人（即他们自身）的生产者；媒介向广告商出售的也不是物质形态的空间，而是所谓的文化商品和商品阅听人。”[②] 在斯迈兹看来，技术进步为劳动者带来的空闲时间被媒体卖给了广告商，供劳动者“用来学习商品知识，又促进新的购买活动”。[③] “受众商

① ［英］丹尼斯·麦奎尔：《受众分析》，刘燕南、李颖、杨振荣译，中国人民大学出版社 2006 年版，第 23—24 页。

② 臧海群、张晨阳：《受众学说：多维学术视野的观照与启迪》，复旦大学出版社 2007 年版，第 142 页。

③ ［加］达拉斯·斯迈兹：《论受众商品及其劳动》，载［英］奥利弗·博伊德－巴雷特、克里斯·纽博尔德《媒介研究的进路》，汪凯、刘晓红译，新华出版社 2004 年版，第 39—47 页。

品论”在媒体与受众买卖关系的基础之上揭示了传媒经营的“二次贩售模式”，并指明媒体把受众作为商品贩卖给广告商的第二次销售才是媒体经营的核心。这一侧重于经济结构的批判理论否定了受众作为消费者应有的主体性，而呈现出受众在消费过程中作为商品被售卖的受控角色。

与斯迈兹在“受众商品论”中提出的“受众的休闲时间被出卖的”的观点类似，德波在关于“景观社会”的论述中也指出：“景观垄断了耗费在生产过程之外的大部分时间。景观是对生产领域或生产所决定的消费领域中已做出的选择的普遍肯定。”① 由此可见，在德波的景观视角下，受众把休闲时间花费在电视广告、娱乐节目等媒介景观中，并接受了媒介景观倡导的原则——“呈现的东西都是好的，好的东西才呈现”②，逐渐成为被媒介景观驯化的消费者。此外，德波还进一步提出“伴随着‘第二次工业革命’的到来，异化的消费作为大众的一种不可避免的义务，只是一种附加的异化的生产”③。这一论断深刻地揭示了被广告等景观驯化的受众，实际上被资本主义“收编”，将休闲时间的消费转换为工作时间之外的另一种生产的现实。

关于“被异化的消费”的观点，鲍德里亚在其“消费社会”的理论中还进一步阐释道：“广告也许是我们时代最出色的大众媒介。它不再以某些真实的物品或真实的世界为参照，而是通过一个符号参照另一个符号、一件物品参照另一件物品、一个消费者参照另一个消费者的方式强加给受众一种一致性。”④ 在鲍德里亚看来“广告

① ［法］居伊·德波：《景观社会》，王昭凤译，南京大学出版社2007年版，第4页。

② ［法］居伊·德波：《景观社会》，王昭凤译，南京大学出版社2007年版，第4页。

③ ［法］居伊·德波：《景观社会》，王昭凤译，南京大学出版社2007年版，第15页。

④ ［法］让·波德里亚：《消费社会》，刘成富、全志钢译，南京大学出版社2000年版，第134—135页。

通过一种非真非伪的劝导性陈述"[①]，不断激发着受众的非现实需求，并将需求变成了一种新的统治方式。与此同时，鲍德里亚还指出，以符号为导向的消费，"取消了人们之间真实差别，使人们及产品都同质化，并同时开启了区分鉴别统治的一种工业垄断性集中"[②]。也就是说，受众在臣服于广告倡导的符号性消费时，也就认同了商品的交换价值比使用价值更重要的逻辑，进而从根本上接受了消费社会通过符号建立起的全新的等级序列。

在把受众视为"被驯化的消费者"的研究中，媒介与受众的关系被置于日常生活领域进行审视，体现出受众被消费异化的现实。这种批判视角也与亨利·列菲弗尔（Henri Lefebvre）的"日常生活批判理论"相合。

纵观以上四类西方受众研究中展现的受众的受动角色，笔者认为受众的受动性主要体现在对政治、经济控制的被动接受，以及批判意识的缺乏。这种受动从根本上讲，是一种宏观层面的体制性受动。但不同的是，四类受动型角色是受众在不同时间的不同媒介生态中差异化态度和行为的呈现。随着时间的推移以及主流媒介形态从报纸到广播再到电视的演进，受众的受动性也从接受被动、认知被动逐渐向认知异化、消费异化的方向发展。

二 作为主体的能动型角色

在西方受众研究展现的受动型角色中，受众被解读为被动接收信息的"靶子"、缺乏批判意识和批判能力的"单向度的人"、"拟态环境"中被"媒介"主导认知的原子以及媒介营销中"被驯化的消费者"等。这些受动角色在引发社会关注与警醒的同时，也遭遇了大量的质疑与批判，其中代表性的有雷蒙德·鲍尔（Lymond Bauer）提出

① ［法］让·波德里亚：《消费社会》，刘成富、全志钢译，南京大学出版社 2000 年版，第 137 页。

② ［法］让·波德里亚：《消费社会》，刘成富、全志钢译，南京大学出版社 2000 年版，第 83 页。

的"顽固的受众"的概念。在众多否定声音的背景下，受众研究逐渐形成了与受动角色相对的能动角色。研究者从政治学、社会学、心理学、文化研究、接受美学等多种角度关注受众"个体"或"群体"的行为和选择，将受众视为具有选择权、解码能力、反抗意识的主体。

在西方受众研究中，受众作为"选择主体""需求主体""解码主体""生产者"的能动型角色分别对应的是 20 世纪 40—60 年代政治学视角下的受众，20 世纪 60—70 年代社会学、心理学视角下的受众，20 世纪 70—80 年代文化研究和接受美学视角下的受众以及 20 世纪 90 年代—21 世纪初用户观视角下的受众和用户。不同的研究视角展现了受众在不同层面具有的能动型角色。

（一）作为"选择主体"的受众

1940 年，保罗·拉扎斯菲尔德（Paul Lazarsfeld）、伯纳德·贝雷尔森（Bernard Berelson）和哈泽尔·哥迪特（Hazel Gaudet）在伊里县进行了关于"选民在总统选举中如何做出选择以及为何做出某种选择"的调查。[①] 在这项大型的调查中，研究者围绕媒体的政治宣传对选民决策的影响进行了针对性分析。调查结果显示：社会经济地位、宗教信仰和城乡差别是影响选民政治既有倾向的主要因素。这些因素会使"他们选择性地接触媒介宣传，并且选择性地接受他人的影响"[②]。媒体的政治宣传会激活或强化选民的既有倾向，但在改变选民选择中发挥的作用有限。[③] 此外，该项研究还创新地提出了"二级传播"理论，即"观点经常从广播和印刷媒体流向意见领袖，然后再从他们流向不太活跃的人群"[④]。其中，"意见领袖"是在媒

① ［美］希伦·A. 洛厄里、梅尔文·L. 德弗勒：《大众传播效果研究的里程碑》，刘海龙等译，中国人民大学出版社 2009 年版，第 46 页。

② ［美］希伦·A. 洛厄里、梅尔文·L. 德弗勒：《大众传播效果研究的里程碑》，刘海龙等译，中国人民大学出版社 2009 年版，第 50 页。

③ ［美］希伦·A. 洛厄里、梅尔文·L. 德弗勒：《大众传播效果研究的里程碑》，刘海龙等译，中国人民大学出版社 2009 年版，第 53—54 页。

④ ［美］希伦·A. 洛厄里、梅尔文·L. 德弗勒：《大众传播效果研究的里程碑》，刘海龙等译，中国人民大学出版社 2009 年版，第 57 页。

介接触度、知识水平、社会地位等方面具有优势的群体，并且对社会公共事务具有突出的兴趣。这项以政治选举为切入点进行的传播效果研究，将接受媒体政治宣传的选民受众视为具有差别的个体，并将受众置于群体中去考量人际关系对其信息选择的影响，从而对传统的将受众视为均质个体的魔弹论提出了挑战。

以该研究中展现的受众对媒介信息选择性接触的能动性为代表，“受众的选择性”逐渐成为当时大众传播研究的热点问题。“受众的选择性”主要包括选择性接触、选择性理解和选择性记忆三个部分，展现了受众根据其“预存立场”进行认知的过程。“所谓认知立场，在宽泛意义上包括了性别角色、教育水平、利益牵涉、伦理倾向、审美趣味，以及实际上，任何与人们相关的形塑他们的特征的方面。”① 在伊里县的选举研究中，社会经济地位、宗教信仰和城乡差别三个因素就是影响选民预存立场的关键因素。这些预存立场不仅会影响受众对信息的接触，还会在受众理解和记忆信息的过程中发挥作用，造成个体之间的认知差别。而受众之所以根据预存立场进行选择性认知的原因则可追溯到利昂·费斯廷格（Leon Festinger）提出的认知不协调论。费斯汀格认为：“人的机制试图建立一种内在的和谐、一致或认知协调。当出现失调之时，可以通过选择性接触有效解决。”② 选择性理论系统地呈现了受众在认知媒介信息时作为选择主体的能动性，有力地否定了媒介的强大效果论。

此外，1944 年及以后的十年间，伊莱休·卡茨（Elihu Katz）和拉扎斯菲尔德在“二级传播”模式的基础上围绕意见领袖和传播中的人际影响问题进行了一系列研究。其中在美国伊利诺伊州的迪凯特进行的意见领袖研究发现：“意见领袖就是被同侪群体认为在某一个特定问题上具有特殊能力的人。人们到意见领袖那里寻求对特定

① 周葆华：《效果研究：人类传播观念与行为的变迁》，复旦大学出版社 2008 年版，第 87 页。

② 邵国松、杨雯：《情绪管理论的起源和应用》，《国际新闻界》2012 年第 2 期。

问题而不是各种问题的建议和看法。”① 除了意见领袖的迪凯特研究之外，卡茨和拉扎斯菲尔德还在其研究成果《个人的影响》中，用大量篇幅论述了初级群体对个人认知和决定的影响。他们认为：“个人受到诸如家庭、朋友、亲属、邻居等构成的小群体的影响”②；“这些小群体作为参照群体能为个人提供解释、意见和影响”③。意见领袖就是小群体信息流动中的关键一环。小群体中的人际影响以及意见领袖的引领角色在大众媒体与受众的信息传播中发挥了中介作用。

上述研究从受众的社会属性和人际关系角度展开研究，将受众作为群体中的一员考察其信息的接触与选择，颠覆了大众媒体对受众具有直接影响力的观点。而意见领袖角色的提出，也首次展现了受众作为媒介信息再传播者的角色和地位。意见领袖作为具有一定认知优势的受众，将大众媒体传播的信息再加工后传递给小群体中的其他受众。其中，再加工包括添加个人的态度或局部改变内容等操作。因此，意见领袖的再传播也是受众进行内容生产的一种表现。与此同时，1962 年埃瓦瑞特·罗杰斯（Everet Rogers）在杂交玉米种扩散研究基础上提出的创新扩散理论也展现了人际关系在受众知晓和采纳新事物的过程中发挥的作用。罗杰斯将创新扩散分为“知晓、兴趣、评价、试用和采用”④ 五个阶段，并通过多项研究证明受众在认知和采纳新事物的每个阶段都会受到大众媒体和人际关系的影响。该理论在更广泛的社会领域内证实了受众的选择受其所属的社会关系影响的现实。

---

① ［美］希伦·A. 洛厄里、梅尔文·L. 德弗勒：《大众传播效果研究的里程碑》，刘海龙等译，中国人民大学出版社 2009 年版，第 125 页。

② 周葆华：《效果研究：人类传播观念与行为的变迁》，复旦大学出版社 2008 年版，第 106 页。

③ ［美］希伦·A. 洛厄里、梅尔文·L. 德弗勒：《大众传播效果研究的里程碑》，刘海龙等译，中国人民大学出版社 2009 年版，第 122 页。

④ ［美］希伦·A. 洛厄里、梅尔文·L. 德弗勒：《大众传播效果研究的里程碑》，刘海龙等译，中国人民大学出版社 2009 年版，第 80 页。

（二）作为“需求主体”的受众

20 世纪 40 年代，拉扎斯菲尔德领导的广播研究室以“广播对听众的生活来说意味着什么”为主题进行了一系列研究，① 其中代表性的有赫塔·赫佐格（Herta Herzog）主持的日间广播连续剧研究。该研究首次提出“使用与满足”的模式，认为“日间连续剧为其听众提供的使用与满足包括情感释放、愿望的想象和对自己生活的建议”②。与此同时，在 20 世纪 60 年代的创新扩散研究中，罗杰斯也发现了“受众对创新的知晓与某种需求有关，而新产品或技术具有满足这种需求的潜力”③。1974 年，卡茨等在大量受众动机或“使用与满足”研究的基础上提出了“使用与满足”理论。该理论认为社会和心理因素影响受众需求；受众受需求影响对大众媒介或其他信源产生期待，进而导致他们接触不同类型的媒介；媒介接触可能会使受众的需求获得满足，也可能导致其他后果，但这些后果对受众对媒介的评价及其后续的媒介使用行为都会产生影响。④

与前述的将受众视为选择主体的能动型角色相比，“使用与满足”理论以受众具有理性为前提，将研究的视角和出发点转向受众，去考察受众如何根据自己的需求选择媒体，并通过使用媒体满足自己的需求。该理论突破了受众研究固有的从媒介视角分析受众的传统，并促使能动型受众角色和双向传播模式逐渐深入人心。自“使用与满足”理论提出后，以该理论为框架的研究逐渐增多，针对理论本身进行的扩展式研究也不断深入。受众的“使用”行为不仅成为研究重点向不同角度扩展，以受众需求满足为中介的

---

① ［美］希伦·A. 洛厄里、梅尔文·L. 德弗勒：《大众传播效果研究的里程碑》，刘海龙等译，中国人民大学出版社 2009 年版，第 60 页。

② ［美］希伦·A. 洛厄里、梅尔文·L. 德弗勒：《大众传播效果研究的里程碑》，刘海龙等译，中国人民大学出版社 2009 年版，第 69 页。

③ ［美］希伦·A. 洛厄里、梅尔文·L. 德弗勒：《大众传播效果研究的里程碑》，刘海龙等译，中国人民大学出版社 2009 年版，第 80 页。

④ 刘海龙：《大众传播理论：范式与流派》，中国人民大学出版社 2008 年版，第 271 页。

效果研究也成为新的研究方向，并推动“受众能动性”概念的提出。“受众能动性意味着媒介使用的更有选择的、更专心的、更投入的状态”①，它体现在受众媒介使用行为发生前、发生中和发生后的整个过程中，并在不同学者的研究中被证实，② 是对受众能动型角色的肯定和深化。

此外，与“使用与满足”理论中呈现的受众从需求出发进行媒介使用的能动性类似，将受众作为消费者进行调查与形塑的结构性分析也在一定程度上以“需求驱动消费”的假设为前提展开，通过系统而全面地了解受众的需求，探究受众使用媒介的动因，为传播效果的评定、媒介经营策略的调整等提供依据。因此，受众研究中的结构性分析也是受众作为需求主体具有能动性的一种体现。与此同时，阿尔文·托夫勒（Alvin Toffler）提出的“分众”概念及该概念在传播中的发展也是媒体对受众需求进行细分的一种体现。托夫勒认为：“以高新科技和服务业为代表的第三次浪潮文明的经济通过把市场分割成更小的多样化的小市场，向传统的工业体制提出了挑战。这种先进体制的分众化在传媒业表现为——‘精巧’广告也充满了诸如有线电视这样的‘精巧’媒体。”③ 此后，“分众传播”的理念在新闻传播行业被推广开来，倡导大众媒体根据不同受众的特色和需求，采用不同的手段向其传递不同的信息。大众传播向分众传播的转变，也体现了以互联网为代表的媒体把受众视为互不相同的需求个体的新趋势。

（三）作为“解码主体”的受众

1964 年，理查德·霍格特（Richard Hoggart）成立英国伯明翰

---

① 周葆华：《效果研究：人类传播观念与行为的变迁》，复旦大学出版社 2008 年版，第 170 页。

② 周葆华：《效果研究：人类传播观念与行为的变迁》，复旦大学出版社 2008 年版，第 170 页。

③ ［美］阿尔文·托夫勒、海迪·托夫勒：《未来的战争》，阿笛、马秀芳译，新华出版社 1996 年版，第 100 页。

大学当代文化研究中心。[①] 该中心以“文化”为主题，推动形成了以斯图亚特·霍尔（Stuart Hall）为代表的文化研究学派。文化研究学派虽然与法兰克福学派同属批判学派，却突破了法兰克福学派的精英视角，“消解了所谓高级文化和低级文化的界限”[②]，转向日常生活和社会实践的角度，采用文本分析、民族志研究等方法，关注文化实践主体的解读和反抗力量。此外，文化研究学派还将媒介作为重要的文化载体，对其文本进行了大量研究，其中尤以霍尔的“编码—解码”理论最具代表性。

霍尔以阿尔都塞（Althusser）的意识形态理论为基础，将大众传播的对象界定为“以特殊方式组织起来并以符号载体的形式出现的各种意义和信息”[③]，并从符号的编码、解码角度解读电视话语与意义的流通过程。霍尔认为，“受众的转译是电视话语改造成社会实践的关键”[④]，并进一步指出：“电视信息的消费或接收本身也是电视生产过程的一个环节。电视信息的生产与接收在由作为一个整体的交流过程的社会关系形成的总体性中，是各自区别的环节。”[⑤] 在霍尔看来，受众的信息接收过程与媒介信息生产过程同等重要，都是传播系统中的一个有机环节，是确保传播产生效果的关键。此外，就传播的信息转化为社会实践的角度而言，受众在信息接受过程中的意义解读甚至更加重要。这一创新性的论断，打破了传统的将受众视为传播客体的研究视角，从与传者有机互动的角度来解析受众的角色和地位，是西方受众研究中的一个重要转折点。

---

① 石义彬：《批判视野下的西方传播思想》，商务印书馆 2014 年版，第 115 页。

② 石义彬：《批判视野下的西方传播思想》，商务印书馆 2014 年版，第 119 页。

③ ［英］斯图亚特·霍尔：《编码，解码》，载刘象愚、罗钢编《文化研究读本》，中国社会科学出版社 2000 年版，第 351 页。

④ ［英］斯图亚特·霍尔：《编码，解码》，载刘象愚、罗钢编《文化研究读本》，中国社会科学出版社 2000 年版，第 352 页。

⑤ ［英］斯图亚特·霍尔：《编码，解码》，载刘象愚、罗钢编《文化研究读本》，中国社会科学出版社 2000 年版，第 353 页。

以上述论断为基础，霍尔又将电视观众对电视话语的解码分为三种假想的地位，即“主导—霸权地位、协调的符码（地位）、对抗的符码（地位）”。其中，主导—霸权地位的解码是指观众完全按照编码者的意图解读电视话语；协调的符码是指观众在接受主导性编码的前提下，“保留权力以更加协调地使这种主导界定适用于‘局部条件’、适合于它本身团体的地位”①；而“对抗的符码”则是指观众以“一种全然相反的方式去解码信息”②，“这时，意义的政治策略——话语的斗争——加入了进来”③。霍尔对受众解码模式的划分，将“受众的选择性”理论向前推进，把受众视为具有信息判断力、解读力，并能根据立场和需求选择解读策略、生产意义的能动主体。

霍尔在理论层面提出的“解码”模式由戴维·莫利（David Morley）在其关于 BBC 新闻节目《举国上下》的观众解码研究中被部分证实并修正。莫利进一步提出：“主体在社会结构中的地位构成他或她进入各种话语和意识形态代码的范围。”④ 该结论从话语层面揭示出受众对文本产生不同解码的原因。1980 年以来，以莫利的《举国上下》研究为开端的新受众研究逐渐兴起。这类研究也将受众视为解码主体，采用“阐释民族志”的方法关注“不同受众对文本的不同解读”。⑤ 其中，代表性的研究有多萝西·霍布森（Dorothy Hobsons）的《家庭主妇与大众媒体》（1980 年）、詹姆斯·劳尔（James Lull）的《电视的社会使用》、洪美恩（Len Ang）的《看〈豪门恩怨〉》（1985 年）、派翠西·帕尔默（Patricia Palmer）的《活跃的

① ［英］斯图亚特·霍尔：《编码，解码》，载刘象愚、罗钢编《文化研究读本》，中国社会科学出版社 2000 年版，第 364 页。

② ［英］斯图亚特·霍尔：《编码，解码》，载刘象愚、罗钢编《文化研究读本》，中国社会科学出版社 2000 年版，第 364 页。

③ ［英］斯图亚特·霍尔：《编码，解码》，载刘象愚、罗钢编《文化研究读本》，中国社会科学出版社 2000 年版，第 365 页。

④ 陆扬、王毅：《大众文化与传媒》，上海三联书店 2000 年版，第 75 页。

⑤ 曹书乐、何威：《“新受众研究”的学术史坐标及受众理论的多维空间》，《新闻与传播研究》2013 年第 10 期。

受众：电视机旁的儿童》（1986 年）。[①] 这些研究将受众置于日常生活情境之中，通过观察、访谈等方法洞察受众对文本的解读，从而在经验层面上证实了受众解码的复杂性，否定了媒介对受众的绝对控制力。

文化研究学派的另一位代表人物约翰·费斯克（John Fiske）则从通俗文化的视角来论述受众的反抗性和革命性。费斯克用“人民”的概念取代了“大众”的概念，用于指代“以众多方式适应或抵制主导价值体系的无数不同的社会群体”[②]；并认为人民的代表性表现形式就是文化商品的消费者。以此为基础，费斯克提出了“两种经济”理论，系统地阐释了作为消费者的“人民”如何表现抗争能力。费斯克将文化商品流通的经济分为“财经的和文化的”两类；[③] 其中财经经济是生产者把文化商品卖给消费者的阶段，文化经济是文化商品消费者被卖给广告商的阶段。费斯克认为在文化经济中，观众虽然被卖给广告商，却“从一种商品变成了一种意义和快感的生产者”[④]，展现着多样化的抗争能力。此外，“由于他们直接参与财经经济的（从属）角色的符号的缺乏，他们已经从这种经济的束缚中解放出来”[⑤]，从而确保了抗争的自由性和坚决性。

在费斯克“两种经济”理论的论述中，媒介是一种代表性的文化商品生产者，在财经经济阶段发挥着主导性作用；而受众则在文化经济阶段体现着能动的意义、扮演着快感生产者的角色。与斯迈

---

① 曹书乐、何威：《“新受众研究”的学术史坐标及受众理论的多维空间》，《新闻与传播研究》2013 年第 10 期。

② ［美］约翰·费斯克：《大众经济》，载刘象愚、罗钢编《文化研究读本》，中国社会科学出版社 2000 年版，第 232 页。

③ ［美］约翰·费斯克：《大众经济》，载刘象愚、罗钢编《文化研究读本》，中国社会科学出版社 2000 年版，第 233 页。

④ ［美］约翰·费斯克：《大众经济》，载刘象愚、罗钢编《文化研究读本》，中国社会科学出版社 2000 年版，第 235 页。

⑤ ［美］约翰·费斯克：《大众经济》，载刘象愚、罗钢编《文化研究读本》，中国社会科学出版社 2000 年版，第 236 页。

兹的“受众商品论”相较，费斯克的“两种经济”理论在一定程度上对该理论进行了批判和发展。费斯克承认“受众商品论”中受众作为商品被卖给广告商的现实，但批判地发现了受众在此阶段通过多样化的解读抵抗广告商意义灌输的抗争性力量。这一点也与霍尔在“编码—解码”理论中提出的“受众对电视文本具有差异化解码立场”的论断具有一致性。但不同的是，费斯克在此基础上进一步强调了受众生产的意义、对快感的抵抗能力，对受众作为解码主体的能动角色进行了深化。

20 世纪 80 年代，亨利·詹金斯（Henry Jenkins）借鉴米歇尔·杜塞德（Michel de Certeau）的“盗猎者”概念，以美国电视粉丝为研究对象，提出了“文本盗猎者”的概念。这一概念试图打破“媒体所建构的粉丝是没文化的蠢货、社会不适应者和无脑的消费者等刻板印象；而将粉丝视作积极的创作者和意义的操纵者，以及积极的挪用文本、以不同的目的重读文本的读者”①。与霍尔的“编码—解码”理论强调受众具有不同的解码立场相异，在詹金斯看来，粉丝在面对电视文本之时不仅能够选择自己所需的文本，根据自己的方式进行解读；还能针对电视文本进行再创作，形成以同人文本写作为代表的自己的文本，并通过这种方式“建构自己的文化和社会身份”②。此外，詹金斯还认为粉丝对文本的解读和再创作是一个与其他粉丝相互联系、交流共享的社会性过程，而不是孤立的个体化行为。③“文本盗猎者”的概念肯定了受众作为解码者的自主性和作为内容再创作者的能动参与角色，是对文化研究学派前期阐释的受众能动角色的发展。

---

① ［美］亨利·詹金斯：《文本盗猎者：电视粉丝与参与式文化》，郑熙青译，北京大学出版社 2016 年版，第 22 页。

② ［美］亨利·詹金斯：《文本盗猎者：电视粉丝与参与式文化》，郑熙青译，北京大学出版社 2016 年版，第 22 页。

③ ［美］亨利·詹金斯：《文本盗猎者：电视粉丝与参与式文化》，郑熙青译，北京大学出版社 2016 年版，第 43—44 页。

除文化研究学派外，“以现象学和解释学为理论基础，以人的接受实践为依据”① 的接受美学也提出了以“读者中心论”为导向的能动的受众角色。接受美学的创始人汉斯·罗伯特·姚斯（Hans Robert Jauss）将文学作品的接受环节解读为文学作品与读者的期待视野相互作用的过程，并提出“大众并不是被动的部分，而是历史的能动的构成。只有通过读者的传递过程，作品才进入一种连续性变化的经验视野”②。在接受美学的理论体系中，文学作品是由“未定性的文学本文”和“读者阅读过程中的具体化”共同实现的。③接受美学将读者的阅读行为视为与作者的创作行为同等重要的生产性活动，二者合力推动了文学作品的实现。此外，姚斯提出的“期待视野”的概念和斯坦利·费什（Stanley Fish）提出的“诠释共同体”的概念也有力地解释了读者能对文本作出多样化解读的原因。

综合以上三类将受众视为“解码主体”的能动型角色，笔者认为，文化研究学派和接受美学都摒弃了“控制的绝对性”和“解读的同一性”等传统观点，将受众置于与媒介平等的地位上展开论述，并以受众的理性为前提，认为受众根据社会现实进行的能动性解码是推动传播文本实践化和社会化的关键。这种将媒介与受众的关系从主—客体二元对立的视角转向主体间性的视角加以解读的革新也是受众角色在更广泛的日常生活语境中日益能动、积极的充分体现。

（四）作为生产者的受众或用户

“1976 年，美国学者 J. A. 巴伦在其撰写的《对报纸的参与权》

---

① ［联邦德国］H. R. 姚斯、［美］R. C. 霍拉勃：《接受美学与接受理论》，周宁、金元浦译，辽宁人民出版社 1987 年版，第 4 页。

② ［联邦德国］H. R. 姚斯、［美］R. C. 霍拉勃：《接受美学与接受理论》，周宁、金元浦译，辽宁人民出版社 1987 年版，第 24 页。

③ ［联邦德国］H. R. 姚斯、［美］R. C. 霍拉勃：《接受美学与接受理论》，周宁、金元浦译，辽宁人民出版社 1987 年版，第 4 页。

一文中，主张宪法第一修正案必须承认公民对传播媒介的参与权。”[1] 1980 年，联合国国际交流问题研究委员会在报告中进一步指出：“负责管理交流工具的人应该拨出更多的报纸版面和更多的广播时间，供公众或有组织的社会集团的个别成员发表意见和看法。”[2] 同年，美国未来学家阿尔温·托夫勒在其著作《第三次浪潮》中也曾预言：“第三次浪潮文明将开始弥补有史以来生产者与消费者的分裂，兴起了明天的‘既是生产者又是消费者’的经济。”[3] 由此可见，随着媒介技术的进步，受众的能动性已经不仅局限于媒介信息接收过程中的主动选择、需求实现、意义解读，更表现为以生产者的身份参与媒介信息生产。

1997 年，麦奎尔曾在其著作《受众分析》中提出：“由于真正全新的参与群体的出现，或者说按照新媒介使用类型划分出的新群体的出现，也许需要创造一些新名词以敷使用（或旧词新用）。”[4] 索尼娅·利文斯通（Sonia Livingstone）也指出：“新媒体环境通过将迄今为止的边缘（和边缘化）倾向转变为媒体使用的主流，极大地扩展了‘积极受众’理论中论点的范围和重要性。受众和新媒体用户正逐渐成为具有主动性、选择性和自我主导性的内容生产者和接收者。”[5] 以上述两位学者的观点为代表，用户这一概念开始在网络传播环境中广泛使用，用以指代能动的互联网使用者。与此同时，这一概念也逐渐取代“受众”成为西方传播接受领域研究的新重点。其中，西方学者尤其关注用户在 Facebook、Twitter、Wiki 等网络媒

---

① 宋友权：《中国广播受众学》，中国广播电视出版社 1998 年版，第 194 页。

② 宋友权：《中国广播受众学》，中国广播电视出版社 1998 年版，第 194 页。

③ ［美］阿尔温·托夫勒：《第三次浪潮》，朱志焱、潘琪、张焱译，生活·读书·新知三联书店 1984 年版，第 57 页。

④ ［英］丹尼斯·麦奎尔：《受众分析》，刘燕南、李颖、杨振荣译，中国人民大学出版社 2006 年版，第 180 页。

⑤ Livingstone, S., “The challenge of Changing Audience, or, What is the Audience Researcher to do in the Age of the Internet?”, *European Journal of Communication*, Vol. 19, No. 1, March 2004, pp. 75 – 86.

体中的信息生产与接受行为。

2005 年，在 Web 2.0 技术的推动下，UGC（User Generated Content）这一术语在互联网领域出现，并逐渐成为西方业界和学界关注的重点。UGC 内容生产模式的提出进一步强化了用户在内容生产方面的价值和能力，并在与社交媒体相关的研究中被重点探讨。桑迪普·克里希纳默西（Sandeep Krishnamurthy）等根据参与 UGC 活动的目的用户分成理性用户（知识分享、倡议）和感性用户（社交、娱乐）两类。[①] 拉尔夫·斯托克尔（Ralph Stoeckl）等人认为娱乐、传播信息、个人日志、社会联系是用户生成内容的主要动机。[②] 除以上两例关于用户生产内容类型和动机的研究外，西方学者还就用户生产内容的质量、应用、影响等问题进行了系统研究。随着应用和研究的深入，用户生产内容逐渐成为网络传播时代的一项革新性内容生产模式，而用户作为生产者的能动角色也日益普遍化、日常化。

此外，在大量以网络传播为前提的 UGC 研究之外，金真将用户生产内容的应用形式追溯到传统媒体时代的读者来信、广播听众来电、电视平民音乐比赛等所有由普通受众贡献内容的形式。与此同时，金真还提出新媒体传播环境中出现的非专业生产者和另类媒体等现象是对 18 世纪托马斯·潘恩出版的原创类小册子《常识》的继承。[③] 克里斯·阿顿（Chris Atton）也指出媒体专业内容生产体系之外的业余生产并不是一种新现象。会刊、草根运动媒体和个性化公

---

① Sandeep Krishnamurthy, Wenyu Dou, "Note From Special Issue Editors: Advertising with User-Generated Content: A Framework and Research Agenda", *Journal of Interactive Advertising*, Vol. 8, No. 2, Spring 2008, pp. 1 – 4.

② Ralph Stoeckl, et al., "Motivations to Produce User Generated Content: Differences between Webloggers and Videobloggers", paper delivered to 20th Bled eConference-eMergence: Merging and Emerging Technologies, Processes, and Institutions, Bled, Slovenia, June 4 – 6, 2007.

③ JinKim, User-generated Content (UGC) Revolution?: Critique of the Promise of YouTube, Ph. D. Dissertation, The Graduate College of the University of Lowa, 2010.

共期刊都是业余内容生产的表现形式。① 此外，马克·戴维斯（Marc Davis）、彼得里克（Petrik）、安德鲁·罗斯（Andrew Ross）认为数字时代的 UGC 是一般化 UGC 媒体发展中的一部分。19 世纪的期刊、20 世纪的汽车电影院、杂志文化和家庭录像都是 UGC 的一种表现形式。② 弗雷德·特纳（Fred Turner）和大卫·阿姆斯特朗（David Armstrong）都认为自由主义是 20 世纪六七十年代 UGC 文化发展的驱动力。③ 尤查·本科勒（Yochai Benkler）也进一步指出用户参与、业余 DIY 文化和文化的民主化是在 20 世纪 70 年代的反主流文化和 20 世纪 90 年代的技术文化中重复出现的话语。④ 综合以上学者对前互联网时代 UGC 表现形式的总结可以看出，西方社会发展历程中涌现的 DIY 文化、另类媒体、独立媒体等样态不仅是推动社会变革的积极力量也是前互联网时代受众参与内容生产的主要形式，是受众作为生产者具有能动性的一种体现。

从受众在传统媒体中扮演的能动型角色到用户生产内容，西方受众研究从多角度展现了受众在不同媒介生态中呈现的选择能力、需求实现能力、意义抗争能力以及内容生产能力，还对受动型角色进行了有针对性的回应和批判。虽然以上四类关于受众能动型角色的研究存在不同程度的局限，但这些研究打破了传统的将受众作为

① Chris Atton, *Alternative Media*, Thousand Oaks: CA: Sage, 2001, p. 407.

② Marc Davis, "Garage Cinema and the Future of Media Technology", *Communications of the ACM*, Vol. 40, No. 2, Feburary 1997, pp. 42 – 48; Petrik, P., "The Youngest Fourth Estate: The Novelty toy Printing Press and Adolescence, 1970 – 1886", In E. West and P. Petrik, Eds., *Small worlds: Children and Adolescents in America*, 1850 – 1950, KS: University of Kansas Press, 1992, pp. 125 – 142; Andrew Ross, *Strange Weather: Culture, Science, and Technology in the age of Limits*, London: Verso, 1991.

③ Fred Turner, *From Counterculture to Cyberculture: Stewart Brand, the Whole Earth Network, and the Rise of Digital Utopianism*, Chicago: University of Chicago Press, 2006, pp. 824 – 826; David Armstrong, *A Trumpet to Arms: Alternative Media in America*, Boston, MA: Houghton Mifflin, 1981.

④ Yochai Benkler, *The Wealth of Networks: How Social Production Transforms Markets and Freedom*, New Haven and London: Yale University Press, 2006, pp. 278 – 282.

传播客体的研究视角，开始重视受众的主体性和能动性，在受众消极、被动的角色之外展现出他们在广播媒体、电视媒体、网络媒体中日益增强的媒介应用能力，推动了受众角色的全面化和完整性。与此同时，“用户”概念的出现也有效弥补了“受众”这一概念在新媒体时代的表意局限，从更加客观的角度呈现接受个体的多样化角色。

与西方受众研究展现的受众角色类似，我国受众研究以西方的受众理论为分析框架，致力于西方受众理论的“本土化”发展。因此，在批判学派、经验学派、政治经济学派等西方学派受众理论的指导下，我国受众研究也将受众的角色解读为受动型和能动型两种。以 1982 年的“北京地区读者、观众调查”为起点至 90 年代中期，我国受众研究先后经历了“以党报群众路线为出发点的受众研究、以社会主义民主政治观念为出发点的受众研究、为媒体市场化服务的受众研究”① 三个发展阶段。在这三个阶段中，我国受众研究以量化调查为主，出现了以“《人民日报》的读者调查（1986 年）”“广播电视亚运宣传对受众态度影响的调查（1990 年）”“广播听众满意率调查”“电视观众收视率调查”等为代表的一系列受众调查。这些调查由学术机构、政府机关或民营调查公司等不同类型的主体进行，旨在系统而全面地了解不同媒体的受众接受行为，为政治传播、党报内容整改和媒体市场营运服务。②

1993 年，陈崇山提出“受众本位”的概念，“指大众传媒在信息的传播活动中，应以最大限度地维护受众的根本利益为出发点，以满足受众获取多方面信息的需求为己任，以帮助受众提高思想素质、政治素质、道德素质和科学文化素质为目标，全心全意为人民服务”③。这一概念成为指导我国早期受众调查的核心思想，即受众

① 刘海龙：《从受众研究看“传播学本土化”话语》，《国际新闻界》2008 年第 7 期。

② 臧海群、张晨阳：《受众学说：多维学术视野的观照与启迪》，复旦大学出版社 2007 年版，第 174—212 页。

③ 陈崇山：《受众本位论》，社会科学文献出版社 2008 年版，第 3 页。

调查应该贯彻“受众本位”的理念，通过洞察受众的信息需求和媒体使用行为，为其提供更好的服务。根据麦奎尔提出的受众研究的三大传统，我国 20 世纪八九十年代的受众研究应属于结构性研究的传统，将受众作为传播的客体进行量化调查。笔者在上文中已经指出，结构性分析既将受众作为需求主体展开论述，又将受众视为消费者为媒体营销服务。这两种角色在我国受众研究中也有体现：一方面，具有突出党性色彩的“受众本位”概念揭示出受众调查将研究视角从媒体转向受众的革新性；另一方面，以市场为导向的受众调查仍是一种将受众视为商品的受动型角色的体现。针对这一研究传统，胡翼青进一步剖析道：“我国以调查为主的科学主义受众研究具有行政研究和商业研究两大取向，呈现出突出的‘工具理性’色彩，并最终导致其缺乏应有的理论建构能力。”① 这种“受众研究工具化”的观点也在一定程度上反映出我国受众在行政和商业体制下作为对象的受动型角色。

此外，在新媒介技术的影响下，受众的能动型角色也成为我国受众研究的重点。何威提出了“网络化用户”和“网众”的概念。他将网络化用户界定为“当今社会中那些积极的媒介使用者，他/她们以跨越各种媒介形态的信息传播（ICT）为中介，与其他媒介使用者相互联结，构成融合了信息网络与社会网络的新型网络。网众则是指由若干‘网络化用户’构成的群体”②。杨光宗、刘钰婧也指出：“用户作为由经济学科门下消费学所舶来的概念被用于传播学中。用户既是传播接受者也是信息发布者，掌握主动话语权。”③ 蔡雯从新闻编辑的角度提出：“新媒体的崛起

① 胡翼青：《科学主义的困顿：中国受众研究 30 年的反思》，《西北大学学报》（哲学社会科学版）2010 年第 4 期。

② 何威：《网众与网众传播——关于一种传播理论新视角的探讨》，《新闻与传播研究》2010 年第 5 期。

③ 杨光宗、刘钰婧：《从“受众”到“用户”：历史、现实与未来》，《现代传播》2017 年第 7 期。

和媒介融合的深入推进，导致新闻编辑面对的不只是传统意义上的受众，而是形形色色的用户。技术不仅促使媒体成为被用户自主使用的沟通工具，也推动编辑与用户处于完全平等的地位。"① 由此可见，随着网络传播生态的革新与发展，传统的作为信息接收对象的受众正在朝着具有媒介使用者角色和信息发布者角色的用户转变，并在新闻与传播的各个领域发挥着能动性作用。

此外，当 UGC 在西方国家兴起并被广泛应用之时，由摩根士丹利的玛丽·米克尔（Mary Meeker）领衔撰写的《2005 年度中国互联网行业报告》也将 UGC 的概念引入中国。② 用户作为生产者的能动角色在我国 UGC 的实践应用和学术研究中开始被广泛认可并逐渐深化。此外，胡泳、张月朦将读者来信、听众来电等界定为 UGC 的形式，并批判性地指出："UGC 的精髓在于其具有将受众转变为生产者的潜力，但这种潜力与现实影响力之间还存在相当大的距离，事实上 UGC 经常被传统媒体和主流文化所宰制。"③ 总的来说，目前我国对 UGC 展开的研究仍处于现象分析的阶段，聚焦新媒体环境下受众角色的转变及其能动性的提升，但关于受众和用户在内容生产中角色特征的分析仍处于空白阶段，需要进一步展开探究。

综合来看，我国受众研究展现了受众作为宣传对象、消费者、拟态环境中的原子的受动型角色，以及作为意义生产者、用户的能动型角色，整体上与西方的受众角色一致。但需要强调的是受媒介技术、传媒体制以及社会文化等因素的影响，这些角色与西方受众的角色相比仍然存在时间上的滞后性和国情上的差异性。针对这一点，尚大雷和柯惠新提出："我国和西方在社会形态方面有根本的差异。西方的

---

① 蔡雯：《从面向"受众"到面对"用户"——试论传媒业态变化对新闻编辑的影响》，《国际新闻界》2011 年第 5 期。

② 赵宇翔、朱庆华：《Web 2.0 环境下用户生成视频内容质量测评框架研究》，《图书馆杂志》2010 年第 4 期。

③ 胡泳、张月朦：《互联网内容走向何方？——从 UGC、PGC 到业余的专业化》，《新闻记者》2016 年第 8 期。

受众类型比较一致；我国受众的差异更多地体现在他们所处的社会发展阶段的根本差异上。”[①] 由此观之，我国受众的角色受社会形态的影响更具复杂性，而聚焦我国 UGC 生产者角色的界定则仍应结合具体的社会形态、媒介传播生态以及 UGC 的应用实践进行针对性分析。

三 UGC 生产者角色界定的可行性和必要性

麦奎尔曾指出：“受众既是社会发展的产物，也是媒介及其内容的产物。”[②] 通过梳理中西方受众研究中受众呈现的受动型角色和能动型角色，笔者发现了受众角色的多样性和复杂性。从 19 世纪 30 年代的魔弹论到 21 世纪的用户观，受众角色在受动和能动的两极中不断变化，并受不同的社会环境、媒介技术条件和研究视域的影响表现出不同的特征。整体而言，受众是由多种角色构成的一个系统；不同的角色展现了受众不同的侧面，但任何单一的角色都不足以代表复杂的受众。因此，对受众角色的分析不能简单地以受动或能动为框架进行片面的切分，而应当结合具体情况进行系统化的构型。结合上文的各种受众观，笔者认为受众是一个在政治、经济等宏观层面具有受动性，在群体或个体层面具有能动性的多元主体。其中，能动性就包括受众或用户在内容生产方面的积极性。

从受动型角色到能动型角色，受众消极被动的传统角色被逐渐否定，其作为生产者的能动型角色在理论层面也被证实。但现实的问题是，在目前与 UGC 有关的研究中，生产者的角色被界定为用户和业余者（非专业人员）两类，呈现的特征也只包括网络传播环境、积极、业余三个。结合上文梳理的中西方受众研究中的多元受众角色，当生产者所处的媒介环境扩展到传统媒体时代，具有能动性的

---

① 尚大雷、柯惠新：《社会转型时期我国不同受众类型对实证研究的影响》，《现代传播》2002 年第 4 期。

② ［英］丹尼斯·麦奎尔：《受众分析》，刘燕南、李颖、杨振荣译，中国人民大学出版社 2006 年版，第 25 页。

业余人群广泛存在于各类媒体的信息传播活动之中时，用“用户”或“业余者”来指代生产者的表意局限问题就逐渐凸显。那么传统媒体受众中的生产者该如何界定？“用户”这一概念是否可以用于指代受众中的生产者呢？这些问题仍需参照受众研究中的“能动型受众角色”和“用户观”的内涵来分析。

从共性层面来看，在受众的能动型角色中，受众的能动性综合表现在信息选择、需求实现、意义解读、内容生产等多个方面，而“用户”这一消费学中的概念被引入传播学，也是用于指代新媒体环境下具有自主选择权和生产能力的信息接收主体。此外，能动型角色强调受众在个体或群体层面的能动性；用户思维也要求有明确的受众群体概念，重视用户的个人体验。① 由此可见，二者不仅都内含着接收主体在信息接收和内容生产中的能动型角色，而且都强调从中观和微观层面去关注接收主体的能动性。但不同的是，作为生产者的用户和作为生产者的受众处于不同的媒介环境之中，其在内容生产中面临的生产条件、生产机制和生产标准都存在很大差异。受此影响，两类生产者在生产意愿、生产能力和生产规模上也有不同的表现。由此可见，受众在互联网时代具有的用户角色和在传统媒体时代具有的能动型角色虽有共性，但也存在不能忽视的区别和差异。当 UGC 生产方式在传统媒体时代也有应用之时，仍用“用户”来界定生产者的角色就存在表意不准确的问题。因此，对 UGC 生产者角色的界定仍需结合不同媒体中 UGC 的应用实践进行具象化的分析和再探讨。

第二节　从专业类到社会化：UGC 生产者角色的具象分析

针对上文提出的问题，笔者将结合前文梳理的不同媒体 UGC 生

① 刘宏、狄萌：《如何认识用户及用户思维》，《青年记者》2014 年第 25 期。

产方式的应用案例，参考对部分地区代表性媒体的访谈资料，总结归纳出纸质媒体、电子媒体和网络媒体中 UGC 生产者的角色特征及其影响因素，并从具象化的层面对 UGC 生产者的角色进行再界定。在前三章中，笔者在系统梳理读者生产内容、听众/观众生产内容和用户生产内容的表现形式的同时，也对生产者的身份信息进行了介绍。但这些信息以姓名和所处地域居多，职业信息较少且大多集中出现在专业性内容中。这一点也在笔者对部分地区代表性媒体的访谈中得到了证实。此外，即使是掌握 UGC 生产者职业信息的媒体也因隐私保护等问题不愿公开这部分资料。

受以上现实原因的限制，笔者无法对生产者的身份信息进行全面的收集，只能基于媒体中公开呈现的信息，从生产者规模、生产者具备的条件和生产能力等角度入手进行类型化的概括，以期能将 UGC 生产者的角色从高度模糊的“用户或业余者”向具象化的层面推进。综合各类媒体中 UGC 的表现形式，笔者认为受媒体的内容定位或平台定位影响，UGC 的生产者群体可以划分为专业类和社会化两种。两种群体在生产者的身份背景、数量规模以及成员的稳定性上都存在较大差异。

一　专业类 UGC 生产者

所谓专业类 UGC 生产者是指在传播专业性内容的媒体中参与内容生产的受众或用户。其中，专业性内容强调的是内容的专业性，而不是生产的专业性。这类内容隶属于某一专业领域，面向的受众或用户也具有突出的类型特征。受内容专业性的影响，这类内容的生产者需要具备一定的专业素养，而在生产层面具有专业性的媒体则在内容专业性上存在缺陷。因此，在专业性内容生产中，纸质媒体、电子媒体和网络媒体大多采用与具有专业背景的受众或用户合作的方式完成生产。在这种合作模式中，专业类 UGC 生产者发挥着核心作用，其专业背景是影响此类内容生产的关键。综合分析各类媒体中的 UGC 应用案例，笔者发现媒体传播的专业性内容集中在知识、文学创作和艺术创作三个领域。UGC 生产者在这三种内容生产中具备的专业背景可分为专业知识和专业技能两个方面。

（一）专业知识

在媒体的专业性内容生产中，以知识为主要内容的媒体应用主要包括纸质媒体中的书籍、学术杂志，电子媒体中的教育类节目以及网络媒体中的维基型百科网站。参与这类内容生产的 UGC 生产者需要根据媒体的内容定位具备相关领域的专业知识，在专业性内容的选题、制作、把关、传播等方面发挥作用。综合来看，各领域的专家学者是此类 UGC 生产者的核心构成。

在书籍的内容生产中，受内容的专业性和格式的复杂性影响，UGC 生产者参与内容生产的形式主要表现为经典校注和小说评点两类；参与内容生产的人数和规模也十分有限。具体而言，代表性的生产者有：《庄子注》的作者郭象（西晋玄学家）、研究《老子》的学者尹振环（贵州省委党校教授）、为《尚书》进行校注的音韵学家曾运乾（历任东北大学、中山大学、湖南大学教授）、为《红楼梦》做批注的脂砚斋（曹雪芹亲属或小说合作者）、为《水浒传》做批注的金圣叹（文学批评家）、对《鲁迅小说》进行评点的孔庆东（北京大学教授）等。这些专家作为读者中的一员，利用其专业知识对原著进行了加工和再创作，其身份也由读者转变为原著作者的合作者。

学术杂志则采用公开向社会征稿的方式完成内容生产，投稿作者多为各领域的研究者（学者或研究生）。受学术杂志内容专业性的影响，杂志的撰稿者群体与读者群体高度重合，即杂志的读者也是其 UGC 生产者。笔者通过查阅各类学术杂志的征稿启示发现，学术杂志大多以内容的专业性和创新性为核心作为审稿标准，从而导致该类杂志在生产者分布上呈现出杂志的级别越高，其生产者的学术水平越高的趋势。此外，由于学术杂志在体裁和格式上比大部分的书籍更易生产和传播，因此学术杂志 UGC 生产者的规模要比书籍 UGC 生产者的规模大。

在广播电视的内容体系中，教育节目以知识普及为主旨，向受众讲授包括科学、技术、文学、历史、医疗卫生、法律、农业等各学科的专业知识。此类节目采用媒体与专家类听众、观众合作的方式完成节目生产。各领域代表性的专家学者为节目撰写讲稿或进行播讲，媒体则负责节目编辑与制作。在教育类节目中，媒体是专业知识传播的平台，而以易中天、于丹、刘心武等为代表的各领域专家学者才是核心的内容生产者。但从媒体生产的专业性角度来讲，该群体属于听众、观众中的一部分，是处于媒体专业生产者行业之外的 UGC 生产者。与纸质媒体中的专家类 UGC 生产者不同，在广播电视的教育节目中参与内容生产的专家类 UGC 生产者需要结合电子媒体以声音和图像为主的传播特性，在专业知识之外具备一定的讲演能力，才能有效地完成此类节目的内容生产。

此外，在网络媒体的专业性内容生产中，网络媒体以更加多元、融合、开放的设置为普通用户提供了参与专业性内容生产的机会。维基型百科网站以用户协作生产网络百科全书为主旨，通过词条等形式汇聚各行各业的专业知识。这类网站的内容生产者包括各领域实名认证的专家以及对各类知识具有一定专业认知的普通用户。笔者之所以将融合了各类用户的维基型百科网站划归为网络媒体中具有内容专业性的一类应用，是因为维基型百科网站通过用户间协作式的内容生产，构建起不断修正和完善的自组织系统，从而确保了内容的专业性。而专家类 UGC 生产者的加入，也进一步优化了专业性内容的质量。与传统的书籍相比，维基型百科网站虽然也以知识为主要内容，却顺应了互联网时代知识信息数量剧增的发展趋势，将知识的生产者由专家向广泛的网络用户扩展，并通过机制的创新来确保内容的专业性。因此，在维基型百科网站的专业性内容生产中，参与协作式生产的用户作为基础性的专业节点，是一类特殊的专业类 UGC 生产者。

（二）专业技能

除专业知识以外，媒体中传播的文学类、艺术类内容则依赖生产者的专业技能进行生产，也是媒体专业性内容的重要表现。在这两类专业性内容的生产中，生产者在文学创作和艺术表演方面的能力是决定内容生产的关键。其中，由 UGC 生产者参与生产的媒体应用主要包括：以文学作品为主要内容的文学杂志、报纸副刊和网络文学站点，以艺术表演为主要内容的才艺竞演类电视真人秀节目。

在纸质媒体中，文学杂志和报纸副刊以文学作品为主要内容，采用向社会公开征稿的方式完成内容生产。这两类媒体的内容生产者以具有文学创作能力的读者为主。投稿者的文学创作能力是决定其作品是否被刊录以及被哪种级别的杂志、报纸刊录的核心标准。此外，文学杂志和报纸副刊内容的大众性决定了参与其内容生产的读者既包括专业的作家也包括业余的文学爱好者。其中，专业性的作家群体是文学杂志和报纸副刊相对固定的作者群体，而文学爱好者则可借助向杂志或报纸副刊投稿的方式逐渐走上专业创作的道路。但从作品质量这一角度来看，无论是作家还是文学爱好者，能够被杂志刊录就在一定程度上证明了其作为生产者在文学创作领域的专业性。以韩寒和郭敬明为代表的一系列青年作家通过“新概念作文大赛”起步并成名的经历以及冰心、沈从文等文学大家早期向《晨报副镌》投稿的发展历程都印证了文学爱好者在文学创作方面的专业性及其发展潜力。

在网络媒体中，网络文学类 UGC 应用也为具有文学创作能力的网络写手提供了创作平台。在前文关于网络文学类 UGC 应用的论述中，笔者介绍了不同时期代表性的网络文学生产者。他们大多没有专业的文学背景，但作为文学爱好者具有专业的文学创作能力。无论是我国网络文学发展初期以各国留学生为代表的创作者，还是蓬勃发展时期以李寻欢（西北大学经济专业）、安妮宝贝（中国银行宁波市分行营业部职员）、邢玉森（北京邮电大学信息工程博士）、宁财神（华东理工大学国际金融专业）为代表的网络写手都通过其作品的影响力证实了他们在文学创作方面的专业性。与纸质媒体中的文学杂志和报纸副刊相比，网络文学类 UGC 应用以更为灵活、便捷的发表机制为更多的文学爱好者提供了展示作品的机会。因此，参与网络文学创作的专业类 UGC 生产者的规模要比纸媒中的生产者规模庞大，且生产者的身份背景更加多样。

此外，在媒体的艺术类内容生产中，由受众或用户参与的艺术类媒体应用主要表现为才艺竞技类真人秀节目。该类节目以歌唱、舞蹈、杂技、戏曲等文艺表演为主要内容，面向社会征集具有不同文艺才能的观众参与竞演。节目以艺术领域的专业标准对选手进行评定。具有优秀才能的选手才有机会脱颖而出进入专业歌手或演员的序列。虽然此类真人秀节目被界定为“平民的盛宴”“草根的舞台”，但综观各类才艺类竞技真人秀节目中优秀选手的身份，笔者发现大多数优秀选手具有专业背景，或毕业于专业学校，或具有丰富的舞台表演经验、竞赛经验。艺术的专业性不同于科学文化的专业性，上述教育背景或演出经验都是提升表演者技能、体现表演者专业性的重要方面。而众多在海选中就落败的观众，则是得到了能够参与此类节目内容生产的机会，却最终未能成为生产者。因此，在才艺竞技类真人秀节目中，作为主演的生产者大多是具有专业艺术背景的观众，而不是全体观众。

综合来看，专业类 UGC 生产者以专业知识和专业技能为角色特征，是受众和用户中具有内容生产意愿和生产能力的少数群体。受内容生产专业性的影响，这类 UGC 生产者的身份明确，与媒体之间合作的稳定性强，是媒体内容生产体系中必不可少的一类生产者。

二　社会化 UGC 生产者

所谓社会化 UGC 生产者是指参与媒体的社会化内容生产的受众或用户。其中，社会化内容强调的是内容的多样性和大众性，旨在满足各类受众的信息需求。与专业性内容强调精和深的导向不同，社会化内容则专注广和全，在内容生产上采用合作众筹的方式，将受众或用户纳入生产者系统来突破有限专业生产者的生产局限。根据前文对各类媒体 UGC 表现形式的梳理，受众或用户参与生产的社会化内容主要有新闻言论类、社会服务类、文娱体育类、社交互动类四种，涉及的 UGC 应用包括读者来信、来论，通讯员报道、爆料，听众热线电话互动，观众参与电视真人秀节目，用户的社交媒体自我展示、虚拟社区分享以及用户进行电子商务运营等多种形式。

综合参与上述四种内容生产的受众或用户的共性特征，笔者发现社会化 UGC 生产者广泛分布于各个领域，是作为大众的受众中的能动个体，并受媒体内容定位或平台定位的影响呈现出不同特征。与专业性 UGC 生产者不同，这类生产者的身份背景不是决定其参与内容生产与否的关键。生产者的兴趣、爱好或利益诉求才是影响其是否参与内容生产以及参与哪类内容生产的核心要素。因此，社会化 UGC 生产者的生产行为随机性较强，与媒体之间关系的稳定性较差，其身份角色也很难进行具象化的统计与提炼。受此影响，媒体在社会化内容生产的实践中对 UGC 生产者的身份背景不做过多的限定，而更多地重视其在内容上的接近性和兴趣度，并利用平台资源培养能动的受众或用户成为生产者，不断提升他们的生产能力，从而更好地配合媒体的专业化内容生产。

与此同时，社会化内容的广而全不代表各种内容都能进入媒体的传播系统，其内容生产仍具有相应的专业标准。社会化 UGC 生产者分布的广泛性、身份的复杂性、统计的模糊性也不意味着所有的受众和用户都能成为生产者。在社会化内容生产的专业标准的指导下，此类生产者仍需具备一些基础性的素养和能力，才能参与到内容生产中来。根据前文梳理的应用成果以及媒体访谈资料，笔者将这些共性的素养和能力归纳为媒介技术及设备的应用能力、相关内容的接近性和兴趣度。以上两个特征也是社会化 UGC 生产者在技术层面和内容层面具有的类型化角色特征。笔者将结合实例对这两个特征进行具象化的分析。

（一）媒介应用能力

在媒介的内容生产中，基于不同技术产生的媒介对生产者提出了不同的应用要求。具体而言，社会化 UGC 生产者对媒介的应用能力包括占有和使用两个方面。对媒介的占有是生产的前提，掌握相应的使用能力则是实现生产的关键。因此，受众和用户对媒介的应用能力是决定其是否能成为内容生产者以及成为哪类内容生产者的决定性条件。从纸质媒体到电子媒体再到网络媒体，媒介在不断更新换代的同时，也引发具有不同应用能力的人群之间的“鸿沟”，其中尤以互联网时代的“数字鸿沟”表现得最为突出。“数字鸿沟是在全球数字化进程中，不同国家、地区、行业、企业、人群之间由于对信息、网络技术发展、应用程度的不同以及创新能力的差别造成的‘信息落差’‘知识分隔’和‘贫富分化’问题。”① 在纸质媒体和电子媒体的 UGC 应用中，这种鸿沟则具体表现为由文字撰写能力、沟通和表达能力、图像技术和通信设备的应用能力引发的“生产鸿沟”。

在纸质媒体的社会化内容生产中，UGC 生产者主要进行文字类内容生产，对媒介技术及设备的应用较少。文字撰写能力成为纸质媒体在应用层面对 UGC 生产者的核心要求。无论是读者撰写的个人诉求类来信、社会类来论，还是读者担任通讯员报道新闻，都需要具备不同程度的文字撰写能力。在以上三类读者生产内容的表现形式中，个人诉求类来信对生产者的文字撰写能力要求最低，旨在方便读者通过来信反映问题或与报纸、杂志进行对话，从而提升媒体的服务性和贴近性。因此，撰写来信的读者规模最大，人员构成也最复杂。读者来论和通讯员报道新闻则要求生产者具备根据不同媒体的内容风格和相应文体的格式要求撰写文稿的能力。以革命杂志《新青年》为例，为该杂志撰写来论的读者

---

① 胡延平：《跨越数字鸿沟　面对第二次现代化的危机与挑战》，社会科学文献出版社 2002 年版，第 12 页。

主要是具有较高文化水平和文字撰写能力的高校教师和学生，与该杂志的内容定位相合。此外，1952 年 5 月的统计显示，《人民日报》的通讯员主要由干部和工作人员组成，占比 82.5%。这一历史构成情况与目前各类报纸的通讯员构成情况一致。笔者通过对北京、杭州、成都的五家代表性报纸的通讯员队伍构成情况进行访谈①了解到，目前报纸的通讯员主要由各单位负责宣传的工作人员担任，他们大多具有文科学历背景和较好的文字撰写能力。由此可见，与撰写来信的读者相比，撰写来论和新闻稿的读者呈现出突出的类型化特征。

在电子媒体的社会化内容生产中，电视以图像为主的传播形式对 UGC 生产者的图像设备应用能力和图像拍摄能力提出了新的要求。这一点集中体现在电视民生新闻的 DV 通讯员报道中。以电视民生新闻的代表《南京零距离》为例，“栏目组曾在节目中打出广告，邀请南京市民当栏目通讯员。栏目购买 100 多台掌中宝，以极低廉价格卖给通讯员并对他们进行采访拍摄等业务培训”②。与此同时，在题为《用 DV 记录新闻的民间记者邬黎兵》的报道中，浙江 DV 通讯员邬黎兵也介绍了他如何从一名长兴华能电厂的职工走上了 DV 通讯员的道路，其中涉及的关键因素有爱好 DV 摄像、自制网络视频具有高点击量、颇有新闻敏感。③ 由此可见，拥有 DV 设备以及善于使用是电视新闻通讯员的必备技能。此外，在广播的社会化内容生产中，听众通过拨打热线电话参与节目互动的内容生产行为，也使得对电话的占有和使用成为听众成为 UGC 生产者的一项决定性因素。

除以上两类由电子媒体技术引发的新的应用能力之外，电子媒

---

① 注释：笔者根据媒体的代表性和访谈的可行性，选择了《北京青年报》《钱江晚报》《四川日报》《成都日报》《华西都市报》进行访谈。

② 郑文彦：《省级电视新闻节目演变的八个趋势——地方新闻频道和节目特点比较》，《中国记者》2006 年第 7 期。

③ 邬黎兵：《用 DV 记录新闻的民间记者邬黎兵》，http：//blog. sina. com. cn/s/blog_4a50a7b00100dz7e. html，2018 年 6 月 10 日。

体中的听众、观众来信和听众、观众担任通讯员报道新闻两类表现形式同样对生产者的文字撰写能力提出了要求。撰写来信和担任通讯员的生产者需要根据广播评议类文章的文体特征和广播电视新闻的传播特性撰写相应的文稿。与此同时，听众、观众在广播、电视谈话类节目中通过拨打热线电话或担任现场观众的形式生产的意见、观点类内容，也需要听众和观众具备一定的语言表达能力和在镜头前的展示能力，才能配合专业媒体完成互动性的内容生产。

在数字技术高速发展的态势下，网络媒体的社会化内容生产对 UGC 生产者在媒介技术及设备方面的应用能力提出了更高的要求。首先，互联网的接入和网络终端设备的占有是影响用户参与内容生产的重要前提。这两大前提条件受经济因素影响较大，导致我国 UGC 生产者的构成存在一定的城乡差距。但随着我国网络接入水平的提升以及网络终端设备价格的降低，这种差距正逐渐缩小。其次，用户的上网技能是决定其能否成为内容生产者的另一核心因素。上网技能不仅包括基础性的电脑打字能力、图像拍摄与上传能力、语音录制与发送能力，还包括对各类网络应用的操作能力。网络媒体的文娱型应用、社交型应用、商业型应用、知识型应用和舆论型应用都具有相对复杂的操作程序。用户只有系统地掌握各类应用的操作方法才能完成内容生产。在网络媒体多样化技能要求的影响下，“我国网民仍以10—39 岁群体为主，占整体的 73%。其中 20—29 岁年龄段的网民占比最高，达 30%，10—19 岁、30—39 岁群体占比分别为 19.6%、23.5%。”① 网民中的社会化 UGC 生产者也以青少年群体为主。

（二）相关内容的接近性和兴趣度

相关内容的接近性和兴趣度是社会化 UGC 生产针对不同媒体的内容定位或平台定位表现出来的共性特征。相关内容的接近性是指 UGC 生产者在地理层面或心理层面对内容有获取优势和理解优势，

---

①　中国互联网络信息中心：第 41 次《中国互联网络发展状况统计报告》，http://cnnic.cn/gywm/xwzx/rdxw/201801/t20180131_70188.htm，2018 年 6 月 12 日。

从而为其参与内容生产提供便利。其中心理层面的接近性包括性别、年龄、民族、职业等多种社会性因素的接近性。相关内容的兴趣度则是指 UGC 生产者对媒体的内容和服务具有较高的兴趣度，能够提升其产生参与内容生产的动机和意愿。上述两个特征并不是社会化 UGC 生产者同时具备的特征，而是该类生产者在不同媒体的内容生产中分别呈现的特征。

社会化 UGC 生产者与相关内容的接近性集中体现在新闻生产中。在新闻价值的五要素中，接近性作为其中一大要素，是对新闻报道的贴近性和服务性提出的要求。在传统媒体的新闻生产中，为丰富新闻报道的内容，增强报道的贴近性和服务性，媒体利用受众在内容上的接近性优势，邀请他们通过来信、来电的形式向媒体爆料提供新闻线索或是担任通讯员报道新闻。根据笔者在前文梳理的受众爆料的案例以及笔者对部分媒体的访谈可以发现，受众大多为实现自己的利益诉求而向媒体爆料，希望媒体的曝光能促成问题的解决。这类爆料行为的随机性较大，但内容与受众的生活息息相关，反映的问题也具有一定代表性。此外，部分市场化媒体为鼓励受众爆料，采用有偿奖励的方式对受众提供的有价值的新闻线索给予一定的报酬，推动了职业爆料人的出现。职业爆料人为获取报酬，走街串巷搜集各类社会新闻线索，为媒体提供了一批更具贴近性的内容。与此同时，由各单位宣传人员组成的通讯员队伍、工人农民通讯员队伍以及由普通市民构成的 DV 通讯员队伍，为媒体及时提供了各行各业的新闻报道和新近发生的社会新闻，也是 UGC 生产者在内容上具有接近性的突出体现。

在网络媒体的新闻生产中，有限的专业新闻生产能力与海量信息和迅捷传播之间的矛盾更加突出，促使网络用户参与新闻生产成为一种必需的趋势。用户通过论坛、博客、微信、微博、新闻客户端等多种渠道，便捷、及时地向媒体提供了大量爆料内容。尤其是在突发事件、反腐事件和维权事件的报道中，网友利用其作为亲历者、目击者或知情人等身份的内容接近性，为网络媒体在第一时间提供了有价值的一手信息，有效地提升了网络新闻生产的时效性和新闻内容的价值度。与此同时，受网络爆料便捷性的影响，网友也将其在日常生活中发现的、超出正常认知的特殊新闻线索提供给媒体，促使网络新闻内容的异常化趋势凸显。此外，传统媒体中的 DV 通讯员也在网络新闻生产中转型为网络拍客。此类 UGC 生产者利用便携式的移动终端设备，为媒体提供了大量与其所在地域或所属社会群体有突出接近性的新闻素材，其中也包括为获得稿酬专门去搜集新闻素材的职业拍客。

社会化 UGC 生产者对相关内容的兴趣度则主要表现在社会服务类、文娱体育类、社交互动类内容的生产中。这些内容为受众或用户提供休闲娱乐和生活服务，通过激发受众或用户对内容的兴趣，引发他们的参与行为，从而提升媒体的传播效果。因此，UGC 生产者在上述内容的生产中扮演的是互动者角色而不是新闻生产中的协作者角色。在广播电视的文娱节目和服务节目中，UGC 生产者由兴趣驱动参与节目点播、热线电话互动、有奖竞赛或是真人秀竞演，并通过符合其兴趣的互动式内容生产满足自身的文娱需求、收获所需的信息服务。而在网络媒体的社交型应用、文娱型应用、知识型应用和商业型应用中，UGC 生产者对相关内容的兴趣度在内容生产中表现得更为突出。博客、播客、维客、卖家等多种类型的 UGC 生产者以网络应用为平台，通过内容生产组建起虚拟兴趣社区，与其他用户进行着以兴趣为主题的交往和互动。需要说明的是，虽然广播电视节目中的有奖竞赛和网络媒体中的商业型应用具有突出的利益色彩，但 UGC 生产者在选择参与哪类内容的有奖竞赛以及开展哪种电商业务的过程中，仍然受兴趣因素影响。这一点与文娱内容和服务内容的消闲性质有关。

综观以上两种 UGC 生产者的表现及特征，笔者认为在媒体的内容属性或平台属性的影响下，参与内容生产的受众或用户呈现出与之相合的角色特征，即专业性内容生产中的专业背景、社会性内容生产中对媒介的应用能力、对内容的接近性和兴趣度。这些特征不仅是各类 UGC 生产者区别于普通受众或用户的共性特征，也是受众或用户参与各类内容生产应具备的条件。除以上两种 UGC 生产者呈现的类型化特征外，对媒体传播的积极性也是 UGC 生产者共同具有的前提性特征。这里的积极性具体表现为受众或用户在媒体接触、媒体信息解读和媒体信息再传播过程中所呈现的能动的选择、解码与生产行为。这些能动的行为促使此类人群形成了一定的媒介使用经验和较好的媒介素养，为其参与内容生产奠定了基础。

受 UGC 生产者角色的复杂性和相关资料获取难度的影响，笔者只能根据现有资料，从生产的能动性、生产条件和生产能力三个方面入手对 UGC 生产者的角色进行具象化的描述、归纳和界定。这一界定将 UGC 生产者的指称范围从用户扩展到传统媒体的受众，并在“业余生产者”的角色界定之外提出了 UGC 生产者应具备的条件。根据我国台湾学者林子斌（Lin T. – B）等对新媒介素养的理论框架研究，笔者可以将上述 UGC 生产者的角色特征即 UGC 生产者应具备的条件归纳为产销型媒介素养。

如图 4 – 1 所示，林子斌等在吴静等学者提出的新媒介素养框架的基础上，把公众在网络媒体中应具备的新媒介素养划分为消费型媒介素养、产销型媒介素养、功能型媒介素养和批判型媒介素养四个维度，以及消费能力、理解能力、分析能力、整合能力、评估能力、产销能力、分享能力、生产能力、参与能力和创造能力十个指标。其中，消费型媒介素养是指接收媒体信息和在不同层面利用媒体的能力，产销型媒介素养是指公众生产内容的能力。产销型媒介素养应该整合和包含了消费型媒介素养。功能型素养是指文本意义的解读能力和应用媒介工具及内容的能力。批判型媒介素养是指分析、评估、批判媒介的能力。功能性媒介素养为批判型媒介素养奠定了基础。[①] 此外，产销能力、分享能力、生产能力、参与能力和创

① Chen, D. – T., Wu, J. & Wang, Y. – M., “Unpacking New Media Literacy, Journal on Systemics”, *Cybernetics and Informatics*, Vol. 9, No. 2, January 2011, pp. 84 – 88.

造能力是公众作为产销者应具备的媒介素养。不同的媒介素养指标代表着公众在进行分享、再传播、社交参与、创造等方面的内容生产时应具备的能力。①

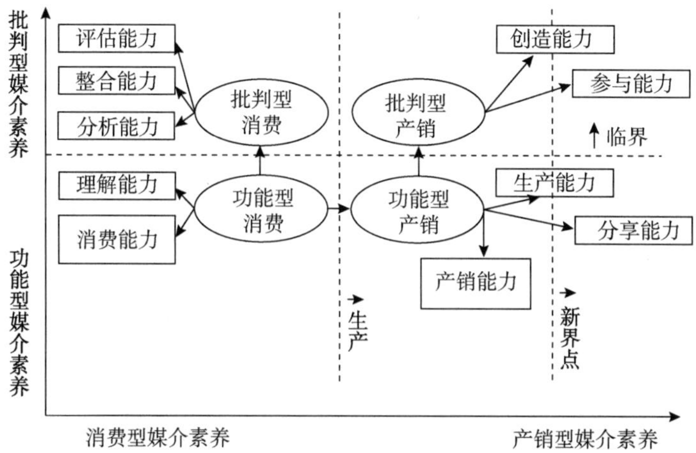

图 4－1　新媒介素养的细化框架

虽然上述理论框架限定在网络传播环境中，但结合前文对 UGC 生产者角色特征的分析，笔者认为受众或用户中的 UGC 生产者在内容生产中应具备的条件与上述框架中的产销型媒介素养相符。此外，作为 UGC 生产者的受众或用户在消费型素养层面也具有较高的水平，为其具备产销型素养奠定了基础。因此，笔者将 UGC 生产者的角色进一步界定为受众或用户中具备一定的生产动机、较好的消费型素养和一定的产销型素养，以不同的方式参与媒体内容生产的人群。以上关于生产者角色的分析只是反思和再探讨 UGC 概念的第一步。传统媒体中受众生产内容的表现形式给 UGC 概念带来的表意局限问题，仍需通过对生产模式和生产动机的分析进一步解决。

① Lin, T. －B., Li, J. －Y., Deng, F. & Lee, L., "Understanding New Media Literacy: An Explorative Theoretical Framework", *Educational Technology & Society*, Vol. 16, No. 4, October 2013, pp. 160－170.

本章，笔者从理论层面和实践层面对 UGC 生产者的角色进行了分析。通过系统地梳理中西方受众研究中受众呈现的受动型角色和能动型角色，本书呈现了受众角色的多样性以及“用户”这一概念对“受众”概念的继承与发展，从而在理论层面上否定了受众消极被动的传统观点，证实了受众作为内容生产者的可能性和现实性。以理论分析为基础，结合前文梳理的 UGC 生产方式在各类媒体中的表现形式，本书进一步提出用“用户”来界定 UGC 生产者的角色存在表意模糊和不恰当的问题。

为解决“用户”这一概念存在的表意问题，本书以实践案例和媒体访谈资料为基础，从具象化的角度对各类媒体中 UGC 生产者的角色进行了分析和再界定。基于现有的材料，研究将 UGC 生产者的角色划分为专业类和社会化两种。每种生产者在内容生产中呈现的角色特征、发挥的作用各不相同。但总体而言，UGC 生产者是一类在生产层面具有业余性，在内容层面具有专业性、参与优势和获取优势的群体，这些优势为媒体的内容生产提供了所需的素材、优化了传播效果，在一定程度上体现了受众或用户参与内容生产的必要性和价值。

第五章

从参与到众包：UGC 生产模式与生产动机的探究

通过前文对纸质媒体、电子媒体和网络媒体中 UGC 应用形式的梳理，UGC 生产方式中的内容一环已经得到了具象化的呈现。与此同时，通过上文对 UGC 生产者角色进行的分析，UGC 生产方式中的生产者一环也从“用户”向具备一定生产条件、生产能力和生产意愿的“受众”扩展。本章，笔者将对 UGC 生产方式中的生产环节进行有针对性的分析，从生产模式和生产动机的角度入手，对传统媒体和网络媒体中受众或用户如何生产以及为何生产进行系统探究，从而为重构和再界定囊括了传统媒体中受众生产内容的 UGC 生产方式奠定基础。

第一节 业余与专业的协作：UGC 生产模式的对比分析

在前文对 UGC 表现形式的回溯和生产者角色的分析中，笔者已经展现了不同媒体的 UGC 生产者和生产内容的多样性和差异。作为 UGC 生产方式中关键一环的生产模式，聚焦内容生产的运作方式，也在不同媒体的应用中表现出类型化的差异。但总体而言，UGC 在生产模式上主要表现为在媒体的专业内容生产标准的指导下，由受众或用户进行生产，并与媒体的专业生产者或专业平台协作完成生产的一种运作方式。不同媒体的 UGC 实践在生产模式上的差异也主要体现在业余生产者与专业生产者或专业平台如何协作、在哪方面协作以及协作达到了什么程度三个方面。

一　业余与专业协作的价值和必要性

与 UGC 相对的是由媒体的专业生产者进行的专业内容生产（PGC）。专业内容生产是大众传播的前提和保障，指具有专业生产能力的生产者利用现代技术手段，按照媒体的专业生产标准进行内容生产的行为系统。在媒体的内容生产体系中，专业内容生产居于核心地位，发挥着主导作用，旨在为受众或用户提供优质的信息内容。但受大众传播的模式、媒体属性和媒介技术等因素的影响，UGC 作为 PGC 的协作者的角色出现，具有一定的价值和必要性。

首先，大众传播的双向互动模式决定了受众或用户参与内容生产的价值。在施拉姆的大众传播模式中（见图 5－1），大众受众作为与专业传播者相对应的一环，对传播者生产的信息进行译码、释码和编码，并作为群体中的一员对讯息进行再解释或据此行动。此外，在大众传播模式中，施拉姆还提出了受众对媒体的推测性反馈。这种反馈行为在“积极的受众观”和“用户观”中被证实和发展。“积极的受众观”和“用户观”认为：受众或用户不仅能通过对信息的选择和解读向专业传播者的传播行为作出反馈，也能通过一定的信息采集、加工或再生产行为参与到媒体的专业内容生产中来。单波将“受众界定为传播关系中的主体”①，将传者与受众的关系解读为“共生现象，是互构，是协商”②。因此，UGC 是受众或用户作

① 单波：《在主体间交往的意义上建构受众观念——兼评西方受众理论》，《新闻与传播评论》2001 年卷。

② 单波：《在主体间交往的意义上建构受众观念——兼评西方受众理论》，《新闻与传播评论》2001 年卷。

为传播中的主体，从接收者的角度表达意见、分享信息、优化传播的体现。通过与从传播者的角度进行内容生产的 PGC 协作，UGC 实现、促进了大众传播的双向互动。

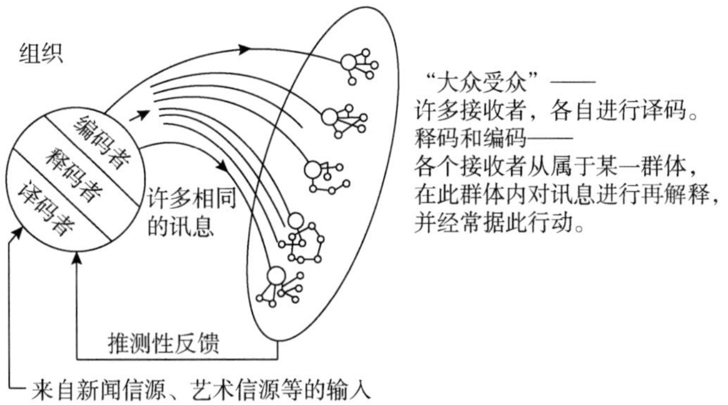

图 5－1　施拉姆提出的大众传播模式流程

其次，传媒的公共性决定了受众或用户参与生产的必要性。潘忠党将传媒的公共性界定为“传媒作为社会公器服务于公共利益的形成与表达的实践逻辑”①，是“社会各方互动的过程和结果”②。朱清河将中国新闻传媒的公共性划分为“媒体传播权的公权属性、大众传播的公益性、媒体产品的公开性、传播资源的公共资源属性”③四个层面。受传媒的公共性影响，一方面，公众要有平等参与媒体传播的权利；另一方面，传媒要为公众理性批判公共事务提供条件，并为公众提供符合公共利益的内容服务。因此，UGC 生产方式的出现不仅是受众或用户行使媒体参与权的体现，也是受众或用户关注社会公共事务，以媒体为平台进行理性批判的体现。此外，UGC 以广泛的受众或用户为生产者，生产的内容不仅具有专业内容生产无

---

① 潘忠党:《传媒的公共性与中国传媒改革的再起步》,《传播与社会学刊》2008 年第 6 期。

② 许鑫:《传媒公共性概念的解析与应用》,《国际新闻界》2011 年第 5 期。

③ 朱清河:《论传媒公共性及其实现途径》,《现代传播》2008 年第 4 期。

法比拟的多样性，也在内容公益性上具有一定的优势。由此可见，媒体在 PGC 之外采用 UGC 的生产方式，让受众或用户参与到内容生产中来，是在实践中推进传媒公共性的举措。

最后，媒介技术发展给内容生产带来的挑战决定了受众或用户参与内容生产的必需性。麦克卢汉将媒介技术对人和社会的影响界定为“新的尺度的产生”①，即“媒介对人的组合与行为的尺度和形态发挥着塑造和控制的作用”②。德布雷也用媒介域的概念解释了“媒介技术与人、组织和社会制度互相渗透、密不可分的关系”③。“媒介域这个字眼指的是一个信息和人的传递和运输环境，包括与其相对应的知识加工方法和扩散方法。”④ 正如上述观点所示，从以文字为主要形式的纸质媒体，到以声音、图像为主要形式的电子媒体，再到综合多种表现形式的网络媒体，媒介技术不断改变着传播内容的尺度、加工方法和扩散方法。信息数量呈指数级增长，内容表现形式日益多元并逐渐细分，传播速度不断加快，传播范围不断扩大等等，一系列新的内容形式、传播样态的推陈出新就是媒介技术发展带来的变革，并对内容生产的尺度和方法提出了新的要求。面对媒介技术发展带来的新挑战，专业内容生产将受众或用户纳入信息生产体系，以扩展有限的专业生产队伍，并通过与 UGC 协作的新的加工方法，实现更加多元、快速、个性化的内容生产。

综合来看，UGC 生产方式作为媒体专业内容生产体系的补充和发展，其存在和发展有属性上的必要性和时代的必需性。业余与专业的协作不仅在推动传播的双向互动性和传媒的公共性上发挥了积

---

① ［加拿大］马歇尔·麦克卢汉：《理解媒介：论人的延伸》，何道宽译，译林出版社 2011 年版，第 18 页。

② ［加拿大］马歇尔·麦克卢汉：《理解媒介：论人的延伸》，何道宽译，译林出版社 2011 年版，第 19 页。

③ 胡翼青：《为媒介技术决定论正名：兼论传播思想史的新视角》，《现代传播》2017 年第 1 期。

④ ［法］雷吉斯·德布雷：《普通媒介学教程》，陈卫星、王杨译，清华大学出版社 2014 年版，第 261 页。

极作用，也为媒体应对媒介技术发展带来的挑战提供了有效的应对之策。但 UGC 这一由受众或用户进行的业余生产如何与专业内容生产进行协作，仍需结合具体的实践案例进行分析。

二　UGC 的两种生产模式探究

根据前文梳理的不同媒体中的 UGC 应用实践，笔者以相关理论为基础，把我国媒体中的 UGC 生产模式归纳为参与式和众包式两种。两种模式都以“协作和共享”为核心理念，在运作方式上呈现出继承和发展的关系，并分别在传统媒体和网络媒体的 UGC 实践中表现得尤为突出。本节，笔者将结合 UGC 的实践案例对两种生产模式进行具象化探究，并通过对比分析展现二者的共性和差异。

（一）两种模式的理论基础与差异化界定

参与式生产与众包式生产作为 UGC 的两种生产模式，在理念上继承了 20 世纪七八十年代以来兴起的“参与”“参与文化”“参与式传播”等理论体系的要旨，表现出一定的共性。“1977 年，联合国教科文组织在贝尔格莱德会议的报告中，将‘参与’定义为在较高层面上对传播系统的公众介入，包括公众在制作过程以及传播系统的管理和计划中的介入。”① 这一概念将“参与”界定为“介入”，展现出公众不再外化于传播系统并开始进入的状态。此外，该概念将介入的范围划定在制作过程以及传播系统的管理和计划两大领域。但在具体的实践中，公众介入传播系统的范围和程度在不同媒体中有不同的表现，从而产生了参与式生产与众包式生产两种不同的生产模式。

以“参与”为起点，亨利·詹金斯在 1992 年对电视粉丝所组成的社群进行的研究中提出了“参与式文化”的概念。他认为：“参与式文化就是以身份认同为基础，进行集体信息传播和问题解决的

① 韩鸿：《参与式传播：发展传播学的范式转换及其中国价值——一种基于媒介传播偏向的研究》，《新闻与传播研究》2010 年第 1 期。

形式"①；"并鼓励观众参与社会活动的角色"②。2007 年，在《面对参与文化的挑战》的白皮书中，詹金斯等人又将参与式文化的概念发展为"一种能够在艺术表达和公众参与上做到低门槛地为个人创作和分享提供更强有力支持的，具有在某种形式上能够将知识从最具经验的群体传递给新手们的非正式指导关系的文化"③。从电子媒体时代的粉丝参与到网络媒体时代的个人创作和分享，参与式文化传达了公众介入信息生产的条件和目的，即"低门槛"、"创作和分享"和"问题解决"。此外"参与式文化"概念的丰富和发展，也体现了公众的参与行为在媒介发展的同时也在日益丰富。UGC 作为传播领域的一种参与式文化，在生产模式上也具有上述特征，并在不同媒体中呈现出一定的差异。

与此同时，20 世纪 80 年代以来，"参与式传播"作为发展传播学的范式之一被提出，用于指代"基于近用、对话和参与的横向传播模式"④。该范式将传播视为"一种在所有利益相关者中开启对话以产生分析和解决问题策略的工具"⑤，并与发展传播学相结合提出："倘若人们积极地介入到发现项目中，这些项目将会成为相关的、有效的和可持续的。"⑥ 参与式传播将研究的视野从信息传播拓展到社会发展，在更广泛的领域内强调了公众对媒介的使用、对传播的介入以及通过传播实现对话对于解决问题和实现可持续发展的

① ［美］亨利·詹金斯：《文本盗猎者：电视粉丝与参与文化》，郑熙青译，北京大学出版社 2016 年版，第 2 页。

② 张宏伟：《参与式生产：文化产品生产的转向与变革》，《新闻与传播研究》2015 年第 11 期。

③ ［美］亨利·詹金斯、［日］伊藤瑞子、［美］丹娜·博伊德：《参与的胜利：网络时代的参与文化》，高芳芳译，浙江大学出版社 2017 年版，第 3—4 页。

④ 韩鸿：《参与式传播：发展传播学的范式转换及其中国价值——一种基于媒介传播偏向的研究》，《新闻与传播研究》2010 年第 1 期。

⑤ 韩鸿：《参与式传播：发展传播学的范式转换及其中国价值——一种基于媒介传播偏向的研究》，《新闻与传播研究》2010 年第 1 期。

⑥ 韩鸿：《参与式传播：发展传播学的范式转换及其中国价值——一种基于媒介传播偏向的研究》，《新闻与传播研究》2010 年第 1 期。

重要性。而 UGC 作为一种参与式传播的表现形式，也通过给予受众或用户进行内容生产的机会，在社会层面发挥着推动对话、促进问题解决的作用。

综合上述以“参与”为核心的理论体系可以发现，“参与”用于指代公众对传播活动的“介入”现象，这种现象以对话、共享和解决问题为导向，需要具备一定技术或技能的准入条件才能实现。UGC 作为受众或用户参与媒体内容生产的表现形式，在生产模式上也符合“参与”的一般特征，以受众或用户的“介入”为核心，以受众或用户与专业生产者之间的协作式生产为运作方式，旨在实现对话、共享，并推动解决媒体内容生产中面临的各种问题。参与式生产和众包式生产均以该基本模式为基础，在介入程度、集体生产的方式和解决的问题等方面呈现一定的差异。具体而言，参与式生产处于“参与”的初级阶段，主要表现为受众或用户针对媒体生产的专业内容，进行的以反馈、互动、对话为目的的生产。在该模式中媒体的专业内容生产仍发挥着主导作用，是受众或用户进行内容生产的前提。以该模式为主导的 UGC 生产方式的核心价值在于受众或用户的介入和发声。因此，该模式主要应用在参与条件相对薄弱的传统媒体的 UGC 实践中，并在部分以反馈为主要形式的网络媒体的 UGC 生产中有所体现。而大部分网络媒体中的 UGC 实践则在更为开放的传播条件下实现了汇聚群体智慧的众包式生产。

2006 年，杰夫・豪以互联网技术为背景提出了“众包”的概念，用于指代“把传统上由内部员工或外部承包商所做的工作外包给一个大型的没有清晰界限的群体去做的”① 新的商业模式。杰夫・豪认为“众包的主体是业余爱好者”②；“生产方式是一种‘市集’模式，一

① 胡泳：《推荐序》，载［美］杰夫・豪《众包：大众力量缘何推动商业未来》，牛文静译，中信出版社 2009 年版，第 21 页。

② ［美］杰夫・豪：《众包：大众力量缘何推动商业未来》，牛文静译，中信出版社 2009 年版，第 4 页。

种每件事都是自下而上‘协调安排的’生产方式”①；生产动机是“满足精神追求”②。此外，该模式以“工具民主化”③为前提，以共享平台和网络社区为基础，“采用开放源代码的方式生产包括软件在内的产品”④，通过“多样性的集体智能战胜了专家的大规模同质化生产”⑤。而关于集体智能的逻辑，杰夫·豪指出众包的多样化能战胜专业能力需要满足以下条件：“问题必须真的很难解决；大众必须具备随时解决问题的一些能力；参与者必须来自一个足够大的人才库，以确保各种各样的方法都有。”⑥由此可见，众包在倡导开放共享、协作多元的同时，对参与众包的业余爱好者的能力也有一定的要求。

在信息传播领域，“众包”模式突出体现在网络媒体的 UGC 实践中。业余的用户作为网络媒体中 UGC 的生产主体，利用网络媒体近用、开放、共享的平台优势以及相应的内容生产能力，进行着自主化、社区化的内容生产。海量用户贡献的内容汇聚在一起，为网络媒体庞大、多元的内容体系贡献了大量有价值的内容。与传统媒体的 UGC 实践以专业生产为主、用户生产内容为辅的参与式生产模式不同，网络媒体中的用户具备了独立进行生产的能力。海量用户生产的内容聚合在一起，构成了网络媒体传播内容的一部分，并在一定程度上具有堪比专业内容的价值和影响力。因此，网络媒体中

---

① ［美］杰夫·豪：《众包：大众力量缘何推动商业未来》，牛文静译，中信出版社 2009 年版，第 24 页。

② ［美］杰夫·豪：《众包：大众力量缘何推动商业未来》，牛文静译，中信出版社 2009 年版，第 96 页。

③ ［美］杰夫·豪：《众包：大众力量缘何推动商业未来》，牛文静译，中信出版社 2009 年版，第 136 页。

④ ［美］杰夫·豪：《众包：大众力量缘何推动商业未来》，牛文静译，中信出版社 2009 年版，第 39 页。

⑤ ［美］杰夫·豪：《众包：大众力量缘何推动商业未来》，牛文静译，中信出版社 2009 年版，第 46 页。

⑥ ［美］杰夫·豪：《众包：大众力量缘何推动商业未来》，牛文静译，中信出版社 2009 年版，第 106 页。

UGC 的众包式生产模式重视用户个体在内容生产中的作用以及用户协作生产内容的价值，展现了业余的用户与专业的网络平台之间的协作关系。这种生产模式包括“大众智慧、大众创造、大众投票、大众集资四种类型”①，在传统媒体的部分 UGC 实践中也有体现。

通过上述分析和界定，笔者展现了参与式生产和众包式生产的模式特征，对我国媒体中 UGC 的两种主导生产模式进行了理论层面的形塑。二者从不同层面展现了在传统媒体与网络媒体的内容生产中，UGC 扮演的角色、发挥的作用及其与 PGC 的关系。而两种模式在微观运作层面的表现和特征仍需回归到不同媒体的 UGC 实践中进行分析。

（二）传统媒体中受众的参与式生产

在传统媒体的内容生产中，读者、听众、观众生产内容的表现形式主要包括经典注释、小说评点、来信、投稿、爆料、担任通讯员报道新闻、热线电话互动、参演节目。上述内容生产作为专业内容生产的补充和反馈，对专业内容生产起到了丰富和发展的作用。基于此，笔者将参与式生产进一步细分为补充型和反馈型两种。其中，经典注释、小说评点、爆料、担任通讯员、参演节目属于补充型参与式生产；来信、热线电话互动属于反馈型参与式生产；而投稿和观众参演真人秀节目则具有一定众包式生产的特征。

在读者进行的经典注释类和小说评点类内容生产中，生产者以原著为基础，采用个人独立生产的方式，从专业角度对原著进行补充式解读。原著中的内容是读者进行内容生产的前提，而读者也通过有针对性的注释和评点实现了与原著者的对话。与此同时，经典注释和小说评点类生产也具有一定的读后反馈的性质，是读者针对原著发表的原创性见解。但内容的专业性决定了这两类生产对原著的补充作用更为突出。与之不同的是，爆料、担任通讯员、参演节

① ［美］杰夫·豪：《众包：大众力量缘何推动商业未来》，牛文静译，中信出版社 2009 年版，第 228—229 页。

目这三类参与式生产则是作为媒体专业内容生产的一部分发挥着对专业内容的补充作用。在读者、听众、观众向新闻媒体爆料或担任通讯员报道新闻的生产中，受众提供的新闻线索或撰写的新闻稿为专业新闻报道提供了更为丰富的素材。这些素材成为专业新闻生产者在新闻采写阶段的补充，再经由专业生产者加工成为可供报道的新闻稿。在听众/观众参演节目的生产中，无论是专家类听众/观众进行播讲、撰写播讲稿，还是普通观众参与话题讨论或游戏互动，都是在媒体专业内容生产的设计和指导下完成的内容生产，为专业内容生产补充了有价值的信息、公众观点或是增强了节目的互动性和可看性。

另外，来信和热线电话互动作为传统媒体中最为普遍的 UGC 表现形式，具有突出的反馈属性。在内容方面，来信和热线电话以表达个人诉求、发表社会评论、进行媒体点评、寻求生活服务和参与有奖竞猜为主。内容的个人化色彩突出，与媒体的专业内容相异。在形式方面，报纸和杂志设置专栏刊登读者来信；广播和电视不仅设置专门的节目播放听众、观众来信，还在众多节目中设置专门的环节接听听众或观众的热线电话。这些专栏、节目或节目中的环节独立于媒体的专业内容版块之外，是媒体为增强与读者、听众、观众的联系而设置的版块，集中体现了媒体的服务性。总体而言，来信和热线电话互动是受众针对媒体的专业内容或服务生产的反馈型内容。这些反馈或通过评论、批评建议等方式表达对媒体内容的态度和观点，或通过有奖竞猜、点播、谈话等方式表达对媒体服务的认可。需要说明的是，部分媒体通过来信或热线电话的形式向受众征集新闻线索或征文稿件，用于其专业内容生产。此类来信和热线电话提供的内容隶属于媒体专业内容生产的一部分，仍属于补充型参与式生产方式的一种表现。

此外，在传统媒体的 UGC 表现形式中，读者向报纸副刊、学术杂志/文学杂志投稿以及观众参演真人秀节目则具有一定的众包式生产的特征。上述三种表现形式采用面向公众征集稿件和征集主演者的方式完成内容生产。参与内容生产的读者或观众是上述三类内容的核心生产者。每位读者生产的文学作品、学术论文或是观众在真人秀节目中的表演与其他生产者生产的内容聚合在一起构成了副刊、杂志和真人秀节目的完整内容体系。与此同时，正如杰夫·豪所言，“用投票做决定的方式是一种很明显的众包类型”①。在以《超级女声》为代表的真人秀节目中，观众投票也是众包式生产的一种表现。但在詹金斯的解读中，这种投票行为“并不是一种抵抗性的或替代性的参与形式，其实是被高度地自上而下地管理着的参与行为”②。

两位学者针对观众投票提出的不同见解在上述三种 UGC 表现形式中都有体现。综合来看，投稿和参演真人秀节目是传统媒体中具有众包式生产特征的 UGC 表现形式。但与网络媒体中 UGC 的众包式生产不同，报纸副刊、杂志中的专业编辑和真人秀节目中的导演等专业的内容把关者在这三类 UGC 生产中发挥着关键性的控制力量。这些控制力量在一定程度上影响了受众进行协作生产的自主性、开放性和共享性。因此，笔者更倾向于将上述三类 UGC 生产纳入参与式生产的体系之中。但它们却开始具有了一定的众包式生产的特征，是参与式生产向众包式生产发展过程中呈现出的一种过渡形式。

综观传统媒体中受众进行的参与式生产，笔者认为受众在传统媒体“主—客”二元对立的传播关系中，通过反馈或补充的方式参与的内容生产，是媒体专业内容生产指导和控制下的一种辅助性生产。这种生产多以个体的形式展开，生产者之间彼此独立，尚未形成协作。此外，笔者虽然将参与式生产划分为反馈型和补充型两种，但二者之间也存在一些交叉现象，不能进行绝对的切分。对读者投稿和观众参演真人秀节目的生产模式的界定，也不能简单地进行参与式生产和众包式生产的划分。这些具有不同模式特征的应用实践

---

① ［美］杰夫·豪：《众包：大众力量缘何推动商业未来》，牛文静译，中信出版社 2009 年版，第 176 页。

② ［美］亨利·詹金斯：《文本盗猎者：电视粉丝与参与文化》，郑熙青译，北京大学出版社 2016 年版，第 22 页。

需结合具体情况进行微观层面的分析。

（三）网络媒体中用户的众包式生产

在网络媒体的 UGC 生产中，用户生产的内容主要包括社交互动类、新闻舆论类、兴趣分享类、文化娱乐类、商业营销类五种。其中，以社交媒体为代表的社交互动类平台及社交类功能设置为其他类型的内容生产奠定了基础。以维客为代表的兴趣分享类内容生产突出表现了众包式生产的共享、协作特征。其他类型的内容生产则以网络社区为基础，实现了大量用户在智慧、创作、投票等方面的众包式协作生产以及业余用户与专业网络媒体平台的协作式生产。

在社交互动类 UGC 应用中，用户以社交媒体为平台生产个人化的社交信息和公共性的分享信息。用户虽为独立生产，但个人化的社交信息需与其他用户生产的社交信息实现连接，才能实现社交互动的目的；公共性的分享信息需与其他用户生产的评论类信息连接，才能实现对话交流的目的。通过社交信息的连接以及分享—评论信息的连接，社交类 UGC 应用中的用户实现了开放、自主的协作式生产，不仅众包完成了社交媒体平台中的多样化内容生产，也在内容生产中建立起网络化的社交关系和以兴趣或话题为导向的多元网络社区。杰夫·豪在解释“众包”模式之时，特别强调了网络社区对众包生产的基础性作用。他认为：“网络社区将人们组织起来，成为具有经济效率的生产单位。社区的发展让业余爱好者阶层、开放源代码软件、互联网及其设备具有了不可取代的影响力。”① 以社交媒体实现的社交连接和搭建的各类社区为基础，传统媒体中的知识生产、新闻生产、文化娱乐生产、营销生产在网络媒体中实现了由用户众包完成的社会化生产。

在新闻舆论类 UGC 应用中，用户以社交媒体或网络新闻媒体为平台，发布爆料信息、拍摄短视频新闻或发表新闻评论。与传统媒

---

① ［美］杰夫·豪：《众包：大众力量缘何推动商业未来》，牛文静译，中信出版社 2009 年版，第 71 页。

体中受众采用个人化、随机性的参与式新闻生产方式不同，网络媒体中的用户以网络社区为基础，在新闻生产中实现了大规模的、协作式的众包生产。一方面，网络媒体中参与新闻生产的用户不再是传统媒体中以个体为单位的不确定的少数用户，而是能够使用社交媒体的广泛网民。用户基于社交媒体进行的日常化、便捷性的爆料行为，能在社交网络中迅速被其他用户关注、评论、扩散、拓展，并引发专业新闻媒体后续的跟进报道行为。在这一由社交媒体中的个体用户生产、由广泛的网友扩散补充、由专业媒体再加工的过程中，用户之间实现了自主化的协作式生产，为专业媒体提供了更为丰富的新闻素材，成为网络媒体新闻生产中的重要组成部分。

另一方面，专业新闻媒体平台为有效利用用户在新闻生产中的价值和创造力，设置了专门的爆料专区、视频专区、评论专区，供用户提供原创性的新闻素材或发表新闻评论。众多用户生产的素材聚集在一起，形成了规模性的内容体系，推动用户生产新闻成为专业新闻媒体在新闻线索收集、视频新闻素材拍摄和新闻评论环节中的必要一环。总体而言，网络媒体中参与内容生产的用户形成了规模效应，其生产的内容因数量大、价值高而逐渐成为媒体专业新闻生产中的必要组成部分，而不再是传统媒体新闻生产中的随机性补充。此外，用户在网络媒体中的新闻生产在一定条件下能够摆脱专业新闻生产的束缚，通过用户间的协作实现独立的新闻报道。用户利用社交媒体进行的新闻现场直播或新闻事件调查等都是这类协作式生产的突出表现。基于此，用户在舆论型 UGC 应用中的生产具有突出的规模性、自主性、协作性和多样性，是众包式生产的一种表现。

在以维客为代表的知识型 UGC 应用中，用户以维基型百科网站、主题性维基社区、问答性维基社区为平台，协作生产着各类知识性信息，突出体现了众包模式中的集体智能模式。以上三类典型的维客平台作为任务的发布者，通过开放、共享、便捷的功能设置，搭建起内容生产社区，让志同道合的用户聚集在一起，利用他们在专业知识、专业技能或不同兴趣领域的智慧优势，协作完成网络百科全书的编写，优质图书、电影、音乐、旅游攻略的推荐分享，或是不同类型问题的解答等任务。经由知识型 UGC 应用汇聚而成的海量用户的认知盈余通过多样性的优势获得了堪比专业内容生产的影响力，甚至在以问题为导向的内容生产中比有限的、同质化的专业生产更有效。由此，传统媒体中的由专业生产者主导的知识类信息生产，在网络媒体中实现了多样化的众包式生产。开放取代封闭，网络媒体让集体智能的价值日益凸显。

在文娱类 UGC 应用中，用户通过文学创作、播客音视频制作、发送弹幕、网络直播等方式进行的内容生产，集中体现了众包模式中大众创造模式的特征。文化娱乐类内容的娱乐、消闲属性决定了多样性和创造力在其生产中的重要性。以网络文学创作平台、播客网站、弹幕视频网站、网络直播平台为代表的文娱类 UGC 应用通过低门槛、易操作、自主化的平台设置，利用移动终端设备的普及优势，降低了传统媒体中文化娱乐内容生产的高准入条件，简化了这类内容生产的复杂程序，让具有文学创作能力、音视频创意制作能力的业余用户具有了展示的平台和与专业生产者同台竞技的机会。众多具有创造力的用户以文娱类 UGC 应用为平台聚集在一起，通过多样化的创造力贡献了多样化的内容，有效弥补了有限的专业生产在文化娱乐创作方面的局限性，并与有限的专业内容生产协作构建起更为多样性的网络文化娱乐内容体系。

在商业营销类 UGC 应用中，用户在社交媒体和电商平台中生产的口碑类内容体现了众包模式中大众投票模式的特征。一方面，各类电商平台或第三方点评类消费平台为用户提供的购后点评功能和问答功能，让用户能够对商品进行自主化、全方位的点评。大量用户生产的评价信息累积在一起会形成系统化的评价数据，影响相关商品或卖家的形象和声誉。另一方面，用户在社交媒体或电商平台的网络社区中分享的购物体验和商讯信息，与其他用户分享的信息聚合在一起，也会综合影响用户对商品的态度和购买决策。正如“大众投票”模式的运作方式所示，用户协作生产的口碑信息，“利用了大众的辨别能力对海量信息进行了组织分类”①，通过“大众过滤器的力量”帮助其他用户有效地甄别出优质的商品和卖家。与此同时，部分电商平台基于大数据技术对海量用户的购买行为进行分析而生成的智能化推荐信息，是用户进行无意识投票式生产的一种表现。此外，与前四类 UGC 应用的生产模式类似，用户在社交媒体和电商平台中进行的售卖类信息生产，也是基于平台的开放性、社区的共享性而进行的商业类信息的社会化生产，有效地推动了网络媒体中商业类内容的多样化。

综合网络媒体中各类 UGC 应用的众包式生产，笔者认为网络媒体对信息多样化的需求为业余用户进行众包式生产提供了必要性；网络媒体开放、共享的传播特性为业余用户进行众包式生产提供了可能性；而业余用户多元、有价值的智慧、创造力和过滤能力为网络媒体中的众包式生产提供了保障。基于上述现实原因和现实条件，业余用户利用日益普及的媒介设备进行着多种类型的日常化信息生产，并通过各类网络社区中的交流与协作实现了规模化的影响力。正是这种规模化的影响力让网络媒体中的 UGC 生产成为专业内容生产的合作者，而不再是传统媒体中专业内容生产者的辅助者。

总体而言，UGC 的两种生产模式展现了业余生产者之间以及业余内容生产与专业内容生产之间差异化的协作方式。从传统媒体中受众的参与式生产到网络媒体中用户的众包式生产，受众或用户开始介入并逐渐深入媒体内容生产的发展趋势，不仅展现了媒体内容生产体系由封闭到开放、由权威到多元的转向，也展现了受众作为个体用户基于群体进行内容生产的价值和影响力。与此同时，从补充、反馈到众

① ［美］杰夫·豪：《众包：大众力量缘何推动商业未来》，牛文静译，中信出版社 2009 年版，第 229 页。

包协作，当受众或用户进行的内容生产与专业内容生产协作的程度不断加深之时，“UGC 这个当前用于描述业余者的创造行动的词组所阐述的就不仅仅是个人行为，更是一种社会行为”①。UGC 正在以社会化生产的方式发挥着社会化的影响力，并有效地拓展着媒体内容生产的互动性和多样性。

第二节　兴趣与诉求的驱动：UGC 生产动机的探索分析

基于上文的论述，受众和用户在传统媒体和网络媒体中的内容生产呈现出参与式和众包式两种模式。这种差异化的运作方式不仅在宏观层面上受媒介技术变革的影响，在中观层面上与媒体的专业内容生产相互作用，在微观层面上也折射出作为生产者的个体在生产动机上的不同。动机是引发受众或用户进行内容生产的驱动力，也是影响其生产的持续性、稳定性和生产质量的重要因素。因此，对 UGC 生产动机的分析一方面能够从生产者的角度去洞察受众或用户进行内容生产的原因；另一方面也能对 UGC 的生产者角色和生产模式进行有针对性的补充，从而对 UGC 这一囊括了传统媒体中受众生产内容的生产方式进行更为全面的界定。

一　聚焦网络传播生态的 UGC 生产动机

自 UGC 这一概念于 2005 年兴起以来，关于其动机的研究已经在国内外新闻传播学、图书情报学、经济管理学等领域形成了体系化的成果。本节，笔者将对 UGC 生产动机的国内外研究成果进行针对性述评，旨在全面了解 UGC 生产动机的研究背景，为后续综

① ［美］克莱·舍基：《认知盈余：自由时间的力量》，胡泳、哈丽丝译，中国人民大学出版社 2012 年版，第 23 页。

合探究传统媒体中的受众和网络媒体中的用户生产内容的动机奠定理论基础。由于本书的研究对象聚焦中国媒体的 UGC 内容生产方式，因此笔者在进行研究成果述评时也将着重分析国内关于 UGC 生产动机的研究成果，并以此为基础提炼出本书关于 UGC 生产动机的研究重点。

（一）侧重无酬动机的国外 UGC 生产动机研究

在《认知盈余：自由时间的力量》中，克莱·舍基提出：“业余爱好者做一件事是源于对它的热爱。”① 由热爱等无酬动机驱动不仅是 UGC 在生产动机方面的突出特征，也是其与专业内容生产之间的重要区别。这一特征也在国外学者关于 UGC 生产动机的研究中被大量证实。理查德 P. 巴戈齐（Richard P. Bagozzi）等认为用户参与虚拟社群的动机包括“目的性价值、自我发现、维持人际互联、社会改善和娱乐价值”②。凯文·克劳伦斯（Kevin Crowston）和伊莎贝尔·法尼奥（Isabelle Fagnot）将 UGC 的参与者划分为初级贡献者（Initial contributor）、持续贡献者（Sustained contributor）和核心贡献者（Meta-contributor）三个层次，并结合这三个层次提出初级贡献者主要受好奇心驱使、持续贡献者主要受内在兴趣驱使、核心生产者主要受社会动机驱使进行内容生产。③ 凯瑟琳·M. 赖丁（Catherine M. Ridings）和大卫·杰芬（David Gefen）通过对 5 种类型的 27 个虚拟社群中的 399 名用户进行调查，分析得出：“寻求友谊、进行信息交流、寻求社会支持和娱乐是用户加入虚拟社群的主要原因，并根据社群类型的不同有所区别。但进行信息交流是用户加入各类虚拟社群的

---

① ［美］克莱·舍基：《认知盈余：自由时间的力量》，胡泳、哈丽丝译，中国人民大学出版社 2012 年版，第 93 页。

② Dholakia, U. M., Bagozzi, R. P. & Pearo, L. K., “A Social Influence Model of Consumer Participation in Network and Small-group-based Virtual Communities”, *International Journal of Research in Marketing*, Vol. 21, No. 3, April 2004, pp. 241 – 263.

③ Kevin Crowston & Isabelle Fagnot, “Stages of Motivation for Contributing User-generated Content: A theory and Empirical Test”, *International Journal of Human-Computer Studies*, Vol. 119, January 2018, pp. 89 – 101.

共性原因。”①

与此同时，国外学者也针对不同类型 UGC 应用中用户的参与和生产动机进行了量化统计分析。卡拉·克里萨尼奇（Kara Krisanic）等通过在线调查，发现“用户使用 Facebook 的主要动机包括信息、娱乐、讨论、联系、购物、游戏、更新信息、产品查询和形象管理”②。南基·帕克（Namkee Park）等对美国大学生使用 Facebook 的动机进行了具象化分析。③ 在关于 Twiiter 的使用动机研究中，伊丽娜·彭蒂娜（Iryna Pentina）等对比了乌克兰用户和美国用户使用 Twitter 的动机。研究发现：“两个国家的用户使用 Twitter 的共性动机包括职业发展、娱乐、身份维护和社会互动与交流。但是乌克兰用户更注重通过使用 Twitter 进行身份协商、自我展示和新闻更新与分享。”④此外，还有学者对不同性别的用户使用体育类 Twitter 的动机⑤以及记者使用 Twitter 的动机进行了研究⑥。

在关于维基百科用户贡献知识的动机研究中，霍坦·贝缇娅

① Catherine M. Ridings & David Gefen, “Virtual Community Attraction: Why People Hang Out Online”, *Journal of Computer-mediated Communication*, Vol. 10, No. 1, November 2004.

② Kara Krisanic, Shelly Rodgers, Wei Peng & Fei Qiao, “Consumers’ Motivations for Social Networking Site Use and Behavior Toward Advertisement on Facebook”, *American Academy of Advertising Conference Proceedings*, 2014, p. 10.

③ Namkee Park, & Seungyoon Lee, “College Students’ Motivations for Facebook use and psychological Outcomes”, *Journal of Broadcasting & Electronic Media*, Vol. 58, No. 4, 2014, pp. 601 - 620.

④ Iryna Pentina, Oksana Basmanova & Lixuan Zhang, “A Cross-national Study of Twitter Users’ Motivations and Continuance Intentions”, *Journal of Marketing Communications*, Vol. 22, No. 1, January 2014, pp. 36 - 55.

⑤ Juha Yoon, Chase Smith, Amy Chan, Hyung Kim, Galen Clavio, Chad Witkemper & Paul M. Pedersen, “Gender Effects on Sport Twitter Consumption: Differences in Motivations and Constraints”, *Journal of Multidisciplinary Research*, Vol. 6, No. 3, Fall 2014, pp. 25 - 37.

⑥ Yonghwan Kim, Youngju Kim, Yuan Wang & Na Yeon Lee, “Uses and Gratifications, Journalists’Twitter Use, and Relational Satisfaction with the Public”, *Journal of Broadcasting & Electronic Media*, Vol. 60, No. 3, September 2016, pp. 503 - 526.

（Hoda Baytiyeh）和杰·帕夫曼（Jay Pfaffman）通过对 115 名维基百科的管理者进行调查，分析出："学习、创作是用户编写维基百科的主要动机。乐趣、社会因素也对用户的编写行为具有一定的驱动作用。此外，用户在开放式问题中也多次提到编写维基百科是为了服务于他人、分享知识、修正错误、创作一份被广泛认可的资源。"① 法里奇·努萨（Farič，Nuša）等对用户编写健康类维基百科词条的动机进行了访谈研究。② 在关于用户进行视频分享与创作的动机研究中，卡恩·M. 拉伊克（Khan，M. Laeeq）以使用与满足理论为框架，提出"用户在 Youtube 中评论和上传视频的行为主要受社会互动的需求驱使"③。杨谦（Chyan Yang）等以技术接受模型为理论框架，提出"感知的易用性是影响用户在 Youtube 中分享视频的重要因素。男性主要受有用性和社会规范驱动进行视频分享；女性主要受人际关系规范影响进行视频分享"④。雅克·R. 卜黑（Jacques R. Bughin）通过对德国四家领先的在线视频分享网站的 573 位用户进行调查，发现"用户发布内容的主要原因包括出名、娱乐和与朋友分享经历。但获得报酬却不是主要的动机"⑤。

此外，随着研究的深入，国外学者也逐渐发现了用户参与 UGC 的各类外部动因。丽贝卡·波哈（Rebecca Pocha）和布雷特·马丁（Brett Martin）调查发现"用户生产品牌类视频内容的行为主要受外

---

① Hoda Baytiyeh & Jay Pfaffman，"Volunteers in Wikipedia：Why the Community Matters"，*Educational Technology & Society*，Vol. 13，No. 2，July 2010，pp. 128 – 140.

② Farič，Nuša & Potts，Henry WW，"Motivations for Contributing to Health-related Articles on Wikipedia：An Interview Study"，*Journal of Medical Internet Research*，Vol. 16，No. 12，March 2014，p. 1.

③ Khan，M. Laeeq，"Social Media Engagement：What Motivates User Participation and Consumption on YouTube?"，*Computers in Human Behavior*，66，January 2017，pp. 236 – 247.

④ Chyan Yang，Yi-Chun Hsu & Suyanti Tan，"Predicting the Determinants of users' Intentions for Using YouTube to Share Video：Moderating Gender Effects"，*CyberPsychology，Behavior & Social Networking*，Vol. 13，No. 2，2010，pp. 141 – 152.

⑤ Jacques R. Bughin，"How Companies can Make the Most of User-generated Content"，*The McKinsey Quarterly*，Vol. 8，2007，pp. 1 – 4.

部的经济诱因影响”[①]。王有成（Youcheng Wang）等通过对用户在旅游社群中的参与和贡献行为进行分析，提出“用户主要受工具、效率和预期回报三种动机的影响为旅游社区贡献内容”[②]。金成哲（Seongcheol Kim）等在分析用户生产视频类内容的动机时，“证实了外部动机是用户生产视频类内容的主要驱动力。但有形的货币奖励和礼品奖励对用户生产视频类内容的激励作用有限。而与自我满足和社会因素相关的外部动机则对用户生产视频类内容具有较高的驱动力。此外，用户生产内容的内部动机与外部动机之间存在相互作用的积极关系”[③]。

综合来看，国外学者采用量化分析的方法对各类 UGC 应用中用户参与和生产内容的动机进行了多样化探究。其中，信息需求、社交互动和娱乐是国外用户在各类 UGC 应用中进行内容生产的共性动机。内部动机也被证实是影响用户进行内容生产的核心因素。此外，国外关于 UGC 生产动机的研究集中在 Web 2.0 时代网络媒体中用户的内容生产动机，对传统媒体中受众参与内容生产的动机少有关注。

（二）拓展多元动机的国内 UGC 生产动机研究

自 UGC 这一概念在我国兴起以来，关于其生产动机的研究已经根据不同的应用平台形成了类型化的成果。与国外的研究成果类似，目前我国关于 UGC 生产动机的研究均聚焦网络媒体中用户生产内容的动机，对传统媒体中受众参与内容生产的动机鲜有研究。其中，以应用平台为分类标准，我国 UGC 的生产动机研究主要包括社交媒

① Rebecca Pocha & Brett Martin, “Effects of Intrinsic and Extrinsic Motivation on User-generated Content”, *Journal of Strategic Marketing*, Vol. 23, No. 4, 2015, pp. 305 – 317.

② Youcheng Wang & Daniel R. Fesenmaier, “Towards Understanding Members’ General Participation in and Active Contribution to an Online Travel Community”, *Tourism Management*, Vol. 25, No. 6, 2004, pp. 709 – 722.

③ Seongcheol Kim, Eun-Kyung Na & Min-Ho Ryu, “Factors Affecting User Participation in Video UCC (User-Created Contents) Services”, in Steinfield, Pentland, Ackerman, and Contractor, eds., *Communities and Technologies 2007: Proceedings of the Third Communities and Technologies Conference*, London: Springer, 2007, pp. 209 – 224.

体的用户使用动机研究，知识型、文娱型、商业型 UGC 平台中用户的参与动机和生产动机研究。研究的理论视角主要选择“使用与满足”理论、马斯诺需求层次理论、TAM 技术接受模型、MOA 模型、沉浸理论、自我效能理论、社会认知理论、社会交换理论、社会资本理论等进行分析。在研究方法上，这类研究大多采用量化分析的方法（因子分析和结构方程模型分析居多）对影响用户参与意向和内容生产动机的因素进行探究。

具体来看，在关于社交媒体的用户使用动机研究中，赵宇翔结合动因研究的相关理论，“将社会化媒体中影响 UGC 的动机因素分为社会驱动维度、技术驱动维度、个体驱动维度三个维度，引入人口统计学特征作为调节变量，并在此基础上提出了 UGC 动因的整合模型。该模型强调个体驱动因素是影响用户生成行为的直接变量。技术驱动因素和社会驱动因素会通过影响个体驱动因素间接影响最终的行为动机”①（如图 5 -2 所示）。该模型系统全面地提出了影响用户进行内容生产的各类动机因素，为 UGC 的动机研究提出了可供借鉴的分析框架。柳瑶、郎宇洁、李凌就以此框架为基础对微博用户生成内容的动机进行了研究。②

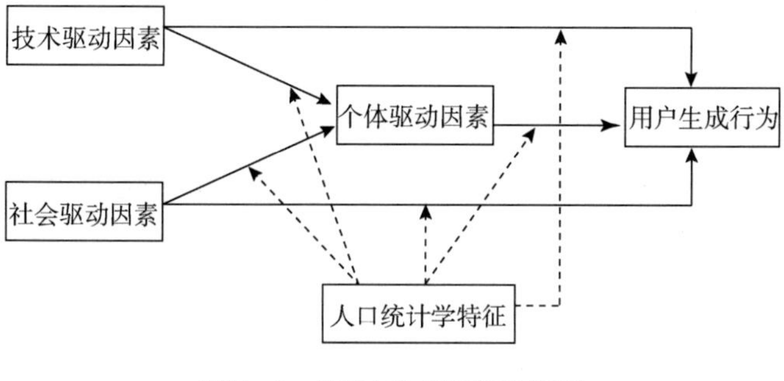

图 5 -2　UGC 的动因整合模型

① 赵宇翔:《社会化媒体中用户生成内容的动因与激励设计研究》，博士学位论文，南京大学，2011 年，第 92—93 页。

② 柳瑶、郎宇洁、李凌:《微博用户生成内容的动机研究》，《图书情报工作》2013 年第 5 期。

此外，陈然通过“建立网民论坛参与动机初始量表和进行探索性因子分析得出网民参与网络论坛的五大动机包括尊重动机、逃避现实动机和目的性动机（外在动机），以及娱乐性动机和匿名性动机（内在动机）”①。金兼斌采用文本分析的方法提出促成用户从事博客写作的因素包括“提升和改善工作效率和质量、促进个人文本的记录、自主发表的欲望满足、个人自我实现的需要、形象的提升等”②。张咏华、聂晶以“使用与满足理论”为框架，通过对上海五所大学的学生进行抽样调查，提出“上海的大学生使用社交网站的动机主要为认知需求与情感需求”③。张明新基于“对 221 位微博用户行为的实证分析，提出微博上信息消费多的用户更多地进行信息生产；社会关系网络是用户生产信息的重要动力”④。范颖、吴越经由因子分析提炼出“青年用户使用微信公众平台的动机主要包括便捷信息性动机、获利性动机、仪式性动机和新潮性动机四种”⑤。薛可、余来辉、余明阳运用半结构式访谈、问卷调查等方法，分析得出“社交媒体用户参与公共危机传播的动机主要有信息、公共、社交、共鸣和宣泄动机”⑥。

在知识型 UGC 应用的用户参与动机研究中，常静通过访谈和抽样调查等方法分析得出，“百度百科参与者的主要动机包括交流动机、自我学习动机、互惠利他动机、情感动机、乐趣动机、自我决

---

① 陈然：《网民参与网络论坛的行为动机探讨与量表建构》，《新闻界》2012 年第 19 期。

② 王凯、黄炯、马国庆：《博客撰写者博客使用行为的影响因素及影响机理：一份基于 264 份样本的实证研究》，《新闻与传播研究》2008 年第 2 期。

③ 张咏华、聂晶：《“专业”对大学生社交媒体使用及动机的影响——以上海大学生为例》，《国际新闻界》2013 年第 12 期。

④ 张明新：《社会关系网络中的信息消费与生产微博用户行为研究》，《新闻与传播研究》2012 年第 6 期。

⑤ 范颖、吴越：《青年用户微信公众平台的使用动机与行为研究》，《现代传播》2016 年第 4 期。

⑥ 薛可、余来辉、余明阳：《公共危机传播中社交媒体用户的参与动机与行为研究》，《新闻界》2017 年第 9 期。

定动机、胜任动机。维基百科参与者则具有明显的博名动机、职业发展动机”①。陈娟、高杉、邓胜利采用数据挖掘的方法对“知乎”用户的行为动机进行了探究，提出各类用户分别受“求知动机、利他动机、享受帮助、兴趣动机和社交动机”的影响产生问答行为。② 张红明、刘超、冯文红、张婷以 UTAUT 模型（整合型科技接受与使用模型）为框架，挖掘出绩效期望和社会影响是引发豆瓣网用户参与意愿的显著因素。③ 张晓娟、连晗羽、周学春以百度百科虚拟社区为切入点，以用户就绪理论和用户努力理论为基础，进一步提出“用户动机通过努力强度和目标承诺性影响知识贡献意向”④。阳震青、彭润华通过对 904 位旅游者进行抽样调查，分析得出“自我展示和感知娱乐会显著影响旅游者的知识分享意愿。感知激励、人际互动、专业技能也发挥着一定的作用”⑤。上述研究成果集中在图书情报学领域和管理学领域。

在文娱型 UGC 应用的用户生成内容的动机研究中，曹杨敏将酷 6 网作为个案，以 MOA 模型为分析框架，通过抽样调查分析得出“在视频分享网络中，影响用户生成内容的直接因素包括自我展示、认可、乐趣。感知的易用性和自我效能也会对用户的生产行为产生影响”⑥。雷蔚真、郑满宁通过对酷 6 网用户的生产行为进行分析，提出“经济上的报酬，业余爱好/成就感，和来自其他成员的鼓励是

① 常静：《百度百科及开源社区参与者的动机与行为关系的实证研究》，博士学位论文，华南理工大学，2009 年，第 57—58 页。

② 陈娟、高杉、邓胜利：《社会化问答用户特征识别与行为动机分析——以“知乎”为例》，《情报科学》2017 年第 5 期。

③ 张红明、刘超、冯文红、张婷：《基于整合型科技接受与使用模型的网络社群参与行为研究：以豆瓣网为例》，《国际新闻界》2015 年第 6 期。

④ 张晓娟、连晗羽、周学春：《虚拟社区和用户参与知识贡献研究：就绪和努力的视角》，《浙江社会科学》2017 年第 9 期。

⑤ 阳震青、彭润华：《移动 UGC 环境下旅游者知识分享行为研究》，《旅游科学》2015 年第 4 期。

⑥ 曹杨敏：《视频分享网络中用户生成内容的动因研究》，硕士学位论文，华中师范大学，2012 年，第 38—39 页。

用户为网站持续上传视频内容的主要理由"①。

在商业型 UGC 应用的用户生产内容的动机研究中，孟健、姜燕以赵宇翔等提出的 UGC 动因整合模型为框架，以大众点评网为研究对象，分析提出"社会信任、感知易用性、享乐动机及外部奖励显著影响社会化商务中用户生成内容的行为"②。刘人境、曹慧芳、刘林林结合社会交换理论和五大人格模型，量化分析出"外部报酬、形象提升、互惠关系、乐于助人及指责恐惧和时间成本同时影响用户在微博中的商务类信息分享行为"③。

除上述分类型的 UGC 动机研究之外，黄彪文、殷美香将虚拟社群作为研究对象，"跳出使用者的行为分析框架，从虚拟社群关系的社会本质的角度提出虚拟社群的流动性特征是虚拟社群参与的根本动机和交往基础"④。与之类似，黄丽丽、冯雯婷、瞿向诚从微观、中观、宏观层面对用户在虚拟社群中进行信息分享的动机进行了分析，并提出"个体建立自我认同、实现自我重现，虚拟社群的互信、互惠机制以及互联网时代下的分享、参与精神促使着用户参与虚拟社群中的狂欢"⑤。此外，在目前仅有的几篇关于传统媒体中受众参与动机的研究成果中，研究者也只是将受众视为媒体内容消费者进行分析。其中代表性的有阳翼、李伟伟采用深度访谈和抽样调查的方法对观众参与电视选秀节目的动机进行了分析。⑥ 在该研究中，观

① 雷蔚真、郑满宁：《Web 2.0 语境下虚拟社区意识（SOV）与用户生产内容（UGC）的关系探讨——对酷 6 网的案例分析》，《现代传播》2010 年第 4 期。

② 孟健、姜燕：《社会化商务环境下用户生成内容的动机研究——以"大众点评网"为例》，《现代情报》2015 年第 11 期。

③ 刘人境、曹慧芳、刘林林：《社会化上午下个体心理因素对信息共享行为的影响研究——大五人格的调节作用》，《软科学》2017 年第 12 期。

④ 黄彪文、殷美香：《在个体与集体间流动：论虚拟社群的参与动机与交往基础》，《国际新闻界》2014 年第 9 期。

⑤ 黄丽丽、冯雯婷、瞿向诚：《影响虚拟社群信息分享的因素：多层分析视角》，《国际新闻界》2014 年第 9 期。

⑥ 阳翼、李伟伟：《电视选秀节目受众参与动机研究》，《大连理工大学学报》（社会科学版）2010 年第 9 期。

众的参与动机是指产生不同观看行为和观看态度的动机，与本节讨论的 UGC 的生产动机有较大差异。

总体而言，我国用户在网络媒体中的内容生产动机包括内部动机和外部动机两种，并同时受到社会因素和技术因素的影响。其中，兴趣与娱乐、自我展示与表达、社交互动与社会关系扩展、信息获取与认知发展是我国用户在网络媒体中进行内容生产的主要动机。此外，经济上的报酬、职业发展作为外部动机的代表也在我国用户的内容生产中发挥着重要的驱动作用。

（三）本书关于 UGC 生产动机的研究重点

通过梳理 UGC 生产动机的国内外研究成果，笔者发现网络媒体中用户的内容生产行为受多种动机因素影响而形成，并随着应用类型的不同、用户性别和身份的不同、用户所处地域的不同呈现不同的动机因素。就目前的研究成果而言，国内关于 UGC 生产动机的研究一方面缺乏对传统媒体中受众生产内容的动机的分析，另一方面也缺乏对新兴的网络文学、网络直播、短视频拍客等 UGC 应用中用户生产内容动机的探究。此外，通过研读国内关于 UGC 生产动机的研究成果，笔者还发现相当数量的研究将用户作为信息消费者和信息生产者的动机混杂在一起进行分析，导致用户作为生产者的参与和生产动机研究缺乏针对性。

因此，基于上述研究成果和研究缺陷，本节笔者将采用扎根理论的分析方法，通过对传统媒体和网络媒体中具有代表性的内容生产者进行访谈，综合探究我国报纸、广播、电视、互联网中受众或用户生产内容的动机。研究的重点集中在以下三个方面：一是在现有研究成果的基础之上，通过提炼新兴的 UGC 应用中用户生产内容的动机，对网络媒体中用户生产内容的动机进行补充；二是对尚属于研究空白领域的传统媒体中受众生产内容的动机进行探索性分析；三是通过对传统媒体中受众的生产动机和网络媒体中用户的生产动机进行对比分析，形成对 UGC 生产动机的系统认知，并与 UGC 的两种生产模式相结合，进一步洞察生产动机与生产模式之间的联系。

二 基于扎根理论的研究设计与数据分析

扎根理论于 1967 年由美国学者巴拉·格拉泽（Barney Glaser）和安塞尔姆·施特劳斯（Anselm Strauss）提出①，是一种典型的质性研究方法。与量化研究方法从理论出发，通过建立假设、收集和分析资料等程序证实或证伪相关问题的研究路径不同，这种方法从原始资料出发，“在系统收集资料的基础上，寻找反映社会现象的核心概念，然后通过在这些概念之间建立起联系而形成理论”②。“扎根理论以符号互动论和实用主义思想为理论基础”③，强调由经验材料建构理论的必要性和价值性，重视相关研究资料的收集和分析过程。在资料来源方面，访谈、观察、政府文件、录像带、报纸、信件和书籍等任何能够阐明研究问题的资料都是扎根理论的资料来源。④ 就适用条件而言，扎根理论“适用于理论体系不是很完善、很难有效解释实践现象的领域以及期望通过更高层次的整合和概括来超越先前有关某一领域的描述和理论的研究”⑤。

扎根理论的分析过程包括开放性编码、主轴编码和选择性编码三个步骤。其中，开放性编码是对原始材料进行分解和分析的过程。它的目的在于打破标准的思维方式和解读方式，在原始材料中获取对现象新的认知。在开放性编码的过程中，原始材料被不断比较并

---

① ［美］朱丽叶·M. 科宾、［美］安塞尔姆·L. 施特劳斯：《质性研究的基础：形成扎根理论的程序与方法》，朱光明译，重庆大学出版社 2015 年版，第 2 页。

② 陈向明：《质的研究方法与社会科学研究》，教育科学出版社 2000 年版，第 327 页。

③ Juliet Corbin & Anselm Strauss, "Grounded Theory Research: Procedures, Canons, and Evaluative Criteria", *Qualitative Sociology*, Vol. 13, No. 1, December 1990, pp. 3 – 21.

④ Glaser, B. & Strauss, A, *The Discovery of Grouded Theory: Stategies for Qualitative Research*, Chicago: Aldine Publishing Company, 1976, pp. 161 – 184.

⑤ 姚曦、王佳：《国际品牌跨文化传播的影响因素模型与提升路径——一项基于扎根理论的探索性研究》，《新闻与传播研究》2014 年第 3 期。

被赋予概念标签。具有相似概念属性的材料被组合在一起形成抽象的范畴和子范畴。主轴编码是通过材料分析，建立并检验范畴之间以及范畴与子范畴之间关系的过程。在这一过程中，研究者也会拓展新的范畴。选择性编码是将所有范畴分析整合为一个核心范畴的过程。核心范畴能够概括并展现研究的主干事实。一些需要进一步阐释的范畴也将在这一过程中得到更为详细的描述。选择性编码是扎根理论分析的最后一个步骤，也是研究理论生成的关键。①

（一）研究设计与数据收集

基于扎根理论的适用条件和操作程序，本研究采用半结构化访谈的方式，对报纸、广播、电视、网络媒体中参与内容生产的具有代表性的受众或用户进行访谈，获取与 UGC 生产动机相关的一手资料，并按照开放性编码、主轴性编码和选择性编码的操作程序对资料进行分析、比较、归纳，从而建构起 UGC 生产动机的理论模型。

在理论抽样方面，笔者以 UGC 在不同媒体中的表现形式为标准，通过网络征集和行业人员推荐的方式，从每类表现形式中选择了至少两名代表性的生产者，共计 35 位受访者进行访谈。其中，受访者的性别男女均有；年龄涉及儿童、青年、中年、老年四类群体；职业背景也尽量做到了多样化；在内容生产经验方面，既有长期从事内容生产的优秀生产者，也有仅进行过几次内容生产的体验者。与此同时，多位受访者具有两种及以上类型的内容生产经历，在一定程度上提升了访谈材料的丰富性和代表性。此外，因书籍中参与内容生产的读者数量少，多为不同领域的专家。笔者没有条件联系到这个群体，因此无法对这类生产者进行访谈。考虑到用户使用各类社交媒体的动机已经具有了较为系统的研究成果，笔者只选择了知名微博博主和微信公众号运营者作为访谈对象，探究此类公共性

---

① Uliet Corbin & Anselm Strauss, "Grounded Theory Research: Procedures, Canons, and Evaluative Criteria", *Qualitative Sociology*, Vol. 13, No. 1, December 1990, pp. 3 – 21.

内容生产者的生产动机。受访者的信息如表 5 - 1 所示。

表 5 - 1　　受访者资料列表

序号	受访者	职业	生产内容的类型
F01	黄先生	退休 （退休前职业为工厂工人，高中学历）	报纸、电视台、报纸网站的职业爆料员 电视台的 DV 通讯员 （截至 2017 年已担任职业爆料员和 DV 通讯员 12 年）
F02	朱先生	退休 （退休前曾做过销售、保安）	报纸、电视台的职业爆料员 电视台的 DV 通讯员 梨视频、搜狐新闻的爆料员 （截至目前已担任职业爆料员和 DV 通讯员 9 年）
F03	邹女士	广播电台编辑	报纸电话爆料
F04	曾女士	新媒体编辑	公众号爆料，后被报纸跟进采访报道
F05	郑女士	国家机关公务员	报纸通讯员
F06	高女士	国企职员	报纸通讯员
F07	夏女士	高校教师	报纸通讯员、电视台竞技类真人秀节目录制
F08	周先生	大学教师	报纸副刊投稿、文学杂志投稿
F09	阿先生	硕士研究生	报纸副刊投稿、文学杂志投稿、 网络文学平台投稿
F10	周先生	本科生	报纸副刊投稿、文学杂志投稿、网络文学平台投稿
F11	张先生	大学教师	撰写杂志中的读者来信、学术杂志投稿
F12	张女士	大学教师	广播爆料
F13	吕先生	博士研究生	拨打广播的热线电话、发送视频弹幕、编辑百度百科词条、撰写豆瓣影评
F14	崔女士	网络编辑	广播电台的节目录制、在猫眼电影撰写影评
F15	赵先生	大学教师	电视台文化类节目播讲
F16	武女士	小学生	电视台儿童节目播讲
F17	吴女士	新媒体编辑	电视台游戏类节目、竞赛类节目录制、微博知名历史博主（粉丝量 15 万 +）
F18	李先生	录音师	电视台歌唱类真人秀节目录制、文学杂志投稿
F19	刘先生	本科生	电视台歌唱类真人秀节目录制
F20	孙女士	本科生	知名网络文学写手
F21	蔡女士	英语培训机构教师	网络同人小说写手、发送视频弹幕
F22	江女士	大学教师	为短视频 App 提供视频内容（拍客）、文化类微信公众号运营者

续表

序号	受访者	职业	生产内容的类型
F23	谢先生	大学教师	知名博客博主（访问量 1117 万 +）、知名微博博主（粉丝量 3 万 +）
F24	李女士	自由职业者（原为网络媒体的市场专员）	知名时尚类微博主（粉丝量 15 万 +）、知名时尚类微信公众号运营者
F25	洛先生	网站编辑	知名微博资讯类微博主（粉丝量 9 万 +）、微博、微信公众号、今日头条爆料者
F26	焦女士	地产公司职员	二次元小说出版信息类微博知名博主、二手交易平台闲鱼的卖家、塘主、发送视频弹幕
F27	刘女士	公关公司职员	生活类微信公众号运营者
F28	刘女士	网络新闻媒体记者	时尚类微信公众号运营者
F29	川先生	自由职业者	知名脱口秀主播（粉丝量 45 万 +）
F30	华先生	自由职业者	知名美妆类主播（粉丝量 16 万 +）
F31	宋女士	硕士研究生	歌舞类直播体验者
F32	郑女士	硕士研究生	众包服务网站猪八戒网站的供稿者、店主、豆瓣征文投稿者
F33	赵先生	公司职员	淘宝卖家
F34	熊女士	大学教师	创意产品淘宝卖家、大 V 店 App 中的儿童书籍微店卖家、创意设计类内容的微博博主、视觉设计类内容的微信公众号运营者
F35	杨女士	博士研究生	二手交易平台闲鱼的卖家、学术杂志投稿、电视的观众来信

注：表中的职业信息是笔者根据不同受访者对身份保密的要求最大限度呈现的有价值信息。

在数据收集方面，笔者采用半结构化访谈的方式，根据 35 位受访者的不同情况对他们分别进行了面对面访谈、电话访谈、微信访谈以及微博访谈。每次访谈的时长 20 分钟至 40 分钟不等。访谈资料借助录音笔和电脑等设备记录。访谈主要围绕以下 9 个问题进行：

1. 你如何了解到/接触到这家媒体的？
2. 你经常通过这家媒体接收信息吗？为什么？
3. 你都通过这家媒体或者这个平台生产什么内容呢？
4. 你生产内容的次数或频率是多少呢？
5. 你为了生产内容做了哪些准备呢？

6. 你为什么要进行这类内容生产呢?

7. 你通过生产内容收获了什么呢?

8. 你认为自己生产的内容受欢迎或无人关注的原因是什么?

9. 后续还有继续进行内容生产的计划吗? 如果有或者没有，为什么呢?

在这 9 个问题中，“你为什么要进行这类内容生产呢?”“你通过生产内容收获了什么呢?”是笔者探究受访者内容生产动机的核心问题。其他 7 个问题围绕受访者的生产动机这一主线，综合了解受访者的信息接收方式、信息生产行为以及受访者对其内容生产的评价。一方面能够开拓受访者的思路，引导其提供更多有价值的信息；另一方面也能在提问中探索到除个人动机以外能够影响受访者生产行为的因素。此外，访谈虽以这 9 个问题为主，但笔者也会根据受访者的现场回答情况对问题进行增补。

需要说明的是，受隐私保护政策影响，媒体不愿提供撰写读者来信、进行爆料或担任 DV 通讯员的读者、听众、观众的个人信息。因此，为进一步补充这三类内容生产动机的资料，笔者还对《北京青年报》、《钱江晚报》、《四川日报》、《华西都市报》、《成都日报》、新华社浙江分社、四川广播电视台的 7 位记者或编辑进行了访谈，从侧面探索读者、听众、观众进行上述三类内容生产的动机。此外，婚恋类真人秀节目作为电视真人秀节目的代表，其观众参与节目录制的动机也是本节分析的要点，但笔者能够接触的两位参与过婚恋类真人秀节目录制的观众均因话题敏感而拒绝接受访谈，笔者只能通过对其朋友进行访谈的方式，补充这一部分的材料。因此，受多种现实条件的限制，笔者在理论抽样和数据收集方面通过上述操作，最大限度地提升了样本的代表性和资料的全面性。

（二）范畴提炼与模型建构

1. 开放性编码

在开放性编码阶段，笔者将对访谈资料进行细致研读，并不断分解、分析、比较，通过将资料概念化的方式对资料进行编码，“用概念和范畴来反映资料的内容”[①]。在资料分析和编码的过程中，笔者提炼出与受众、用户生产内容相关的 60 余个概念，其中涉及受众或用户生产行为的多个方面。为聚焦本节的研究核心——UGC 的生产动机，笔者进一步剔除掉与动机无关的概念以及出现次数较少的概念（次数少于 2 次），保留了出现 3 次以上的范畴，最终提炼出 15 个范畴。开放性编码中的初始范畴及其对应的访谈原始记录，如表 5－2 所示。

表 5－2　　开放性编码的范畴

编号	初始范畴	原始记录
1	物质报酬（11）	F01：有钱拿；F02：生活的补贴；F08：收到稿费；F12：想蹭一个蛋糕；F17：有奖金啊；F20：写作报酬；F22：有钱啊；F31：挣点零花钱；F32：赚点生活费；F34：因为缺钱，想赚点钱；F35：用旧物换点钱；7 位传统媒体从业人员的回答：有奖互动
2	谋生需要（3）	F01：弄份工作；F02：一个出路；F24：养活自己
3	工作需要（8）	F05：内宣、外宣；F06：公司的宣传任务、绩效考核；F07：外宣、学校有宣传意愿、学校领导派去的；F08：绩效考核；F11：为了评职称；F15：为学科发声；F23：课堂的延伸，与课堂的内容相互补充；F34：为了工作收集资料、体现工作室的专业性；课堂补充号
4	学习需要（7）	F14：学校要求的；F16：验证学习效果；F17：我本科是广播电视新闻学的，上电视是自己专业分内的事情；写论文多半还得写综艺节目；老师布置的作业；F30：为了写论文；F35：因为学校毕业要求完成的任务
5	解决问题（3）	F03：希望媒体的力量能促进事情发展以及银行方面的答复，维权，在遇到纠纷的时候媒体能帮上忙；F11：对问题好奇，希望杂志帮助解答；F12：想通过媒体找到真相；7 位传统媒体从业人员的回答：有苦难，希望媒体帮着解决
6	收获知识 锻炼技能（8）	F08：锻炼对语言、对生活的感悟能力；F16、F19：锻炼自己；F18：想去锻炼和学习东西，了解音乐制作的流程；F20：锻炼个人毅力、文字写作能力和天马行空的想象力；F26：拓展知识；F29：内心和头脑的成长；F32：为以后找工作积累经验

① 陈先红、张凌：《大数据时代中国公共关系领域的战略特向——基于扎根理论的探索性分析》，《国际新闻界》2017 年第 6 期。

续表

编号	初始范畴	原始记录
7	专业认可（4）	F08：坚定自己对文学的信心；F09：创作得到官方认可，检验下有无进步，希望作品有更多的读者；F11：希望自己的学术成果被更多的人看到并认可；F35：希望研究成果被专家认可
8	兴趣爱好（9）	F01：感兴趣；F10：爱好写作；F18：喜欢音乐、喜欢唱歌；F19：喜欢音乐，一个爱好；F24：兴趣是最主要的，想写点自己喜欢的事情；F25：对身边的奇人异事感兴趣；F27：兴趣，喜欢写东西；F32：兴趣投稿；F35：喜欢卖东西的感觉以及以过程
9	表达情感（6）	F08：得到安慰；F13：表达自己的情谊，寻找一个感情出口；F21：陪伴；对 CP 的爱，情感抒发；F26：陪伴；F27：纪念我们的友谊；F35：喜欢看《大风车》，写封信给节目组表达喜欢
10	宣泄情绪（3）	F04：想吐槽地铁上见到的没素质的事儿；F13：吐槽差电影；F21：想发泄
11	自我展示（6）	F11：在媒体上露脸；F13：表达自己、表达下自己的观点；F14：可以嘚瑟；记录自己当时看电影的经历和感受；F23：生活方式；F24：记录日常生活；F31：多个展示自己的舞台
12	实现梦想（6）	F09：文学梦、作家梦、诗人梦；F20：圆梦；F24：自由职业的梦想；F25：新闻理想；F29：草根的明星梦；F34：有个开书店的梦想
13	交流分享（5）	F13：满足自己分享的欲望；和其他人隔空交流；F21：希望有共鸣；F23：与学生交流和分享人生经验和体会；F26：和其他人隔空交流；F28：跟大家分享、跟自己交流和反思
14	娱乐需要（5）	F13、F16：好玩；F26：生活的调剂；F30：取悦自己；F34：玩票性质
15	社会资本（5）	F08：收获友谊；F18：为了认识志同道合、爱好一致的朋友；认识更多的朋友和老师；F23、F30：接触到不同的人；F29：认识一群陪着我、懂我的人

注：初始范畴中的数字是相似的表述在原始材料中出现的次数。其中 7 位媒体人的访谈资料只作为参考，不计入统计数据。

2. 主轴编码

主轴编码是在开放性编码的基础之上进一步探究各初始范畴之间的联系，提炼更具概括性和综合性的主范畴的过程。通过对 15 个初始范畴之间的联系和区别进行分析，笔者进一步提炼出与 UGC 生产动机相关的 6 个主范畴，如表 5－3 所示。

表 5－3　　主轴编码

主范畴	对应范畴	概念
利益回馈	物质报酬	生产者为获取奖金、奖品而进行内容生产
	谋生途径	生产者把内容生产作为一份工作或者谋生的方式
	解决问题	生产者进行内容生产主要是为了解决其在现实生活中遇到的实际问题
职业要求	工作需求	生产者进行内容生产是为了完成工作任务
	学习需求	生产者进行内容生产是为了完成课业要求或者受学校指派
自我发展与实现	自我展示	生产者进行内容生产是为了在公共平台上展现自己形象、态度或才能
	收获知识 锻炼技能	生产者进行内容生产是为了增长知识、锻炼心理素质和实践技能
	专业认可	生产者进行内容生产是为了检验自己的能力，并获得专业机构的权威认可
	实现梦想	生产者进行内容生产是为了实现梦想
兴趣和消闲需求	兴趣爱好	生产者进行内容生产是受兴趣爱好驱使
	娱乐	生产者进行内容生产是将其作为一种消闲娱乐方式，获取快乐
情感和归属需求	表达情感	生产者进行内容生产是为了寄托和表达自己的美好情感
	宣泄情绪	生产者进行内容生产是为了发泄自己的负面情绪
	交流分享	生产者进行内容生产是为了与志同道合之人、学生或自己进行交流和分享，以获得共鸣
	社会资本	生产者进行内容生产是为了结交朋友或拓展人脉资源

3. 选择性编码

选择性编码是在主范畴的基础上进一步提炼核心范畴的过程。其中，核心范畴要对开放式编码和主轴编码中呈现的初始范畴和主范畴具有高度的相关性、概括性和代表性。由于笔者经过访谈获得的原始材料以个体驱动因素为主，对社会、技术等驱动因素涉及的较少。因此材料分析也集中在对受众或用户进行内容生产的个体驱动因素的探究。经过三个层次的编码，本书认为 UGC 的生产动机呈现的复杂、交织和渐变的状态符合自我决定理论对动机的界定和划分，可参考该理论构建模型，如图 5－3 所示。

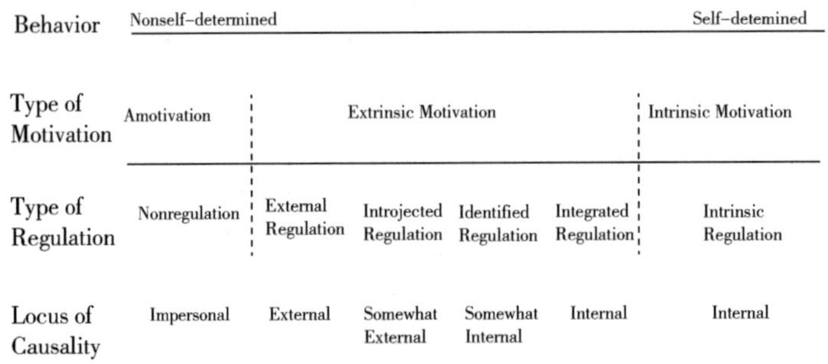

图 5－3　自我决定理论中关于动机的理论模型

自我决定理论由美国学者爱德华·L. 德西和理查德·M. 瑞恩提出。该理论认为人的自主决定行为以自主性动机为基础。而自主性动机主要包括内部动机和整合的外部动机。其中，内部动机是完全自主性的动机，它不受外在因素影响，是个体由于行为对象有趣或为了满足心理需求才产生的行为。外部动机则是指个体为了得到奖励、他人的支持或避免惩罚等外在的收获而产生的行为。整合的外在动机根据自主性程度的不同又分为外部规范（External Regulation）、投射规范（Introjected Regulation）、鉴定规范（Identified Regulation）和融合规范（Integrated Regulation）四类。从外部规范到融合规范是个体在社会化的过程中逐渐将外部动机内化的过程，在这一过程中个体动机的自主性也逐渐增强（具体关系见图 5－3）。① 此外，德西经过研究还发现内部动机和外部动机是相互影响的，外部可能会削弱或者增强内部动机，与此同时个体所处的社会环境也会影响其从事某项活动的内部动机。②

朱庆华、张宇翔等以动机的自我决定理论为框架，将其研究中提炼的各类动机因素加入其中，构建了 UGC 的动因波普和相关因素

---

① Edward L. Deci, "Intrinsic Motivation and Self-determination", *Encyclopedia of Applied Psychology*, Vol. 2, 2004, pp. 437－448.

② Edward L. Deci, "Intrinsic Motivation and Self-determination", *Encyclopedia of Applied Psychology*, Vol. 2, 2004, pp. 437－448.

模型图（如图 5 -4 所示）。该理论模型囊括了网络媒体中用户生产内容的多种动机因素，“有助于研究者对不同类型 UGC 动因的定位”①。与之不同的是，本书的研究重点是在既有研究成果的基础之上进一步探究传统媒体中受众生产内容的动机以及新兴的网络媒体中用户生产内容的动机，并对传统媒体中受众生产内容的动机与网络媒体中用户生产内容的动机进行对比分析。因此，笔者借鉴了自我决定理论对动机的分类方式，以媒体类型为框架，建构了复合型的 UGC 生产动机的理论模型（如图 5 -5 所示）。需要说明的是，由于本书提炼的动机范畴有限，无法严格按照自我决定理论中的动机划分标准将整合型外部动机细分为四部分，仅根据研究的实际情况将 UGC 的生产动机划分为外部动机、内部动机和内化动机三部分。

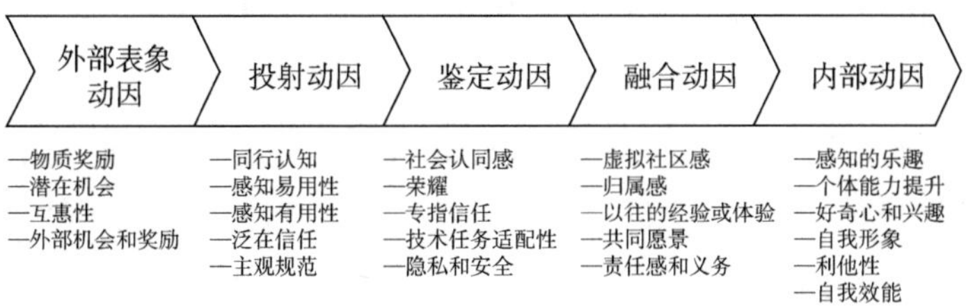

图 5 -4　UGC 的动因波普和相关影响因素模型

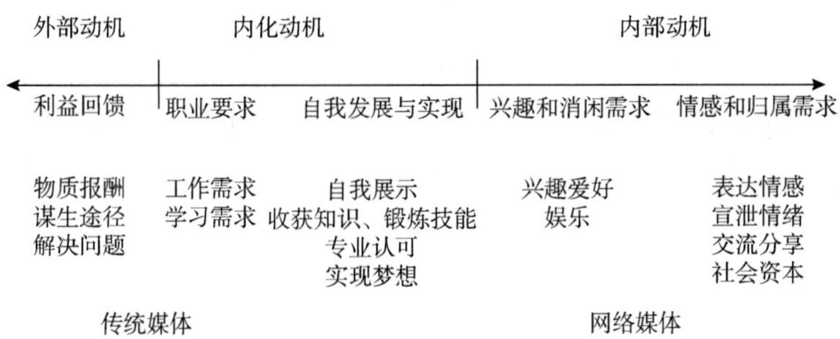

图 5 -5　UGC 生产动机的理论模型

① 朱庆华、张宇翔、谈晓洁、张薇薇等:《新一代互联网环境下用户生成内容的研究与应用》，科学出版社 2014 年版，第 9 页。

该理论模型中展现的各概念范畴之间的关系有如下几点：

1. UGC 的生产动机包括外部动机、内部动机和内化动机三类；

2. 利益回馈是典型的外部动机；

3. 兴趣和消闲需求、情感和归属需求是典型的内部动机；

4. 职业需求、自我发展和实现处于二者之间，具有外部动机内化的特征，属于介于外部动机和内部动机之间的内化动机。

5. 传统媒体中受众进行内容生产的动机以外部动机和内化动机为主，但也受到兴趣和自我发展与实现动机的驱动。网络媒体中用户进行内容生产的动机以内部动机为主，但物质报酬也是用户中优质内容生产者进行内容生产的主要动机。

三　传统媒体与网络媒体中的 UGC 生产动机辨析

通过系统地分析、编码和理论建构，笔者发现利益回馈、职业需求、自我发展与实现、兴趣与消闲需求、情感与归属需求是驱动受众和用户进行内容生产的五类主要动机。这些动机因素分别属于外部动机、内化动机和内部动机三个门类，在不同媒体的内容生产中以不同的组合方式影响着受众和用户的生产行为。因此，对 UGC 生产动机的探究，仍需以上述理论模型为框架，结合具体的访谈资料，根据 UGC 的表现形式进行深入分析。

（一）传统媒体中的受众生产内容动机

在传统媒体的内容生产中，以利益回馈为代表的外部动机和以职业要求为代表的内化动机是影响受众进行内容生产的主要因素。具体而言，在报纸、广播、电视媒体的新闻生产中，读者、观众、听众大多为了奖金、奖品进行随机性的爆料，或看中媒体的影响力将自己面临的问题作为新闻线索提供给熟知的媒体，以促进问题的解决。根据笔者对爆料人和媒体从业人员的访谈，以解决个人现实问题为主的爆料是读者、听众、观众爆料的主要内容，但因内容的代表性和影响力不足，媒体采纳率很低。这种现实在一定程度上会削弱爆料人进行持续内容生产的动力，从而导致以解决个人问题为目的的爆料行为的随机性也很强。而职业爆料人和 DV 通讯员则将采集新闻线索作为一份工作或谋生方式，进行持续性的内容生产。根据笔者的访谈，职业爆料人为搜集新闻线索需要花费大量的时间和精力去跑街，还要利用自己的人脉关系、花费金钱去拓展其在各行各业中的线索源，内容生产的强度和难度都很大。支撑他们进行持续性爆料的核心动力就是媒体为其提供的相对优厚的报酬。此外，也有爆料人表示，除获取报酬这一核心动机之外，喜欢“到处跑”“跟别人聊聊天”（受访者 F01）也是他一直坚持做职业爆料人的原因。

另一方面，读者、听众、观众担任通讯员报道新闻、读者向学术杂志投稿以及观众播讲文化教育类节目则主要是为了完成职业要求而进行的内容生产。其中，媒体的通讯员由各单位从事宣传工作的职员担任。这些职员部分具有新闻与传播学的专业背景，但都未经受过专业的新闻报道训练，通过培训或自学等方式掌握相应的新闻报道技能。他们的内容生产主要包括两种方式：一种是定期将本单位具有宣传价值的事件撰写成新闻稿提供给媒体刊登，以完成单位的宣传任务；另一种是如果媒体发现某单位发生了具有新闻价值的事件，则会联系该单位的宣传人员配合供稿，二者之间呈现出一种典型的职业化的协作关系。受职业要求的强制性影响，此类内容生产的持续性尤为突出。另外，在读者向学术杂志投稿和观众播讲文化教育类节目的内容生产中，生产者均为不同领域的专家或高学历学生。他们为“评职称”（受访者 F11）、“完成毕业的任务”（受访者 F35）、“为了让自己的学术成果得到认可”（受访者 F11、F35）向学术杂志投稿，或“被领导指派”（受访者 F07）、“为学科发声”（受访者 F15）而参加文化教育类节目录制。这两类生产行为在受职业要求驱动的同时，也有动机逐渐内化为为了职业使命、学术理想进行内容生产的趋势。

除上述外部动机和内化动机驱动受众进行内容生产以外，传统媒体中读者向报纸副刊和文学杂志投稿则主要受内部动机和内化动机的影响。向报纸副刊和文学杂志投稿的读者大多具有文学创作的爱好或成为文学家的梦想。他们将投稿视为“实现梦想”“结识更多读者”“获得专业认可”（受访者 F08、F09、F10）的途径。但也有个别受访者提到为“获取稿费、补贴生活”而进行投稿（受访者 F08）。此外，听众参与广播的热线电话互动是为了“表达自己的情谊”（受访者 F13）。观众参与竞技类游戏节目和真人秀节目的录制，则主要是为了“学习知识、锻炼技能”（受访者 F16、F17、F18）、“完成工作任务”（受访者 F17 在访谈中介绍的其他参与者的动机）、“解决问题”（参与过婚恋类真人节目的受访者朋友的介绍）、“实现明星梦”（受访者 F19）或是因为“喜欢音乐、喜欢唱歌”（受访者 F18、F19）进行内容生产。与此同时，也有部分受访者表示为了奖金而参与电视节目的录制（受访者 F17、F14 在访谈中介绍的真人秀行业内幕）

综合来看，传统媒体中的受众主要受专业媒体的影响产生参与内容生产的动机。无论是为了获取媒体提供的奖金、奖品还是为了利用媒体的宣传推广能力、问题解决能力和专业认定能力，进行内容生产的受众都对媒体资源的有限性和价值性有明确的认识，并希望利用媒体资料实现自己的需求。然而，受众在专业媒体影响下产生的生产动机也导致其生产行为会受到专业媒体的控制和主导。这一点在笔者对多位受访者的访谈中得到了证实。即使是在媒体需要与专家学者协作生产的文化教育类节目中，“编辑也会来磨我的台本，最后磨出来的是他的台本”（受访者 F15）。而受众生产的新闻、撰写的来信、稿件，参与录制的广播电视节目更是经过媒体把关、筛选、修改之后的结果。

（二）网络媒体中的用户生产内容动机

在网络媒体的内容生产中，以兴趣和消闲需求、情感和归属需求为代表的内部动机和以自我发展与实现为代表的内化动机是影响用户进行内容生产的主要因素。其中，兴趣爱好、交流分享、社会资本、表达情感、娱乐这五类动机已经在既有的研究成果中被发现。

本书在研究中也进一步证实了用户撰写博客、微博、微信公众号、豆瓣影评、弹幕是因为“喜欢写东西”（受访者 F27）、“想写点自己喜欢的事情”（受访者 F24）、“跟大家分享”（受访者 F28）、“好玩，满足自己的分享欲望”（受访者 F13）。此外，对既有研究成果中少有涉及的网络文学类内容的用户生产动机和网络直播类内容的用户生产动机，本书也在编码分析中发现了差异化的动机因素。

网络文学不仅是传统文学创作的延伸和发展，也在网络传播环境中形成了独有的风格和表现形式。在生产动机方面，网络文学平台中进行创作的用户与向报纸副刊和文学杂志投稿的读者类似，也是因为“喜欢写作”、为了“圆梦”（受访者 F20），“表达情感，找到共鸣”而进行内容生产的（受访者 F21）。但不同的是部分访谈者明确表示“写作报酬”是推动其在网络文学平台发表作品的重要动力。此外，给报纸副刊和文学杂志投稿的读者，在体验过网络文学创作之后，也表示“纸质的那种见得着、触得到的刊物比网络上的刊载更能鼓舞和激励他们创作的信心”（受访者 F09）。由此可见，当网络文学平台以更加开放的风格为更多喜欢创作的用户提供机会之时，它能够发挥的权威性和专业认证价值也在一定程度上被削弱了。

而在新兴的网络直播平台中，内容生产多为即兴表演，要求主播具有良好的随机应变能力和心理素质，能够随时应对粉丝提出的问题和要求（该事实源自 F29、F30、F31 在访谈中的介绍）。面对这种难度较大、竞争巨大的内容生产，三位受访者在访谈中均表示高额的收益是吸引大量用户进行直播的主要原因。与此同时，这类平台内容的表演性和互动性，也促使用户为了“展示自己”（受访者 F31）和“接触不同的人”（受访者 F30）而进行直播，但这两种内化动机与获取物质报酬的外部动机相比随机性较强，无法维持用户的直播行为。此外，在对拍客进行的访谈中，受访者也表示是为了“奖金”（受访者 F22）向网络视频平台投稿。与之类似，在商业类众包平台和电商平台的内容生产中，用户为了物质报酬进行内容生产的动机也尤为突出。这一点也与两类平台的商业属性相合。但在赚取报酬的动机之外，用户也想通过这两类内容生产满足其“积累经验、锻炼技能”（受访者 F32）和“体验、娱乐”（受访者 F34、F35）的需求。

综合上述网络媒体中用户生产内容的动机来看，既有研究成果中强调的“UGC 主要由无酬动机驱动”的特征正逐渐弱化，“有偿的外部动机”日益成为驱动用户进行持续性内容生产的重要因素。与此同时，在网络媒体的内容生产中，用户还将外部动机和内部动机实现了有机结合。这一点在多位优秀内容生产者的表述中得到了证实。他们在访谈中都提出过类似的观点，把兴趣发展成为特长或者工作方式，即外部动机和内部动机的双重驱动，是他们坚持内容生产并取得良好效果的关键（结合 F24、F26、F29、F30、F31 的访谈提炼的观点）。此外，第 23 号受访者在访谈时提出写微博是他的一种生活方式。其他受访者也表示撰写微博、微信公众号、豆瓣文章是为了记录自己的感想和生活。由内容生产的日常化和遍在化折射出的生产动机的自主性则是网络媒体中用户生产动机的另一大典型特征。

（三）UGC 生产动机的对比分析与讨论

本节针对 UGC 生产动机的探究是从生产者需求的角度入手展开的分析。但正如列昂捷夫所言，“只是由于对象被发现，需要才获得自己的对象性，而所感受的（想象出来的、思想上的）对象则获得了它激励和引导活动的技能，也就是说，变成了动机”①。本书提炼的五类动机虽然反映了受众和用户的相同需求，但在需求发展为动机的过程中，受作为对象的内容在传统媒体和网络媒体中不同样态的影响，受众在传统媒体中的内容生产动机和用户在网络媒体中的内容生产动机呈现出典型差异。

① ［苏］列昂捷夫：《活动　意识　个性》，李沂译，上海译文出版社 1980 年版，第 140 页。

综观上述两类媒体中受众内容生产动机的分析，本书认为二者的差异集中体现在以下两个方面。首先，与传统媒体中受众的内容生产动机在媒体的影响下形成的情况不同，用户在网络媒体中进行内容生产的动机则具有较高的自主性和多样性。用户不再如受众一般，被动地以媒体的内容需求和生产规范为前提形成有限的内容生产动机，而是以自己的身份、角色、需求为出发点，在内部动机、外部动机和内化动机的综合驱动下进行内容生产。其次，与传统媒体时代媒体资源的有限性和垄断性相比，网络媒体的开放性、遍在性、深度嵌入性已经促使用户逐渐摆脱了受众在传统媒体中参与、辅助的生产者角色，在内容生产日常化的同时形成了职业化的生产动机。以“记录生活、表达感情、分享和交流”等日常化、个人化的动机为起点，“将微博、微信公众号等自媒体实现商业化运营，促进自我实现”已经成为具有稳定内容生产行为的用户下一个阶段的动机和目标。此外，通过两类生产动机的对比分析，传统媒体和网络媒体也能以各自受众和用户侧重的动机因素为指导，有针对性地制定相应的激励策略，促使受众和用户进行更为自主化和更具创造性的内容生产。

此外，本节对 UGC 生产动机的系统探究与分析，也为前文界定的 UGC 的生产者角色和生产模式进行了补充。在生产者角色方面，专业类生产者主要在职业要求、自我发展与实现两类动机的驱动下进行生产；动机的强制性和严肃性与这类生产者的专业特征相合。而社会化生产者则根据媒体类型和生产内容的不同，综合受到利益回馈、职业要求、自我发展与实现、兴趣和消闲需求、情感和归属需求五类动机的影响进行生产；动机的多样性和复杂性也与这类生产者的多元化特征相合。在生产模式方面，传统媒体中受众在媒体影响下形成内容生产动机的现实不仅导致了其生产行为受限，也进一步强化了受众在内容生产中的客体地位，从而在一定程度上解释了受众在传统媒体中采用参与式生产的模式进行内容生产的原因。而在网络媒体的内容生产中，用户在自主性动机驱动下产生的更为日常化和更具创造性的生产行为，则为海量用户实现众包式协作生产、发挥规模效应奠定了基础。

本章，笔者从生产模式和生产动机的角度对 UGC 的过程机制展开了进一步探究。在生产模式方面，本书以前文梳理的 UGC 在不同媒体中的应用实践为分析材料，从中提炼出 UGC 的生产模式在总体上表现为作为生产者的受众和用户与媒体的专业内容生产之间的协作方式。根据媒体类型及其对应的媒介生态的不同，业余与专业之间协作的领域、方式以及程度都有较大差异。以此界定为基础，本书选择了“参与”和“众包”两个理论框架，将 UGC 的生产模式细分为参与式生产和众包式生产两类。二者分别对应传统媒体中的受众和网络媒体中的用户进行内容生产的模式，展现了受众以辅助反馈的方式参与内容生产、用户以自主协作的方式完成内容生产的差异化模式样态。

在生产动机方面，本书以既有的研究成果为基础，采用扎根理论的方法对传统媒体中受众内容生产的动机以及部分新兴的网络媒体中用户内容生产的动机进行了初步探究。通过访谈、数据分析与编码，本书提炼出受众和用户主要在利益回馈、职业要求、自我发展与实现、兴趣和消闲需求、情感和归属需求五类动机的驱动下进行内容生产。其中，传统媒体中的受众主要受利益回馈、职业要求、自我发展与实现三类动机的影响；网络媒体中的用户主要受自我发展与实现、兴趣和消闲需求、情感和归属需求的影响。此外，利益回馈也逐渐成为部分新兴的网络媒体中影响用户生产内容的重要动机因素。受本书研究重点的指导以及访谈现实条件的限制，本书从整体层面对 UGC 生产动机的探究只是将研究视角从网络媒体拓展到传统媒体的第一步，更为细致深入的研究仍需根据媒体类型和内容生产的类型进行针对性分析。

第六章

结论:UGC

——媒介技术演进下传统协作方式的继承与发展

从纸质媒体时代的文字类内容生产，到电子媒体时代的声音图像类内容生产，再到网络媒体时代的多媒体融合类内容生产，UGC作为一种由受众和用户参与、贡献内容的生产方式伴随着媒介技术的发展演进，呈现了日益多元而又富有生机的发展脉络。在UGC的协助下，媒体内容生产在面对受众和用户的需求不断细分的同时也具有了新的竞争力。但在关于其生产者、生产模式、生产动机的过程机制研究中，本书也洞察了UGC能够发挥积极作用的领域和方式，与之相对的则是UGC在内容生产中存在的壁垒和局限。这些壁垒和局限是UGC自兴起以来逐渐暴露的短板和问题，在一定程度上决定了UGC的本质和发展走向。因此，本书在探讨结论之前，将结合当前的传播生态对UGC的困境和趋势进行分析，从而能够更为准确、全面地把握UGC这一内容生产方式。

第一节　困境与趋势:复杂传播生态中UGC向PGC的转向

当UGC在Web 2.0的媒介技术条件下兴起之时，它所处的应用环境是强调“个体”和“关系”的社会化传播生态。随着应用水平的不断提升，UGC 也逐渐从社交媒体领域向娱乐视频、文化知识等对专业生产能力要求较高的领域扩展。但与传统媒体时代 UGC 在媒体专业内容生产的指导下进行配合式生产的模式不同，UGC 在网络媒体中的应用受自主化内容生产模式的影响，具有了与专业内容生产同台竞争的机会。这一竞争不仅是用户生产内容的多样性、创造力与媒体生产内容的专业性、规模化之间的较量，也是复杂传播生态中用户对内容的高要求、多需求与 UGC 有限的内容生产能力之间的竞争。

随着物联网、人工智能、大数据等新媒介技术的革新和发展，传播生态中的内容生产也呈现出人机智能化、精准定制化、场景遍在化的新趋势。受此影响，网络媒体中用户的内容需求也变得更为细分、个性和多样。UGC 在应对内容生产专业挑战的同时，如何凭借个体的力量实现上述高要求的内容生产也是目前面临的严峻问题。面对上述两类核心挑战，自 2010 年以来，在以网络视频为代表的多类内容生产领域中，UGC 逐渐暴露出质量困境、盈利困境和法律困境等一系列问题。

一　有限生产能力引发的质量困境

互联网时代，当媒体内容的类型和表现形式日益丰富之时，海量用户虽然会被不断更新的形式吸引，但优质内容仍是维持用户持续关注和互动的重要影响因素。作为一种内容生产方式，UGC 虽然以其参与性和多样性的优势被广泛应用，但在实践过程中，却不断出现“内容错误、垃圾内容和内容价值密度低”① 等质量问题。

关于 UGC 的质量问题，杰夫·豪在论述众包问题的时候曾指出：“我们从市民新闻的实验中学到的是，人们很擅长报道他们看到的东

① 金燕：《国内外 UGC 质量研究现状与展望》，《情报理论与实践》2016 年第 3 期。

西，或者拍照片，但在分析方面做得不是很好，谈大包装的话，那简直是太糟了"。[①] 尼尔森在对网络虚拟社区的研究中也提出了 90—9—1 法则。[②] 该法则认为："在大多数的网络社区中，90% 的用户都是不贡献任何内容的潜伏者；9% 的用户只贡献了少部分内容；而只有 1% 的用户是核心的内容生产者，贡献了社区中的绝大部分内容。"[③] 在我国的研究中，赵宇翔等也证实了"和经济学中的'帕累托最优'（80/20 法则）相似，在线 UGC 也存在着离散分布与集中趋势特征"[④]。廖望等也提出，"由于社会化媒体内容通常免费提供给公众，因此，用户内容生产过程中的'搭便车'问题便出现了"[⑤]，并影响了用户生产内容的意愿。

由此可见，受内容生产的业余性影响，UGC 有其擅长的应用领域。当应用范围不断扩大之时，用户在其不擅长的领域就容易遭遇质量困境。与此同时，UGC 虽然让海量用户具有了内容生产的机会，但并不意味着人人都具有内容生产的意愿。90—9—1 法则呈现的生产者数量不足的现状也是导致 UGC 生产能力有限的重要原因。此外，即使在参与内容生产的用户中，不同用户间的生产能力也存在巨大差别。生产者能力参差不齐也会加剧 UGC 的质量困境。因此，在未来的实践中，如何提高用户的生产能力，激发更多用户的生产意愿，以及不断推动生产者之间的协作性生产，是解决 UGC 质量困境需要思考的关键问题。

---

① ［美］杰夫·豪:《众包：大众力量缘何推动商业未来》，牛文静译，中信出版社 2009 年版，第 172 页。

② ［美］杰夫·豪:《众包：大众力量缘何推动商业未来》，牛文静译，中信出版社 2009 年版，第 178 页。

③ J. Nielsen, "Participation Inequality: Encouraging More Users to Contribute", *Jakob Nielsen's Alertbox*, January 2006, pp. 1 – 5.

④ 赵宇翔、朱庆华、吴克文、梦非、郑华：《基于用户贡献的 UGC 群体分类及其激励因素探讨》，《情报学报》2011 年第 10 期。

⑤ 廖望、刘于思、金兼斌：《社会媒体时代用户内容生产的激励机制》，《新闻与传播研究》2013 年第 12 期。

二　生产的碎片化导致的盈利困境

UGC 自进入大众传播生态与专业内容生产同台竞技以来，逐渐通过内容付费、植入广告、与网络平台分成等方式实现了盈利。但与媒体生产内容的专业性和系统性相比，UGC 是由海量的个体用户进行的个人化内容生产。内容虽在互联网搭建的传播网络中实现了宏观层面的规模效应，但在具体应用过程中，面对以用户聚合力为主要参考标准的媒体商业模式，UGC 个人化的碎片式生产不具有良好的盈利条件。尤其对强调用户覆盖率和消费水平的广告模式而言，UGC 小众化的传播路径无法像专业内容生产一样实现对大规模用户的吸引力和影响力。

关于 UGC 面临的盈利困境，金真在对 YouTube 的研究中提出："在 YouTube 中，只有 3% 的视频能够创造广告收益。该 UGC 平台虽以用户参与和交互传播为特征，但却未创造出预期的市场收益。因此媒体产业希望该 UGC 平台向 PGC 转向，创造一个良好的广告环境，能够将内容和广告营销有机地联系在一起。"① 张志弘认为："虽然平台通过 UGC 能够聚合庞大的用户与流量，但却形成非常碎片且分散的自媒体形式，与目前常见的网络媒体广告操作模式有着极大的差异，也给熟悉传统广告采购的广告客户或广告代理公司造成一定的困难。"②

此外，UGC 生产的碎片化也导致其内容生产的持续性、稳定性相对较弱。这一点也是加剧其盈利困境的重要原因。在笔者关于 UGC 生产动机的访谈中，多位生产者表示他们最初受兴趣或好奇心的驱动进行内容生产，但内容生产的复杂性和业余时间的有限性导致其难以进行长期的内容生产。仅有少部分实现了可观营收的用户

---

① JinKim, User-generated Content (UGC) Revolution?: Critique of the Promise of YouTube, Ph. D. Dissertation, The Graduate College of the University of Iowa, 2010.

② 张志弘：《前途堪虑的 UGC》，《互联网周刊》2011 年第 3 期。

才坚持下来，成为 UGC 内容生产体系中的佼佼者。与此同时，部分微信公众号运营者也表示，在激烈的竞争态势下，用户需要进行多平台的综合式内容生产、多渠道的体系化营销和推广，才能在专业媒体的强大攻势下探索出一种有效的商业模式。

三　众媒化传播趋势带来的法律困境

除了生产的碎片化，UGC 传播主体的多样性带来的“人人皆媒”的众媒化传播趋势，也导致用户生产的庞杂内容易引发侵犯隐私权、名誉权和内容版权等问题。其中，微博中的网络暴力、人肉搜索，视频网站中对他人作品不加署名地任意转发与上传，电商平台中用户信息行为在未经许可的前提下被搜集与利用等都是侵权问题的具体表现。这些问题在国内外相关研究中也得到了针对性的分析和探讨。

佩吉·瓦尔克（Peggy Valcke）和玛丽·莱纳茨（Marieke Lenaerts）提出，UGC 具有的参与和自由的优势也导致仇恨言论、侵犯隐私权和知识产权、诽谤、色情内容等问题暴露出来。但治理这些非法和不良的内容却因为难以确定作者而面临着巨大的困难。虽然二者建议参考案例法解决 UGC 面临的法律问题，但他们也指出让 UGC 平台的所有者去承担法律责任，会促使它们为了避免法律起诉而加大对内容的审查力度；而让 UGC 平台的供应商承担责任则会导致他们承担过多的经济、技术和法律方面的负担。与此同时，UGC 平台的所有者在揭露非法、不良内容的作者的同时也会引发侵犯隐私的问题。①

在我国的研究中，围绕 UGC 面临的法律困境，张君浩、师栩栩提出：“UGC 涉及的隐私侵权问题主要表现为两类：用户非法利用网络服务上传或者泄露侵犯隐私的相关内容；新媒体平台为追逐利

---

① Peggy Valcke & Marieke Lenaerts, “Who's Author, Editor and Publisher in User-generated Content? Applying Traditional Media Concepts to UGC Provider”, *International Review of Law, Computers & Technology*, Vol. 24, No. 1, March 2010, pp. 119 - 131.

益而放松对 UGC 用户贡献内容的监管力度并收集泄露用户个人信息。”① 王光文以视频网站为研究对象，提出：“UGC 成为版权侵权的‘高发区’主要有三方面原因：一是用户数量庞大、身份不明、权责难辨；二是追责缺乏道德支撑；三是用户上传侵权视频不以营利为目的，难以根据法律认定其侵权行为。”②

综合来看，UGC 的自主化和多样性优势在相关制度和法律滞后的现实面前，因缺乏有效的规制和治理措施，诱发了一系列侵权问题。在未来的实践中，业余生产者法律道德素养的提升、行业规则及相关法律的制定与更新等都是解决 UGC 的法律困境可以着手的方向。与此同时，区块链技术的应用和发展也为 UGC 内容生产领域明确权利主体、追踪侵权行为、优化维权体系提供了技术层面的可能性。

四　UGC 向 PGC 的转向与协作

根据 2017 年 7 月发布的第 40 次《中国互联网络发展状况统计报告》显示：“网络直播行业在快速发展过程中专业化程度逐渐提高，直播平台对于 PGC 内容创作的资源倾斜力度加大，使得非专业的 UGC 内容（用户生产内容）很难再与之抗衡。节目特色、媒体资源与运营能力将成为未来网络主播的三大核心竞争优势。”③ PGC 作为媒体内容生产中的传统方式，在内容的专业性、技术的先进性、资金的雄厚度和内容的影响力等方面都具有较大优势。以网络直播行业为代表，面对媒介技术演进下复杂的传播生态和激烈的竞争，UGC 逐渐呈现出向 PGC 转向的趋势。

丁月以网络自制剧为研究对象，提出了“UGC + PGC”的内容

---

① 张君浩、师栩栩：《新媒体时代下 UGC 带来的隐私权问题探析》，《编辑之友》2012 年第 8 期。

② 王光文：《论视频网站 UGC 经营者的版权侵权注意义务》，《国际新闻界》2012 年第 3 期。

③ 中国互联网络信息中心：第 40 次《中国互联网络发展状况统计报告》，http：//cnnic. cn/gywm/xwzx/rdxw/201708/t20170804_ 69449. htm，2018 年 1 月 2 日。

生产模式。他指出:“UGC 贯穿在 PGC 过程中,UGC 的多形式运作需要 PGC 的支撑,PGC 过程需要 UGC 的支持”。① 这一论断揭示出了 UGC 和 PGC 的协作关系。徐帆则认为:“中国视频网站内容生产从 UGC 到 PGC 的走势,是基于机制、资本量、生产者、内容和受众等五个面向的积累和支撑,按照互联网传播和市场运作规则产生的业态演进。”② 胡泳、张月朦也提出:“微信公众号作为最具代表性的自媒体平台,早就走上了‘业余专业化’的道路。”③“逻辑思维”公众号就是其中的典型代表。与此同时,笔者在针对 UGC 生产动机的访谈中也了解到,微博大 V 的庞大粉丝量(10 万及以上)一方面是微博博主通过优质内容生产获得的;另一方面则是新浪微博平台为了推动其垂直内容的发展,帮助博主“灌粉”实现的。其中,博主依靠自己的内容生产获得的粉丝量相对较少。

此外,通过对近年来领军 UGC 市场的抖音、哔哩哔哩视频网站中拥有“10 万 +”粉丝的 UP 主进行追踪访谈,笔者也了解到:平台以流量为导向统筹个体用户的内容生产。当个体用户通过优质内容吸引到一定粉丝关注后,平台与 MCN 机构就会介入与用户洽谈合作。但对于个体用户而言,接受平台及 MCN 机构的合作邀约即意味着必须要把商业逻辑纳入内容生产的主线,但不接受合作邀约就很难实现可观的营收。面对上述两难的困境,个体用户要想实现产业化经营与发展只有与专业机构协作或自己组建专业团队两种选择才能逐渐突破由兴趣驱动的碎片化生产壁垒,形成强大的竞争力。

整体而言,虽然我国 UGC 应用的发展相对落后于西方国家,但其向 PGC 转向的趋势却逐渐从网络视频这一专业性较强的领域向各类社交媒体的内容生产中蔓延。面对传播生态中日益加剧的竞争局

---

① 丁月:《UGC + PGC:网络自制剧生产模式探究》,《视听界》2014 年 4 月。

② 徐帆:《从 UGC 到 PGC:中国视频网站内容生产的走势分析》,《中国广告》2012 年第 2 期。

③ 胡泳、张月朦:《互联网内容走向何方?——从 UGC、PGC 到业余的专业化》,《新闻记者》2016 年第 8 期。

势，UGC 在彰显其多元化、创造力优势的同时，也逐渐暴露出其在专业性、市场化方面的局限以及在相关法律问题中的困境。因此，UGC 向 PGC 的转向以及二者在分化之后的再协作，不仅是解决 UGC 生产困境的有效途径，也在一定程度上揭示了 UGC 的本质。

第二节　UGC 的再界定与研究展望

UGC 自 2005 年兴起以来，已经成为网络媒体中的一种特色化内容生产方式而被广为应用，并受到国内外研究的重点关注，形成了系统化的研究成果。本书以我国 UGC 内容生产方式为研究对象，从 UGC 概念界定的模糊性和局限性入手，在历时性和共时性两个层面分别对 UGC 在不同媒体中的表现形式进行了回溯，对 UGC 的生产者角色、生产模式和生产动机进行了探究。通过建构横向和纵向的研究脉络，本书一方面系统展现了媒介技术演进下，UGC 在应用形式、内容类型等方面日益丰富、多元的发展历程；另一方面在对 UGC 的过程机制进行分析和扩展的同时，为 UGC 内容生产方式的重新界定准备了条件。

在历时性的回溯中，本书以 UGC 的传统概念为参考，根据时间顺序，系统梳理了 UGC 在纸质媒体、电子媒体和网络媒体中的表现形式。其中，读者生产内容的表现形式主要有：经典注释、小说评点、读者来信/来论、读者担任通讯员报道新闻、读者向报纸副刊和杂志投稿；听众、观众生产内容的表现形式主要有：听众/观众来信、听众/观众拨打热线电话、听众/观众爆料或担任通讯员报道新闻、听众/观众参与各类节目录制；用户生产内容的形式则主要表现为用户在社交型、舆论型、文娱型、知识型、商业型 UGC 应用中生产形象与关系类、新闻与评论类、文艺与趣味类、资讯与技能类、口碑与商讯类等多种内容。综合 UGC 的各类表现形式，本书认为读者、听众、观众和用户在其具有专业性和接近性的内容生产中具有优势，并能在创意性内容生产中发挥增强多样性的作用并产生规模效应。

在共时性的探究中，本书以 UGC 在不同媒体中的表现形式为基础，对 UGC 的生产者角色和生产模式进行了界定和细分，对 UGC 的生产动机进行了探索和提炼。其中，在生产者角色的分析中，研究从理论和实践两方面入手，论述了传统媒体中的受众参与内容生产的可行性和价值性，并进而根据 UGC 在不同媒体中的表现形式，将传统媒体和网络媒体中的 UGC 生产者细分为专业类和社会化两类。两类生产者根据生产内容和媒体平台的不同，需要具备相应的背景、技能和条件。在生产模式的分析中，研究以媒体类型为分类标准，根据 UGC 在不同媒体中的生产样态，将传统媒体中的 UGC 生产模式界定为参与式生产，网络媒体中的 UGC 生产模式界定为众包式生产。两种生产模式分别展现了受众与传统媒体之间从属、反馈式的协作方式以及用户与网络媒体之间自主、互助式的协作方式。最后，在生产动机的分析中，研究采用扎根理论的分析方法，选择纸质媒体、电子媒体和网络媒体中具有代表性的 UGC 生产者进行访谈，提炼出利益回馈、职业要求、自我发展与实现、兴趣和消闲需求、情感和归属需求五类动机。受媒体类型和内容生产类型的影响，五类动机在传统媒体和网络媒体的 UGC 应用中各有侧重，并与 UGC 的生产者角色和生产模式具有一致性和关联性。

上述由读者、听众、观众和用户进行的内容生产虽然在纸质媒体、电子媒体和网络媒体的内容生产中表现各异，却呈现出突出的继承与发展关系。综合来看，在媒介技术的演进下，UGC 在应用形式、内容类型、生产者角色三个方面呈现出日益多样化的发展态势，而在生产模式和生产动机两个方面呈现出逐渐自主化的发展态势。根据全文系统的分析和论述，本书将 UGC 重新界定为具有有一定的专业背景、内容接近优势、创作和创新能力、媒介应用能力的受众和用户，受利益回馈、职业要求、自我发展与实现、兴趣和消闲需求、情感和归属需求等动机的驱动，采用参与或众包的模式与媒体的专业生产者或平台协作进行生产的一种内容生产方式。之所以将 UGC 界定为一种与 PGC 协作的内容生产方式，一方面借鉴了杰夫·豪、詹金斯对参与和众包这两类与 UGC 相关的应用形式的解读，另一方面又结合前文的研究成果进行了总结和发展。

杰夫·豪认为："众包只是解决旧问题、发掘并培养人才的一种新方法。"① 詹金斯也认为："媒介生产者们将参与作为一种在竞争性媒介系统中提高用户互助的方式，同时也希望把人们的参与创造转化为某种为媒介服务的形式。"② 两种解读都通过受众或用户参与内容生产在形式上的创新，发现了其为解决媒体专业内容生产中面临的问题而服务的本质。而结合本书的研究成果，受众和用户在进行内容生产中的角色和模式及其向 PGC 转向的发展趋势，都证实了 UGC 在内容生产中对媒体专业内容生产的从属性和依赖性。与此同时，受众和用户通过内容生产满足自身需求的动机以及其生产的内容对媒体专业内容生产的补充和丰富，也展现了 UGC 存在的价值和必要性。正如克莱·舍基所言："我们不是在消费媒体，而是在利用媒体。"③ 随着媒介技术的不断进步，受众和用户在传播中能动的信息接收者角色和内容生产者角色已经被普遍认可。但在能动的角色之外仍应认清受众和用户在媒体内容生产中的局限性。因此，本书将 UGC 界定为一种协作生产方式，就是为了综合展现受众和用户内容生产在媒体内容生产中的价值和局限，从而为客观地把握媒介技术影响下不同传播生态中媒体与受众、用户的关系提供指导，为 UGC 的应用和发展提供参考。

---

① ［美］杰夫·豪：《众包：大众力量缘何推动商业未来》，牛文静译，中信出版社 2009 年版，第 159 页。

② ［美］亨利·詹金斯、［日］伊藤瑞子、［美］丹娜·博伊德：《参与的胜利：网络时代的参与文化》，高芳芳译，浙江大学出版社 2017 年版，第 14 页。

③ ［美］克莱·舍基：《认知盈余：自由时间的力量》，胡泳、哈丽丝译，中国人民大学出版社 2012 年版，第 59 页。

当用户在网络媒体中的内容生产与信息传播行为逐渐日常化、主流化，当 UGC 内容生产方式的应用可以追溯至传统媒体之时，受众和用户作为传播中关键一环的角色已被证实。无论是作为传播信息的接收者还是内容生产的协作者，内容生产的专业性、多元性、创新性和互动性都决定了受众和用户在其中发挥作用的必要性和价值。随着大数据、云计算、人工智能等新媒介技术的发展，受众和用户参与媒体内容生产的途径和渠道将不断增多，进行内容生产的自主性也会不断增强。未来，媒体的专业内容生产将以更加丰富、多元的方式与受众和用户主导的业余内容生产展开更具融合性和创造力的协作，构建一个以新媒介技术为基础、以媒体专业内容生产为指导、以 UGC 为助力的有机的内容生产体系。

需要强调的是，专业媒体作为协作性内容生产方式的主导，应当在充分意识到协作必要性的前提下改变以商业为核心的内容生产逻辑，健全以事后处理为主体的版权维护机制，引导用户在内容生产中聚焦质量和创造力，不断提升内容生产能力，用持续、优质的内容输出来化解 UGC 存在的盈利困境。当用户内容生产这一环的短板逐渐补齐之时，专业媒体内容生产面临的多样化危机才能有效解决。两相促进，这一协作性内容生产方式所展现的专业媒体与用户、用户与用户、生产主体与生产内容、生产主体与社会、媒介与社会之间的生产关系才能与新技术演进下日益发展的媒体生产力相适应，实现新闻传播行业跨时代的发展与变革。

此外，与受众和用户的能动型角色相伴而生的是参与式文化在传播生态中的深入发展以及受众和用户将媒体内容生产作为一种生活方式的广泛应用。从传统媒体到网络媒体再到智能化媒体，UGC 逐渐从有限的新闻传播领域向多样的社会生活领域扩展，成为用户实现需求的信息化手段。本书对 UGC 内容生产方式展开的研究，不仅是对新闻传播行业协作性内容生产方式的探索与分析，也是对众媒时代去中心化、多元、自主、创新的传播生态、文化样态、生活方式的聚焦与呈现。本书的研究开启了全面分析 UGC 内容生产方式的第一步。未来，针对不同媒体中 UGC 内容生产方式的深入研究需要不断增强；关于 UGC 与 PGC 协作方式的系统研究需要不断推进；围绕大数据、云计算、人工智能等新媒介技术环境下 UGC 内容生产方式如何发展、演进的探索性研究亟待全方位展开。

参考文献

一　书籍

曹雪芹:《脂砚斋批评本·红楼梦》，脂砚斋评点，王丽文校点，岳麓书社 2015 年版。

陈崇山:《受众本位论》，社会科学文献出版社 2008 年版。

陈尔泰:《中国广播发轫史稿》，中国广播电视出版社 2008 年版。

陈尔泰:《中国广播史考》，中国广播电视出版社 2008 年版。

陈国钦、夏光复:《电视节目形态论》，中国传媒大学出版社 2006 年版。

陈明亮:《在线口碑传播原理》，浙江大学出版社 2009 年版。

程曼丽、乔云霞:《新闻传播学辞典》，新华出版社 2013 年版。

《当代中国》丛书编辑部:《当代中国的广播电视（上)》，中国社会科学出版社 1987 年版。

《当代中国》丛书编辑部:《当代中国的广播电视（下)》，中国社会科学出版社 1987 年版。

杜骏飞:《网络传播概论》(第三版)，福建人民出版社 2009 年版。

方汉奇、丁淦林、黄瑚、薛飞:《中国新闻传播史》，中国人民大学出版社 2008 年版。

冯并:《中国文艺副刊史》，华文出版社 2001 年版。

甘惜分:《新闻学大辞典》，河南人民出版社 1993 年版。

宫承波:《新媒体概论》(第二版)，中国广播电视出版社 2009 年版。

侯迎忠:《媒介与民生　电视民生新闻的理论与实践》，中国传媒大学出版社 2008 年版。

胡延平：《跨越数字鸿沟　面对第二次现代化的危机与挑战》，社会科学文献出版社 2002 年版。
胡智锋：《中国名牌电视栏目解析》，学苑出版社 2006 年版。
鞠侃彬：《改革中国电视》，中国工商出版社 2002 年版。
梁晓涛：《微博》，武汉大学出版社 2013 年版。
刘海龙：《大众传播理论：范式与流派》，中国人民大学出版社 2008 年版。
刘津：《博客传播》，清华大学出版社 2008 年版。
陆扬、王毅：《大众文化与传媒》，上海三联书店 2000 年版。
陆晔、赵民：《当代广播电视概论》，复旦大学出版社 2010 年版。
闵大洪：《中国网络媒体 20 年：1994—2014》，电子工业出版社 2016 年版。
欧力同、张伟：《法兰克福学派研究》，重庆出版社 1990 年版。
欧阳宏生：《广播电视学导论》，四川大学出版社 2007 年版。
欧阳友权、袁星洁：《中国网络文学编年史》，中国文联出版社 2015 年版。
欧阳友权：《网络文学本体论》，中国文联出版社 2004 年版。
欧阳友权：《网络文学发展史：汉语网络文学调查纪实》，中国广播电视出版社 2008 年版。
乔艳琳：《实话实说的实话》，上海文化出版社 1999 年版。
石义彬：《单向度、超真实、内爆：批判视野中的当代西方传播思想研究》，武汉大学出版社 2003 年版。
石义彬：《批判视野下的西方传播思想》，商务印书馆 2014 年版。
宋应离：《中国期刊发展史》，河南大学出版社 2000 年版。
宋友权：《中国广播受众学》，中国广播电视出版社 1998 年版。
孙宝国：《中国电视娱乐节目形态学》，新华出版社 2009 年版。
孙宜君、吴竞韡：《电视名牌节目读解》，北京师范大学出版社 2016 年版。
谭天：《新媒体新论》，暨南大学出版社 2016 年版。

童兵、陈绚：《新闻传播学大辞典》，中国大百科全书出版社 2014 年版。
王京山：《维客：多人协同的奇迹》，中央编译出版社 2013 年版。
王长潇：《新媒体论纲》，中山大学出版社 2009 年版。
魏南江：《优秀电视节目解析》，中国传媒大学出版社 2014 年版。
徐舫州、徐帆：《电视节目类型学》，浙江大学出版社 2006 年版。
杨国斌：《连线力：中国网民在行动》，邓燕华译，广西师范大学出版社 2013 年版。
杨新正：《中国通讯员简史》，人民日报出版社 2014 年版。
夷明、吴建、孟繁华：《心底的呼声——首都新闻单位来信选》，工人出版社 1985 年版。
尹振环：《楚简老子辨析：楚简与帛书老子的比较研究》，中华书局 2001 年版。
喻国明、欧亚、张佰明、王斌：《微博：一种新传播形态的考察　影响力模型和社会性应用》，人民日报出版社 2011 年版。
臧海群、张晨阳：《受众学说：多位学术视野的观照与启迪》，复旦大学出版社 2007 年版。
张骏德：《当代广播电视新闻学》，复旦大学出版社 2001 年版。
赵玉明：《中国现代广播简史：1923—1949》，中国广播电视出版社 2001 年版。
周葆华：《效果研究：人类传播观念与行为的变迁》，复旦大学出版社 2008 年版。
朱庆华、赵宇翔、谈晓洁、张薇薇：《新一代互联网环境下用户生成内容的研究与应用》，科学出版社 2014 年版。
［美］阿尔温·托夫勒：《第三次浪潮》，朱志焱、潘琪、张焱译，生活·读书·新知三联书店 1984 年版。
［美］阿尔文·托夫勒、海迪·托夫勒：《未来的战争》，阿笛、马秀芳译，新华出版社 1996 年版。
［英］丹尼斯·麦奎尔、［瑞典］斯文·温德尔：《大众传播模式论》，祝建华、武伟译，上海译文出版社 1987 年版。

[美] 丹尼斯·麦奎尔：《受众分析》，刘燕南、李颖、杨振荣译，中国人民大学出版社 2006 年版。

[德] H. R. 姚斯、[美] R. C. 霍拉勃：《接受美学与接受理论》，周宁、金元浦译，辽宁人民出版社 1987 年版。

[美] 哈罗德·拉斯韦尔：《社会传播的结构与功能》，何道宽译，中国传媒大学出版社 2013 年版。

[美] 亨利·詹金斯、[日] 伊藤瑞子、[美] 丹娜·博伊德：《参与的胜利：网络时代的参与文化》，高芳芳译，浙江大学出版社 2017 年版。

[美] 亨利·詹金斯：《文本盗猎者：电视粉丝与参与式文化》，郑熙青译，北京大学出版社 2016 年版。

[美] 杰夫·豪：《众包：大众力量缘何推动商业未来》，牛文静译，中信出版社 2009 年版。

[法] 居伊·德波：《景观社会》，王昭凤译，南京大学出版社 2007 年版。

[美] 克莱·舍基：《认知盈余：自由时间的力量》，胡泳、哈丽丝译，中国人民大学出版社 2012 年版。

[法] 雷吉斯·德布雷：《普通媒介学教程》，陈卫星、王杨译，清华大学出版社 2014 年版。

[英] 罗杰·迪金森、拉马斯瓦米·哈林德拉纳特、奥尔加·林耐：《受众研究读本》，单波译，华夏出版社 2006 年版。

[美] 马尔库塞：《单向度的人：发达工业社会意识形态研究》，刘继译，上海译文出版社 2006 年版。

[加拿大] 马歇尔·麦克卢汉：《理解媒介：论人的延伸》，何道宽译，译林出版社 2011 年版。

[法] 让·波德里亚原：《消费社会》，刘成富、全志钢译，南京大学出版社 2000 年版。

[英] 斯图亚特·霍尔：《编码，解码》，载刘象愚、罗钢编《文化研究读本》，中国社会科学出版社 2000 年版。

［美］沃尔特·李普曼：《舆论学》，林珊译，华夏出版社 1989 年版。

［美］希伦·A. 洛厄里、梅尔文·L. 德弗勒：《大众传播效果研究的里程碑》（第三版），刘海龙等译，中国人民大学出版社 2009 年版。

［德］尤尔根·哈贝马斯：《公共领域的结构转型》，曹卫东译，学林出版社 1999 年版。

Andrew Ross, *Strange weather: Culture, Science, and Technology in the Age of Limits*, London: Verso, 1991.

Chris Atton, *Alternative Media*, Thousand Oaks, CA: Sage, 2002.

David Armstrong, *A Trumpet to Arms: Alternative Media in America*, Boston, MA: Houghton Mifflin, 1981.

Fred Turner, *From Counterculture to Cyberculture: Stewart Brand, the Whole Earth Network, and the Rise of Digital Utopianism*, Chicago: University of Chicago Press, 2006.

GrahamVickery & Sacha Wunsch-Vincent, *Participative Weband User-Created Conte-nt Web* 2. 0. *Wikis and Social Networking*, Paris: Organization for Economic Cooperation and Development, 2007.

N. Abercrombie & B. Longhurst, *Audience: A Sociological Theory of Performance and Imagination*, London: Sage, 1998.

Nico Carpentier, *Media and Participation: A Site of Ideological-democratic Struggle*, Chicago: Intellect Books, 2011.

W. Russell Neuman, *The Future of the Mass Audience*, London: Cambridge University Press, 1991.

Yochai Benkler, *The Wealth of Networks: How Social Production Transforms Markets and Freedom*, New Haven: Yale University Press, 2006.

二 论文

白晓东：《农民通讯员在对农广播中的作用探析》，《今传媒》2014 年第 6 期。

蔡雯：《从面向“受众”到面对“用户”——试论传媒业态变化对新闻编辑的影响》，《国际新闻界》2011 年第 5 期。

曹书乐：《“新受众研究”的学术史坐标及受众理论的多维空间》，《新闻与传播研究》2013 年第 10 期。

曹杨敏：《视频分享网络中用户生成内容的动因研究》，硕士学位论文，华中师范大学，2012 年。

曹越：《试论 21 世纪我国受众研究的创新》，《新闻与传播研究》2004 年第 1 期。

常静：《百度百科及开源社区参与者的动机与行为关系的实证研究》，博士学位论文，华南理工大学，2009 年。

陈昌凤：《用户为王：“产销融合”时代的媒体思维》，《新闻与写作》2014 年第 11 期。

陈方竞：《读者论坛——〈新青年〉一个不可忽略的言论空间》，《汕头大学学报》（人文社会科学版）2011 年第 3 期。

陈娟、高杉、邓胜利：《社会化问答用户特征识别与行为动机分析——以“知乎”为例》，《情报科学》2017 年第 5 期。

陈力丹、王之月、王娟：《“用户体验”的新型媒体生存模式》，《新闻爱好者》2015 年第 5 期。

陈然：《网民参与网络论坛的行为动机探讨与量表建构》，《新闻界》2012 年第 19 期。

陈先红、张凌：《大数据时代中国公共关系领域的战略转向——基于扎根理论的探索性分析》，《国际新闻界》2017 年第 6 期。

丁依宁：《受众的表演与想象：弹幕使用族群研究》，《新闻春秋》2015 年第 4 期。

丁月：《UGC + PGC：网络自制剧生产模式探究》，《视听界》2014 年 4 月。

东新：《“东方传呼”：传递百姓声音——记全国先进工作者、上海东方广播电台主持人袁家福》，《中国记者》2000 年第 10 期。

董开栋、谢金文：《手机新闻媒体用户满意度模型构建及实证研究——

基于对上海某高校学生的调查分析》，《新闻与传播研究》2014 年第 3 期。

杜丹：《镜像苏州：市民参与和话语重构——对 UGC 视频和网友评论的文本分析》，《新闻与传播研究》2016 年第 8 期。

杜建华：《三网融合下 UGC 网站内容生产策略》，《电视研究》2012 年第 1 期。

范颖、吴越：《青年用户微信公众平台的使用动机与行为研究》，《现代传播》2016 年第 4 期。

郭沂：《从郭店楚简〈老子〉看老子其人其书》，《哲学研究》1998 年第 7 期。

哈尔滨人民广播电台：《我们电台的通讯员工作》，《新闻战线》1959 年第 15 期。

韩鸿：《参与式传播：发展传播学的范式转换及其中国价值——一种基于媒介传播偏向的研究》，《新闻与传播研究》2010 年第 1 期。

何威：《网众与网众传播——关于一种传播理论新视角的探讨》，《新闻与传播研究》2010 年第 5 期。

胡翼青：《对魔弹论的再思考》，《国际新闻界》2009 年第 8 期。

胡翼青：《科学主义的困顿：中国受众研究 30 年的反思》，《西北大学学报》（哲学社会科学版）2010 年第 4 期。

胡翼青：《为媒介技术决定论正名：兼论传播思想史的新视角》，《现代传播》2017 年第 1 期。

胡泳、张月朦：《互联网内容走向何方？——从 UGC、PGC 到业余的专业化》，《新闻记者》2016 年第 8 期。

胡泳：《后真相与政治的未来》，《新闻与传播研究》2017 年第 4 期。

华迎、王永贵、李兵：《社会化媒体中用户创造内容（UGC）采纳行为影响因素研究》，2013 中国信息经济学会学术年会暨博士生论坛论文，广州，2013 年 11 月。

黄彪文、殷美香：《在个体与集体间流动：论虚拟社群的参与动机与交往基础》，《国际新闻界》2014 年第 9 期。

黄翠、徐迎红:《在“排他”与“包容”间行走——〈新青年〉中的“读者论坛”栏目研究》,《齐齐哈尔大学学报》(哲学社会科学版)2006 年第 9 期。
黄丽丽、冯雯婷、瞿向诚:《影响虚拟社群信息分享的因素:多层分析视角》,《国际新闻界》2014 年第 9 期。
金燕、李丹:《基于 SPC 的用户生成内容质量监控研究》,《情报科学》2016 年第 5 期。
金燕:《“后真相时代”社交网络的信任异化现象研究》,《南京社会科学》2017 年第 7 期。
金燕:《国内外 UGC 质量研究现状与展望》,《情报理论与实践》2016 年第 3 期。
雷蔚真、郑满宁:《Web 2.0 语境下虚拟社区意识(SOV)与用户生产内容(UGC)的关系探讨——对酷 6 网的案例分析》,《现代传播》2010 年第 4 期。
李苏:《从 UGC 模式的价值张力看“舆论反转”现象》,《新闻知识》2015 年第 9 期。
李欣:《新媒体环境下 UGC 模式对用户属性的影响》,《青年记者》2012 年第 14 期。
廖望、刘于思、金兼斌:《社会媒体时代用户内容生产的激励机制》,《新闻与传播研究》2013 年第 12 期。
刘德来:《浅谈书籍设计中的材质表现》,《中国出版》2010 年第 11 期。
刘海龙:《从受众研究看“传播学本土化”话语》,《国际新闻界》2008 年第 7 期。
刘宏、狄萌:《如何认识用户及用户思维》,《青年记者》2014 年第 25 期。
刘人境、曹慧芳、刘林林:《社会化商务下个体心理因素对信息共享行为的影响研究——大五人格的调节作用》,《软科学》2017 年第 12 期。
柳瑶、郎宇洁、李凌:《微博用户生成内容的动机研究》,《图书情报工作》2013 年第 5 期。

孟健、姜燕：《社会化商务环境下用户生成内容的动机研究——以“大众点评网”为例》，《现代情报》2015 年第 11 期。

倪宁、徐智、杨莉明：《复杂的用户：社交媒体用户参与广告行为研究》，《国际新闻界》2016 年第 10 期。

潘忠党：《传媒的公共性与中国传媒改革的再起步》，《传播与社会学刊》2008 年第 6 期。

彭兰：《“连接”的演进——互联网进化的基本逻辑》，《国际新闻界》2013 年第 12 期。

彭兰：《泛传播时代的传媒业及传媒生态》，《新闻论坛》2017 年第 3 期。

彭兰：《新媒体用户：更主动还是更被动》，《当代传播》2015 年第 5 期。

彭垒：《〈大公报〉读者来信栏目的编辑理念初探——以“读者论坛”栏目为中心的考察》，《新闻界》2011 年第 4 期。

单波：《在主体间交往的意义上建构受众观念——兼评西方受众理论》，《新闻与传播评论》2001 年卷。

尚大雷、柯惠新：《社会转型时期我国不同受众类型对实证研究的影响》，《现代传播》2002 年第 4 期。

邵国松、杨雯：《情绪管理论的起源和应用》，《国际新闻界》2012 年第 2 期。

史新、邹一秀：《威客模式研究述评》，《图书与情报》2009 年第 1 期。

司格、张伦、张增一：《社会化媒体的用户产品评价影响因素研究：基于文本挖掘的方法》，《国际新闻界》2015 年第 6 期。

苏俊斌：《理解网络直播——历史趋势、媒介特性及其启示》，《青年记者》2016 年第 34 期。

隋岩：《受众观的历史演变与跨学科研究》，《新闻与传播研究》2015 年第 8 期。

孙淑兰、黄翼彪：《用户产生内容（UGC）模式探究》，《图书馆学研究》2012 年第 13 期。
孙涛：《如何发挥农村通讯员的作用》，《记者摇篮》2009 年第 11 期。
童泽林、王钦：《社会化商务：内涵、价值与驱动因素》，《国外社会科学》2015 年第 3 期。
王光文：《论视频网站 UGC 经营者的版权侵权注意义务》，《国际新闻界》2012 年第 3 期。
王凯、黄炯、马国庆：《博客撰写者博客使用行为的影响因素及影响机理：一份基于 264 份样本的实证研究》，《新闻与传播研究》2008 年第 2 期。
王晓红：《新闻客户端 UGC 现状与趋势》，《青年记者》2016 年第 6 期。
王秀丽、赵雯雯、袁天：《社会化媒体效果测量与评估指标研究综述》，《国际新闻界》2017 年第 4 期。
王艳：《〈人生热线〉的节目特色》，《现代传播》1993 年第 6 期。
王增斌：《〈红楼梦〉脂评本与〈还原脂砚斋〉——对八十年来新红学派存在价值的质疑》，《太原师范学院学报》（社会科学版）2007 年第 5 期。
闻罡：《广播情感类谈话节目的人本关怀——从〈相伴到黎明·情感专线〉和〈叶文有话要说〉谈起》，《新闻世界》2013 年第 6 期。
吴刚：《知识·欣赏·参与——介绍青岛台〈星期天文艺大篷车〉节目》，《中国广播电视学刊》1997 年第 9 期。
熊茵、韩志严：《UGC 语境下知识传播的困境与出路》，《现代传播》2014 年第 9 期。
徐帆：《从 UGC 到 PGC：中国视频网站内容生产的走势分析》，《中国广告》2012 年第 2 期。
徐军华：《20 世纪脂砚斋研究综述》，《河南教育学院学报》（哲学社会科学版）2003 年第 4 期。
许同文：《UGC 时代受众的角色及内容生产模式》，《青年记者》2015 年第 12 期。
许鑫：《传媒公共性概念的解析与应用》，《国际新闻界》2011 年第

5 期。

薛可、余来辉、余明阳：《公共危机传播中社交媒体用户的参与动机与行为研究》，《新闻界》2017 年第 9 期。

阳翼、李伟伟：《电视选秀节目受众参与动机研究》，《大连理工大学学报》（社会科学版）2010 年第 9 期。

阳震青、彭润华：《移动 UGC 环境下旅游者知识分享行为研究》，《旅游科学》2015 年第 4 期。

杨光宗、刘钰婧：《从“受众”到“用户”：历史、现实与未来》，《现代传播》2017 年第 7 期。

姚曦、王佳：《国际品牌跨文化传播的影响因素模型与提升路径——一项基于扎根理论的探索性研究》，《新闻与传播研究》2014 年第 3 期。

尹丽英：《用户生成内容动因分析及激励设计——以新浪微博为例》，《数字图书馆论坛》2015 年第 6 期。

喻国明、马慧：《互联网时代的新权力范式：“关系赋权”——“连接一切”场景下的社会关系的重组与权力格局的变迁》，《国际新闻界》2016 年第 10 期。

喻国明：《关注 Web 2.0 新传播时代的实践图景》，《新闻与写作》2007 年第 1 期。

詹丽华：《基于 SWOT 分析的 UGC 质量控制策略研究》，《情报科学》2016 年第 9 期。

张帆：《UGC 语境中的舆情爆发点观察》，《当代传播》2014 年第 5 期。

张放：《非侵入式诠释性探究：方法论视野下“受众民族志”的重新定位及其当代意义》，《新闻与传播研究》2015 年第 2 期。

张红明、刘超、冯文红、张婷：《基于整合型科技接受与使用模型的网络社群参与行为研究：以豆瓣网为例》，《国际新闻界》2015 年第 6 期。

张宏伟：《参与式生产：文化产品生产的转向与变革》，《新闻与传播研究》2015 年第 11 期。

张君浩、师栩栩:《新媒体时代下 UGC 带来的隐私权问题探析》,《编辑之友》2012 年第 8 期。
张旻:《热闹的“网红”:网络直播平台发展中的问题及对策》,《中国记者》2016 年第 5 期。
张明新:《社会关系网络中的信息消费与生产:微博用户行为研究》,《新闻与传播研究》2012 年第 6 期。
张晓娟、连晗羽、周学春:《虚拟社区和用户参与知识贡献研究:就绪和努力的视角》,《浙江社会科学》2017 年第 9 期。
张咏华、聂晶:《“专业”对大学生社交媒体使用及动机的影响——以上海大学生为例》,《国际新闻界》2013 年第 12 期。
张志弘:《前途堪虑的 UGC》,《互联网周刊》2011 年第 3 期。
赵腓罗:《东方电台〈东方传呼〉改版做到了——报道反馈率百分之百》,《新闻记者》1998 年第 8 期。
赵俊峰、张羽:《公民新闻的发展与传媒生态的再建构》,《国际新闻界》2012 年第 6 期。
赵宇翔、范哲、朱庆华:《用户生成内容(UGC)概念解析及研究进展》,《中国图书馆学报》2012 年第 5 期。
赵宇翔、吴克文、朱庆华:《基于 IPP 视角的用户生成内容特征与机理的实证研究》,《情报学报》2011 年第 3 期。
赵宇翔、朱庆华、吴克文、梦非、郑华:《基于用户贡献的 UGC 群体分类及其激励因素探讨》,《情报学报》2011 年第 10 期。
赵宇翔、朱庆华:《Web 2.0 环境下用户生成视频内容质量测评框架研究》,《图书馆杂志》2010 年第 4 期。
赵宇翔、朱庆华:《Web 2.0 环境下影响用户生成内容的主要动因研究》,《中国图书馆学报》2009 年第 5 期。
赵宇翔:《社会化媒体中用户生成内容的动因与激励设计研究》,博士学位论文,南京大学,2011 年。
郑文彦:《省级电视新闻节目演变的八个趋势——地方新闻频道和节目特点比较》,《中国记者》2006 年第 7 期。

周全、汤书昆：《社会化媒体信息源感知可信度及其影响因素研究——一项基于微博用户方便样本调查的实证分析》，《新闻与传播研究》2015 年第 4 期。

朱清河：《论传媒公共性及其实现途径》，《现代传播》2008 年第 4 期。

朱新梅：《中国 UGC 发展模式及趋势》，《数码影像时代》2013 年第 4 期。

Arpita Ghosh & Preston McAfee, Incentivizing High-quality User-generated Content, *International Conference on World Wide Web*, 2011.

Bonnie A. Nardi, Diane J. Schiano & Michelle Gumbrecht, Blogging as Social Activity, or, Would You Let 900 Million People Read Your Diary? *ACM Conference on Computer Supported Cooperative Work*, 2004.

Carmen Cox, Stephen Burgess, Carmine Sellitto & Jeremy Buultjens, The Role of User-Generated Content in Tourists'Travel Planning Behavior, *Journal of Hospitality Marketing & Management*, 2009, 18 (8).

Catherine M. Ridings & David Gefen, Virtual Community Attraction: *Why People Hang Out Online*, *Journal of Computer-mediated Communication*, 2010, 10 (1).

Changsu Kim, Ming-Hua Jin, Jongheon Kim & Namchul Shin, User Perception of the Quality, Value, and Utility of User-generated Content, *Journal of Electronic Commerce Research*, 2012, 13 (4).

Chen, D. -T., Wu, J. & Wang, Y. -M., Unpacking New Media Literacy, Journal on Systemics, *Cybernetics and Informatics*, 2011, 9 (2).

Chyan Yang, Yi-Chun Hsu & Suyanti Tan, Predicting the Determinants of Users' Intentions for Using YouTube to Share Video: Moderating Gender Effects, *Cyber Psychology*, *Behavior & Social Networking*, 2010, 13 (2).

Dholakia, U. M., Bagozzi, R. P. & Pearo, L. K., A Social Influence Model of Consumer Participation in Network and Small-group-based Virtual Communities, *International Journal of Research in Marketing*, 2004,

21 (3).

Diedrich Maecus, Study: Customers Engagement with User-generated-content: How Do Customers Use the Possibility to Create Content?, *Marketing Science & Inspirations*, 2017, 12 (3).

Edward L. Deci & Richard M. Ryan, The "What" and "Why" of Goal Pursuits: Human Needs and the Self-determination of Behavior, *Psychological Inquiry*, 2000, 11 (4).

Edward L. Deci, Intrinsic Motivation and Self-determination, *Encyclopedia of Applied Psychology*, 2004, (2).

Farič, Nuša & Potts, Henry WW., Motivations for Contributing to Health-related Articles on Wikipedia: An Interview Study, *Journal of Medical Internet Research*, 2014, 16 (12).

George Christodoulides, Colin Jevons & Jennifer Bonhomme, Memo to Marketers: Quantitative Evidence for Change. How User-generated Content Really Affects Brands, *Journal of Advertising Research*, 2012, 52 (1).

Hoda Baytiyeh & Jay Pfaffman, Volunteers in Wikipedia: Why the Community Matters, *Educational Technology & Society*, 2010, 13 (2).

Iryna Pentina, Oksana Basmanova & Lixuan Zhang, A Cross-national study of Twitter Users' Motivations and Continuance Intentions, *Journal of Marketing Communications*, 2016, 22 (1).

Jacques R. Bughin, How Companies can Make the Most of User-generated Content, *The Mckinsey Quarterly*, 2007, (8).

Jin Kim, User-generated Content (UGC) Revolution? Critique of The Promise of YouTube, *Doctoral Dissertation*, *The Graduate College of the University of Iowa* , Iowa City, 2010.

Juha Yoon, Chase Smith, Amy Chan, Hyung Kim, Galen Clavio, Chad Witkemper & Paul M. Pedersen, Gender Effects on Sport Twitter Consumption: Differences in Motivations and Constraints, *Journal of Multidisciplinary Research*, 2014, 6 (3).

Juliet Corbin & Anselm Strauss, Grounded Theory Research: Procedures, Canons, and Evaluative Criteria, *Qualitative Sociology*, 1990, 13 (1).

Kara Krisanic, Shelly Rodgers, Wei Peng & Fei Qiao, Consumers' Motivations for Social Networking Site Use and Behavior toward Advertisement on Facebook, *American Academy of Advertising Conference Proceedings*, 2014.

Kevin Crowston & Isabelle Fagnot, Stages of Motivation for Contributing user-generated Content: A Theory and Empirical Test, *International Journal of Human-Computer Studies*, 2017 (119).

Khan, M. Laeeq, Social Media Engagement: What Motivates User Participation and Consumption on YouTube?, *Computers in Human Behavior*, 2017, 66.

Klaus Bruhn Jensen & Karl Erik Rosengren, *Five Traditions in Search of the Audience*, *European Journal of Communication*, 1990 (5).

Lin, T. -B., Li, J. -Y., Deng, F. & Lee, L., Understanding New Media Literacy: An Explorative Theoretical Framework, *Educational Technology & Society*, 2013, 16 (4).

Livingstone, S., "The challenge of Changing Audience, or, What is the Audience Researcher to do in the Age of the Internet?", *European Journal of Communication*, 2004, 19 (1).

Marc Davis, Garage Cinema and the Future of Media Technology, *Communications of the ACM* (*50th Anniversary Edition Invited Article*), 1997, 40 (2).

Meeyoung Cha, Haewoon Kwak, Pablo Rodriguez, Yong-Yeol Ahn & Sue Moon, I Tube, You Tube, Everybody Tubes: Analyzing the world's Largest User Generated Content Video System, *Acm Sigcomm Conference on Internet Measurement*, 2007.

Namkee Park & Seungyoon Lee, College Students' Motivations for Facebook Use and Psychological Putcomes, *Journal of Broadcasting & Electronic Media*, 2014, 58 (4).

Neil Thurman, Forums for Citizen Journalists? Adoption of User Generated Content Initiatives by Online News Media, *New Media & Society*, 2008, 10 (1).

Oded Nov, What motivates Wikipedians?, *Communications of the ACM*, 2007, 50 (11).

Peggy Valcke & Marieke Lenaerts, Who's Author, Editor and Publisher in User-generated Content? Applying Traditional Media Concepts to UGC providers, *Routledge, an imprint of Taylor & Francis Books Ltd.*, 2010, 24 (1).

Ralph Stoeckl, et al., Motivations to Produce User Generated Content: Differences between Webloggers and Videobloggers, *Bled: 20th Bled eConference eMergence: Mergin and Emerging Technologies, Processes and Institutions*, 2007.

Rebecca Pocha & Brett Martin, Effects of Intrinsic and Extrinsic Motivation on User-generated Content, *Journal of Strategic Marketing*, 2015, 23 (4).

Richard Y. Wang, Diane M. Strong, Beyond Accuracy: What Data Quality Means to Data Consumers, *Journal of Management Information System*, 1996, 12 (4).

Robert P. Latham, Carl C. Butzer and Jeremy T. Brown, Legal Implications of User-Generated Content: YouTube, MySpace, Facebook, *Intellectual Property & Technology Law Journal*, 2008, 20 (5).

Saeid Asadi, Shadi Ghafghazi & Hamid R Jamali, Motivating and Discouraging Factors for Wikipedians: the Case Study of Persian Wikipedia, *Library Review*, 2013, 62 (4/5).

Sandeep Krishnamurthy, Wenyu Dou, Note From Special Issue Editors: Advertising with User-Generated Content: A Framework and Research

Agenda, *Journal of Interactive Advertising*, 2008 (2).

Seonyoung Shim & Byungtae Lee, Internet Portals's Trategic Utilization of UCC and Web 2.0 Ecology, *Decision Support Systems*, 2009, (47).

Shayne Bowman & Chris Willis, We Media: How Audiences Are Shaping the Future of News and Information, *Media*, 2003, 10 (3).

Uliet Corbin & Anselm Strauss, Grounded Theory Research: Procedures, Canons, and Evaluative Criteria, *Qualitative Sociology*, 1990, 13 (1).

Vincent Lenders, Emmanouil Koukoumidis, Pei Zhang & Margaret Martonosi, Location-based Trust for Mobile User-generated Content: Applications, Challenges and Imple-mentations, *Proceedings of the 9th workshop on Mobile computing systems and applications*, 2008.

Yonghwan Kim, Youngju Kim, Yuan Wang & Na Yeon Lee, Uses and Gratifications, Journalists' Twitter Use, and Relational Satisfaction with the Public, *Journal of Broadcasting & Electronic Media*, 2016, 60 (3).

Youcheng Wang & Daniel R. Fesenmaier, Towards Understanding Members' General Participation in and Active Contribution to an Online Travel Community, *Tourism Management*, 2004, 25 (6).

三 报刊

报纸:《大公报》《华西都市报》《解放日报》(延安版)《南方周末》《人民日报》《申报》《同文消闲报》《文汇报》《消闲报》《新华日报》《新民晚报》《中国青年报》《中国商报》。

杂志:《萌芽》《南风窗》《人民文学》《三联生活周刊》《生活》《新青年》。

四 网站

艾媒咨询:《2016 年中国在线直播/网红行业专题研究报告》, http://

www. imxdata. com/archives/7699。
第 40 次《中国互联网络发展状况统计报告》：http：//cnnic. cn/gywm/xwzx/rdxw/201708/t20170804_69449. htm。
第 41 次《中国互联网络发展状况统计报告》：http：//cnnic. cn/gywm/xwzx/rdxw/201801/t20180131_70188. htm。
豆瓣：https：//www. douban. com。
华西都市网：http：//www. huaxi100. com/。
今日头条、清华大学新闻与传播学院新媒体研究中心：《2017 年新媒体发展趋势报告》，https：//www. toutiao. com/a6512595358038622727/。
《萌芽》官方网站：http：//www. mengya. com。
《三联生活周刊》官方网站：http：//www. lifeweek. com. cn/。
网易新闻：http：//news. 163. com/16/0418/02/BKTCHBAJ00014AED, html。
小红书：http：//www. xiaohongshu. com。中共中央网络安全和信息化领导小组办公室网站：http：//www. cac. gov. cn/。
中华人民共和国国家新闻出版广电总局网站：http：//www. sapprft. gov. cn/。

索引

M

N

P

Q

S

T

U

W

后　记

2021年是我的博士学位论文成稿的第三年，有幸在这一年获得了国家社科基金后期资助暨优秀博士论文项目的立项。之于我，这不仅是一份至高无上的学术荣誉，也是个重要契机能够再次审视日益成形的UGC内容生产方式在时下日渐多元复杂的新闻传播生态中产生了什么样的学术价值与实践意义。

三年来，我不断完善、修正博士论文中存在的不足，并根据项目评阅专家的评审意见，修正了UGC表现形式的划分标准，更新了代表性UGC生产者的访谈资料，结合行业调研的一手经验材料对UGC内容生产方式的新发展、新挑战进行了分析，从生产力与生产关系的角度阐释了UGC内容生产方式对当今新闻传播业的变革与影响，从而形成了这本较为完善但仍需不断反思的研究专著。

UGC作为一种协作性的内容生产方式，其应用是一个庞大、复杂的体系，不仅涉及多种群体，还需要各方因素的协调配合。本书对UGC内容生产方式的回溯与过程机制的探究只是将UGC的研究视角扩展到传统媒体进行系统分析的第一步。后续研究仍须结合不同的媒体和业务类型进行微观层面的探究。恳请各位专家、同行不吝赐教，帮助本书不断地改进、丰富。

著作能够顺利成稿，离不开各位师友的指导与帮助。感谢导师蒋晓丽教授的悉心教诲，无论是博士学位论文写作、项目申请过程中的鼓励与引导，还是书稿撰写过程中的督促与建议，都让我能够不断修正错误、扩展思路，最终打磨出这本拙作交予老师审阅。感谢张放老师在著作撰写期间帮助我解决了多个研究难题，使我对新的研究视野和研究方法有了深入认识。感谢各位挚友在著作撰写过程中给予的关心和照拂，你们的支持是我不断前行的动力。

此外，本书也得到了众多 UGC 生产者的帮助。没有“三坨土”“宋少弘”等优秀博主的分享，我无法收集到大量宝贵的一手资料完成写作。最后，感谢中国社会科学出版社各位编辑老师的辛苦付出，帮助书稿能够顺利出版。

撰写后记之时，杨桃正躺在旁边酣睡，一路以来有你的陪伴，温暖备至。

杨　珊

2022 年仲夏于成都